梁溪历史文化丛书

政协无锡市梁溪区委员会 编

梁溪历史文化丛书一

风情

梁溪商业与市井生活丛谈

汤可可 著

广陵书社

图书在版编目（ＣＩＰ）数据

风情：梁溪商业与市井生活丛谈 / 汤可可著. ——
扬州：广陵书社，2023.12
（梁溪历史文化丛书；1）
ISBN 978-7-5554-2156-6

Ⅰ．①风… Ⅱ．①汤… Ⅲ．①区（城市）－商业史－史
料－无锡②区（城市）－社会生活－史料－无锡 Ⅳ.
①F729②K295.34

中国国家版本馆CIP数据核字(2023)第228164号

书　　　名	梁溪历史文化丛书
编　　　者	政协无锡市梁溪区委员会
责 任 编 辑	罗晶菊　孙语婧　邹镇明

出 版 发 行　广 陵 书 社

扬州市四望亭路2-4号　　邮编 225001

(0514)85228081(总编办)　85228088(发行部)

http://www.yzglpub.com　E-mail:yzglss@163.com

印　　　刷	无锡轻工大学印刷厂

开　　　本	720毫米×1020毫米　　1/16
印　　　张	95.75
字　　　数	1320千字
版　　　次	2023年12月第1版
印　　　次	2023年12月第1次印刷
标 准 书 号	ISBN 978-7-5554-2156-6
定　　　价	380.00元（全五册）

序言

　　"梁溪"自古为无锡的别称。元代《无锡志》引《吴地志》有"古溪极狭,南北朝时梁大同重浚,故号梁溪,南北长三十里"的记载。2016年,无锡市崇安、南长、北塘三城区撤销,并以"梁溪"来命名这个合并而来的中心城区,凸显了渊源有自的历史地理沿革。

　　习近平总书记强调,中国式现代化,深深植根于中华优秀传统文化。作为无锡的城市母体、文化根脉,梁溪如何挖掘丰厚的人文历史底蕴、梳理提炼其中的文化精神,为当前的高质量发展和中国式现代化新实践提供强有力的文化支撑,是我们必须面对的重大课题。梁溪区政协此次组织编写《梁溪历史文化丛书》就是一次十分有意义的尝试。此次编撰工作,邀请了我市著名地方史专家学者,他们从纷繁复杂的史料中整理出一批主题鲜明、内容鲜活的历史材料,通俗而生动地呈现出梁溪的区域发展史。编委会秉持敬畏历史、求真传信的编撰理念,坚持"有一分材料说一分话",依据真实可信的历史资料,忠实还原历史场景,全面展示无锡城区的历史风貌,为读者奉上一部翔实的"信史"。更加难能可贵的是,本丛书严肃却不失活泼,将梁溪商业和市井生活、东林书院讲学生活、无锡国专人物、梁溪教育生活、梁溪街巷掌故等作为切入口,生动展现了梁溪的繁华市井和百业百态,彰显出千百年来尊师重教、重工恤商的文化传承。

　　鉴古济今,继往开新。今日之梁溪,依然是一个充满底蕴的名字、一个见证发展的窗口、一个承载梦想的地方。我们坚持改革为先、实干为要,全区上下矢志奋斗、锐意进取,逐步探索出了一条经济总量递增、产业结构转型、城市面貌焕新的老城区蝶变之路。2023年上半年,地区生产总值等多个主要经济指标增速位居全市前列。我们坚持文商体旅高度融合发展,扎实推动大运河文化带建设,着力提升历史文化街区景区品质,清名桥的运河流水、崇安寺的古色古韵,正吸引无数年轻人前来打卡,首店经济、夜间经济成为梁溪消费的靓丽名片,一幅新时代的《清明上河图》正徐徐展开。我们坚持在发展中保障和改善民生,全面推进全龄友好城区建设,加快教育、卫生、养老事业高质量发展,扎实走好共同富裕之路,2022年度居民人均可支配收入达到7.1万元。今日之梁溪,正以前所未有的开放、包容姿态,打造最优营商环境、最佳生活环境,让这片千年富庶之地持续焕发创新创造的活力、魅力。希望这套丛书能如一叶扁舟,让更多读者倘佯穿越历史河流,感受昨日梁溪繁华、今日梁溪精彩。

历史川流不息,发展永无止境,让我们一同怀揣美好、奋斗向前,加快推进中国式现代化梁溪新实践,在新征程上不断书写梁溪发展的新荣光!

(中共无锡市梁溪区委书记)

目录

饮食篇

米业：食为民天，信乃商本

考古发现，早在12000年前，长江流域的先民就开始栽培、食用水稻。水稻作为江南地区居民的主要食粮，是千百年间人们生活重心中的重心。内涵丰富的稻作文化，在江南乃至整个中华文明的发展中占据十分突出的地位。《诗经》有句"八月剥枣，十月获稻""滮池北流，浸彼稻田"，传诵千秋。唐代无锡诗人李绅的《悯农》诗"谁知盘中餐，粒粒皆辛苦"，更是将稻麦种植这种人与自然的互动上升到人文认识的高度，让人们更深入地思考劳作与生活的关系，以及资源的占有和果实的分配等问题。

到了宋以后，随着包括无锡在内的江南地区生产力的提升，全国经济重心南移，江南经济日益兴盛。特别是伴随明清漕粮在无锡集中发运，米粮流通业得到发展，无锡发育成为全国四大米市之一，逐渐迎来自己的高光时刻。

无锡作为米市的历史，最早可以追溯到元代。元朝政府曾将无锡作为一个重要的存粮之地，据元代的《无锡志·艺文》记载："置仓（亿丰仓）无锡州，以便海漕，合是州及宜兴、溧阳之粮……"到了明朝，为了解决迁都后的粮食问题，从江南到北京的漕运进一步得到加强。据史籍和地方志书记载，为了能及时将南方出产的粮食运往朝廷所在的北方，明朝政府在无锡地区进一步修建大容量米仓，促使无锡成为重要的稻米集散地。而无锡米市的扩容，则大致在清乾隆时期。由于各方面条件的匹配，特别是以大运河为主动脉的四通八达水运网络的形成，吸引稻米、麦豆及其他杂粮围绕无锡这一转运枢纽而

北塘米市

流转。这里各种粮食品种多样,数量充足,加上储运方便,价格灵敏,既便于大宗粮食存储,待价而沽,也便于脱货变现,很快回笼资金。据史料记载,清前期,浙江、江苏两省每年在无锡采办的漕米有300万石左右,而整个无锡米市的集散交易量则平均每年在700多万石。

清道光年间,因内河航道淤塞,漕粮改走海路。漕粮在上海先期集中,经海运至天津,再转北京。1862年前后,李鸿章雇用招商局轮船海运漕粮,促使江西、湖南、湖北等地的漕运衙门纷纷来到靠近海港的市场设点采购米粮。加上清政府将部分漕粮改为折收白银,更促使各产米区将稻米运往各大米市求售。无锡利用通达而便捷的交通条件,加上已有米市的良好基础,进一步成为上海漕粮海运的中转码头。自光绪十四年(1888)起,无锡米市的吞吐量不断攀升,达到千万石的规模。1906年,沪宁铁路沪锡段建成通车;1908年,全线贯通;1913年,津浦铁路通车,以及随后的陇海铁路建设,大大扩大了无锡粮食转运集散的范围,无锡米市交易更趋兴旺,如火如荼,交易规模超过四大米市其他三地加总之和。这一时期，无锡的粮食堆栈容量扩充，为东南各省之冠；粮食加工工业勃兴，跻身全国三大面粉加工中心、五大碾米中心。

粮行是无锡米市的轴心，是米市交易的主要组织者和运行者。清光绪年间，无锡的粮行达到100多家，并推动米市形成"三区八段"的格局：即北区为北塘、三里桥、北栅口、黄泥桥四段，西区仅西塘一段，南区有伯渎港、南上塘、黄泥垱三段。尤其是北塘和三里桥这两段，总长不过二三华里，却集中了大小粮行80余家，成为无锡米市的核心地段。隆茂粮行就是这一时期、这一地段创办并发展的代表性粮行。

1887年，米豆业公会董事赵兰皋与汪逸泉、汪懋勋兄弟等人合伙创办隆茂粮行，行址在北塘沿河施弄口，为一家客货粮行。当时无锡粮行分为乡货行和客货行两类，乡货行专营无锡本地和邻近各县如江阴、常熟、宜兴的稻谷米粮，以自营购销、赚取差价为主；而客货行则主要经营长江中下游地区输入的稻米，以代客买卖、收取佣金为主。但不久赵兰皋患病，便将三子赵子初荐入隆茂习业，随汪逸泉学司账和文牍。差不多同时，苏州人陈子琳也被荐入隆茂，随另一股东杜少清学习经营业务。汪氏兄弟相继去世后，杜少清任粮行经理，赵、陈两人为其左右手。

但就在辛亥革命前一年，隆茂在代办江阴县的一笔漕粮中失利，发生巨额亏损，粮行负债10000多银元，经营顿时陷入困境。正在此时，江西广信（今上饶）一位客商突然找上门来，称有3000石稻谷运到，要求代为上栈，待价而

北塘米市沿街场景

沽。因为这位客商听闻隆茂的经营注重诚信,在业界有良好声誉,故慕名前来。当时隆茂账上仅剩36块银洋,但依然热情接待,妥善安排,让客人感到宾至如归、实在可靠。隆茂将这批稻谷存放在生和堆栈,并抵押到一笔周转资金。在帮助货主以合宜价格脱手货物,周到细致做好货款收解、保管、汇划的同时,隆茂通过这一笔交易,顺利破解资金困局,不仅弥补亏损,还在当年盈余近5000元。获得转机站稳脚跟后,隆茂在赵子初及其哥哥赵子新的主持下进行改组,以适应新形势下的市场竞争。第一次世界大战期间,隆茂以恪守信用为原则,在保障供货、付款还款、约期不误等方面取信于往来客户,得到面粉厂、榨油厂、酿造作坊等的信任,生意越滚越大,最终在无锡同业中获得首屈一指的地位。

近代无锡的三区八段米市,在经营中各有侧重,如安徽运到无锡的以籼米为主,其交易地点主要在北塘;江阴、宜兴、溧阳所产以粳米为主,其集散地以北栅口和黄泥桥为主;而无锡本地大米和苏州地区的大米,则主要集中在伯渎港和南上塘。据记载,抗战前夕,无锡有粮行150家,战后发展至250家之多,而围绕粮食市场而运行的生产、仓储、运输等企业更是难以数计。每年数百万至上千万石粮食在无锡进出,要维持这样一个庞大市场的稳定运行,必定要有一整套行之有效的操作流程和规则、办法与之相匹配。

当外地运粮船即将到达无锡前,一批"经手人"便会在黄埠墩等节点处等候,向供粮方介绍米市的供需情况及价格信息等。通常这些经手人身后都会有数家比较熟悉的粮行,由他们将运粮船引到相应的粮行埠头,介绍粮行与客商谈判。如果成功,经手人可以获得一定的手续费(佣金),通常为每担二三分(2%—3%)。稻米船投行后,船只停泊于粮行指定的水域,然后粮行派伙计进行扦样,由此判定米的质量并决定大致的价格。这时候就有两种选择:一是粮行手头已经有一定的下游客户,此时粮行只需介绍客商与下游客户认识,交易成功后,按规定收取佣金即可;二是粮行自行收囤,存入堆栈,待价格合适时抛售,存栈的粮食还可以凭栈单抵押借款用于周转。但如果粮行手头没有下游客户,或者双方在价格上不能谈拢,那么这批粮食还可以投放到交易中心，由市场来决定销售去向和价格。

所谓的交易中心，其实就是一家名为蓉湖楼的茶馆。每天上午8时，米市茶会都会在这里举行。卖家（粮商、粮行）、买家（粮行、碾米厂家等）及居间联络的经纪人，大多集

三里桥的蓉湖楼米市茶会

中在这里喝茶聊天、接洽商谈。根据卖方提供的"粮包"（货样），在经纪人和粮行职员的撮合下进行洽谈，如果买卖双方均有意向，就开始商讨价格。价格、费用一经谈妥，双方会一同到粮船或仓库扦样复验，货样一致即可成交。在商定交接办法及其他相关事宜后，由居中粮行签写成交票据，一式三份，买卖双方各执一份，居中粮行自存一份。签票后如有一方反悔，早先处罚戏一台，后来采用定洋制度，即扣留反悔方的定金给对方。货物交割完毕，买方付清货款，在扣收粮行应得的佣金后，粮行通知卖方收取货款，快的话当天就能取到货款。据专家学者研究，近代无锡米市组织结构简明，有关交易规则、结算办法、佣金标准等，规定明确，执行到位。这在四大米市中最为突出，加上配套服务完善，各项费用较低，商业陋习较少，显著降低粮商的经营风险，同时加快资金周转。这也正是无锡米市交易规模不断壮大，整个市场运作井然有序、公平平稳的原因所在。

可以说，市场中每个主体对商业信用的重视，是无锡米市得以在风雨飘摇的岁月中稳定运行近百年的核心密码。而这一点在这一时期的一些粮行经营中得到了淋漓尽致的体现。元大粮行算得上是近代无锡粮行在这方面的一个典型。无锡米市有"四庭柱一正梁"之说，这指的是米市最重要的5家粮行，其中"一正梁"即为隆茂复记粮行，而元大粮行则是"四庭柱"中的一柱。元大粮行诞生于1891年，其开创者为陶子民、苏美斋、顾子泉，粮行以出售饭

米为主。那时候城里的老无锡人,相当一部分都吃过元大粮行的米。元大从一开始起就以"信"为本,为了保证所售大米的品质,特地聘请专业人员,专门从武进和宜兴等地选购被称为"西路米"的优质稻米。这种米用太湖水灌溉,施以粪肥、豆饼等有机肥,所以米质紧,米身重,普通米一石为150市斤,而"西路米"一石可以达到160市斤,且口感上佳,由此树立起良好的市场口碑。元大粮行附设碾米机,俗称"机砻粮行",在碾米过程中,其他粮行用的是一寸九眼筛,而元大用的是一寸八眼筛,这样的好处就是元大粮行售出的米基本没有碎米。这虽然使粮行的成本有所增加,但赢得了老百姓的满意。据说当年元大粮行的米摊上放着几个标志性的笆斗,那时大人吩咐小孩去买米,都要事先关照好,一定要去有笆斗的那个地方买。久而久之,买米看笆斗成了许多人的习惯,而元大粮行摆摊的那条小弄,也被人们叫作"笆斗弄"。

随后而来的动荡岁月进一步加深了人们对元大粮行的信赖。日本侵华战争爆发,无锡沦陷,元大粮行被焚,大部分库存粮食化为乌有,而存放在民益堆栈的13只铁箱连同其中的10000多元现金也遭抢,损失惨重。但元大粮行并没有就此歇业,而是靠着手头仅有的三四千担稻谷作为周转,维持经营,保证居民的食米供应。到1940年,元大粮行不但恢复正常运转,而且还清了客户存款和应付账款,总计9万多元,受到人们的交口称赞。到了1947年以

恒德粮行出售限价米情形

后,随着国民党在正面战场的溃败,国统区通货恶性膨胀,市场物价一日数涨。在纸币基本成为废纸的情况下,粮行的米卖出后,收到的钱款却补不进,导致巨额亏损。当时无锡地区的米价以元大粮行当天的价格为准,可见人们对元大的信任。但元大要保证每天有价有市,只能忍痛维持。到1949年无锡解放前夕,经营了一个甲子的元大粮行,只剩下大约3000担稻谷的资本。

从石器时代的饭稻羹鱼,到现今的米饭米粉,江南的米食形式似乎并没有发生根本性的变化。在无锡,以米做饭只是翻出更多的花色。米饭除了日常最普遍的白米饭外,还有蛋炒饭、菜饭、莴苣叶拌饭,分别在烧制和加工中加入鸡蛋、咸肉丁、胡萝卜丁、青菜或莴苣叶等,再加猪油或菜油,那真是一个喷香。但无锡人似乎更偏爱糯米八宝饭,每逢过年每家都要蒸上两碗,每逢家宴也少不了炒一盘八宝饭。至于大米粥,无锡人爱喝白粥和甜粥,与粤式的皮蛋粥、海鲜粥不同,无锡一般只做赤豆粥、绿豆粥,腊八节则喝腊八粥、回芽豆粥。

值得一说的是,无锡人与众不同,喜欢吃泡饭。传统人家平时一日三餐为两稀一干,即早晚吃稀饭,中午吃一顿干饭,而这早上一顿稀饭通常是泡饭而非粥。无锡人偏好泡饭,一是因为老式的柴火灶,一锅饭不能烧得太少,一顿吃不完的干饭除了蒸冷饭,还数烧泡饭最为省力省火;二是大锅饭的"饭树"(锅巴),不易咬嚼,但加一点麦粉煮成泡饭却特别香,又易于消化;三是吃泡饭据说不容易发胖,还有助于治愈消化不良和口臭。无锡人吃泡饭有各种小菜搭配,如油烙花生、盐筋豆、笋孵豆、酱瓣豆、丁香豆、五香豆、茨菇片、酱瓜、莴苣干、雪里蕻腌菜、五香萝卜干、乳腐、皮蛋、咸鸭蛋、油炸小杂鱼等,方便而好吃,如果有油条、熯年糕、油煎馄饨佐餐,那就更妙了。无锡人丁福保、吴稚晖等人在上海提倡吃粥,发起成立"粥会",并在抗战中传播到重庆等地,据说就是从无锡人吃泡饭的习惯上得到的启发。

如果说,"民以食为天"这句话道出了米市历来重要的原因,那么,"民无信不立""商以信为本"则为无锡成为全国四大米市之首做了很好的注解。历史告诉人们,任何一个市场都是在法治和商业信用不断完善中发展起来的,无论是过去还是现在,乃至将来,信用始终是商家最宝贵的财富。

粉麸业：
智慧花开两朵

　　粉麸业是指经营面粉和麸皮的行业。江南地区历史上以水稻种植为主，一般认为，自唐代起江南地区出现稻麦复种，宋代开始发展较快，形成一年两熟的耕作制度。但太湖流域一带的居民食用仍以稻米为主，麦子和面粉较多在农村集市调剂交换，农民自己消费的面粉通常是用手推磨自磨自食。最迟在18世纪，无锡四乡都已有磨面作坊设立，用水力或畜力推动大型石磨。每年麦收后，农民将小麦交给磨坊兑换面筹，以后凭面筹可分次领取面粉。这磨坊磨制的面粉后来叫作"土粉""土干面"。磨面作坊既可在小麦兑换面粉的折率差中赚取收益，另外又可将客户暂存磨坊中的面粉、麸皮运到城中，卖给干面行和糠麸行，然后购买小麦再生产获利。这就为粉麸行业的兴起和发展提供了货源。

　　至光绪二十五年（1899），无锡城里纳帖开设的干面行，有北栅口的宝兴泰，石灰场的公兴泰，三里桥的高顺泰、高元泰。以后几年间，又有顾桥下的朱同益，北栅口的同仁裕，三里桥的高有

茂新面粉厂码头装运面粉和麸皮的船只（1915年）

源,北塘的钱仁记、恒协相继开出。这些干面行初期主要是购销四乡磨面作坊和苏北"干面船"贩运而来的面粉和麸皮。销售范围除本地城乡外,还行销邻县和浙江的杭嘉湖地区。

蒋恒泰是最早从糠麸行转行为粉麸号的一家老店。老板蒋伯寅,原是朱同益糠麸行的账房,朱同益糠麸行在老板朱东荣去世后关门歇业,蒋伯寅在原址上开设蒋恒泰粉麸号,以向四乡销售面粉、麸皮为主,兼营豆饼。该号资金雄厚,又有朱同益糠麸行经营的基础,能掌握大量货源,吞吐自如,还曾开设分号,扩张营业。但后来蒋伯寅热衷于投机,店号失利,家道中落。由此可以一窥早期粉麸号的经营情况。

无锡自20世纪初起即有面粉厂开办。随着机制面粉工业的兴起,磨面作坊逐渐淡出历史。但机制面粉厂刚起步时,社会接受度不高,人们把进口面粉和机制面粉称为"洋粉""洋干面",所谓"洋干面掺了石粉,不消化,有毒"之类的流言一度在市井间流传。面粉厂为了拓宽销路,对于经销工厂面粉的干面行给予较大的价差优惠,不但允许先拿货后还钱,每销出去一包面粉还给1分钱回扣。同仁裕等干面行于是积极回应,开展承揽面粉厂面粉和麸皮的经销业务,其他干面行看到有利可图,也相继跟进,带来了无锡粉麸业的一轮大发展。

第一次世界大战期间,中国的面粉工业获得难得的发展机会,无锡的面粉工业发展迅速,面粉产量剧增的同时也带来麸皮、四号粉产量的增加。麸皮是生产面粉的副产品,麦子在加工磨粉时通常先去外皮,这去下的外皮就是麸皮。麸皮一般作为饲料使用,即所谓"面粉人食,麸皮养猪"。精白面粉的加工还需要剥离第二层麦皮,这第二层麦皮就是人们常说的四号粉,主要作为酿酒制酱的原料,灾荒年景也用来赈济灾民。四号粉与麸皮合称"粉麸"。正是在这种情况下,传统干面行、糠麸行为适应大生产、大市场的需要,经过转型发展成为了粉麸号;而一些粮行、米店、槽坊也兼营粉麸业务,跨行业进入粉麸商业领域。

这一时期,不仅无锡机器面粉厂在技术装备的改进中不断扩产增量,而且邻近的常州恒丰、南京大同、镇江贻成、高邮裕亨等面粉厂也将所产麸皮和四号粉运来无锡销售。无锡面粉麸皮的市场交易量激增,市场行情持续看好,这对苏浙皖地区乃至北方重要商埠的粮食市场都产生一定的影响。面粉工业和粉麸商业的双轮并转,在夯实无锡作为面粉工业生产基地的同时,也推动无锡成为江南地区最大的粉麸集散地。民国前期,无锡粉麸业的营销范围大体为:

1.门市零售。厂方批发价加上运驳费,再加每包五至六分的利润,主要出售给生面饼业、熟食业和居民。

2.乡镇客户。包括本地及邻县搭乘班船进城办货的乡镇小店,也有定期开航的班船,接受乡镇小店委托到城中采购货物,收取运费,班船本身也逐渐成为粉麸号的小批量贩运客户。粉麸号分别以门市售价或批发价发售,利润一般在二至四分之间。

3.苏南、苏北、浙江等周边地区客户。这些客户大多与无锡当地的厂商人员交往密切,这类交易主要在熟人间进行,交易和运输路径也主要通过水路。

4.全国其他地区客户。这类客户通常是大批发商,往往交易量大,往来资金也大,是粉麸号的大主顾,每包粉麸哪怕只赚5厘,也能盆满钵满。

在激烈的市场竞争中,无锡有三家粉麸行脱颖而出,在业内占据重要地位,成为无锡粉麸业的代表。这就是被称为粉麸业"三恒"的蒋恒泰粉麸号、恒茂粉麸号、恒协粉麸号。这几家粉麸号与面粉厂关系密切,有面粉厂提供稳定货源,粉麸号才能将生意越做越大;粉麸号为面粉厂集中出清存货,面粉厂以此加速资金周转。这种商业上的共生与循环,促使某些有实力、有魄力的粉麸号业主快速壮大。

恒茂粉麸号的老板是周念耕,他原在大市桥的恒大酒酱粮食店兼营门市面粉,后于北塘小泗房弄开设恒茂粉麸号。恒茂专做面粉和四号粉,不做麸皮。周氏与几家面粉厂的关系特别好,与茂新的陆辅臣,九丰的严耀卿、朱少卿等交往密切,该号不但能在无锡各厂开到大宗面粉,就连常州的恒丰面粉厂也委托它代销。第一次世界大战期间,面粉销路大涨,每包价格由2元上涨

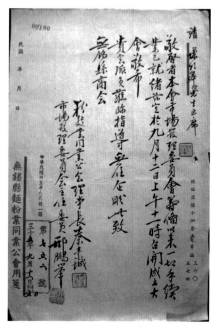

粉麸业同业公会成立给县商会的函件（1946年）

到4.5元，上涨幅度之大，历史罕见。此时的恒茂手中掌握各厂的栈单不下15万包。除了向各地销售粮食加工产品外，周念耕还在上海面粉交易所套买套卖，成为粉麸业首富。当时，恒茂职工约30人，在丹阳、镇江、常熟及浙江各地都派员驻守，织成一张巨大的销售网。

恒协粉麸号由糠麸行学徒秦炳奎与王鸣皋合伙于1921年在祝栈弄沿河开设，以经营麸皮、四号粉为主。经过早期的一番波折后，王鸣皋退出，秦炳奎独自经营，恒协逐步摆脱盲目经营而步上正轨。当时不光无锡的大量麸皮和四号粉都由恒协包销，连外地的一些面粉厂，如泰州的泰来面粉厂等也委托恒协经销。恒协注重做好酱园帮的生意，同时派员到镇江、丹阳及浙江的金华、义乌等生猪饲养地建立销售网点进行产品推销。当时恒协每年出售的麸皮有4万包左右，秦炳奎也因此而被称为"麸皮大王"。抗战胜利后，恒协主要与茂新面粉厂加深关系，抓住茂新的进出两门业务，在车站有专职驻站提货员，负责提取茂新从外埠购来的小麦；在茂新厂内有专职驻厂员，协助调拨每天出厂的粉麸。恒协苏州分号甚至代替了茂新苏州经销处,并在杭嘉湖一带接手恒茂原先的业务,成为同行中真正的巨无霸。

当时社会上流传着这样一句话:粉麸业内三个"恒",恒茂是躺着碰到天,恒泰是坐着碰到天,恒协是立着碰到天。无锡粉麸号经营灵活,经营者精明务实,面对不同客户,以多样化经营的方式积极开拓市场,通过零售、批发兼营,以及对老客户赊销让利、为零售店家代办提运货物、为客商约期汇兑货款等多种方式,改进服务,拓展业务,将面粉厂不屑做的一些"小生意"揽到手里,并通过经营和服务的积少成多,在市场上获得和扩展自己的立足之地。

无锡的粉麸市场,在1920年代中期已成规模,地点在煤场弄东混堂弄蒋荣泰肉店楼上,也是以茶会的形式实现市场交易和中介经纪。后又迁至财神弄口的永茂祥山货行和恒源粉麸号楼上,最后迁入小泗房弄粉麸业同业公会会所。

茶会是当时无锡市场交易的一种典型形态。粉麸市场的交易过程大致是:8时以后茶会开始,无锡城乡各粉麸行老板陆续进入,互相寒暄之中在固定的座位坐下,各人泡茶一壶。由于位子与人有固定对应,所以茶资也是按位子每月一付。接着粮业各路负责人、代理人开始交流生意行情和信息,有的就把样包放到桌子中央,评质论价,其中夹杂着行业特有的行话,高声低语,热闹非凡。这验货也颇有讲究,真正的行家往往在几个细微动作之后就能基本判定样品的品质等级。通常的做法是,先取一把麸皮,在掌心摊开,如果麸皮十分细滑,并且有绿黄颜色,说明掺杂有稻糠。然后闻味道,新鲜的麸皮有淡淡的麦香味,质量较差的麸皮没有香味反而会有异味。再看水分,用手抓一把麸皮,如果是干的麸皮,在用手抓紧后松开,麸皮就会马上散开;如果散开比较慢的,说明麸皮中含水量比较大,容易发霉。在粉麸茶会上,通常由大粉麸行开出头盘价,其他粉麸行和厂坊跟着头盘市价分头交易,还有各行的营业人员相互进行交易,一般通过粮业捎客在买卖双方间牵线搭桥、看样论价,成交手续办妥后,双方派员会同完成交割手续。

在交易中,粉麸行业也有一些特殊的规矩。比如,粉麸行之间的信用交易,一般都是先货后款,通常不需要签订任何合同。双方之间的信任和口碑是交易的基础。如果有一方违背了信用,那就会被其他粉麸行排斥,无法在市场上立足。因此,粉麸行之间的信用交易不仅是一种商业行为,更是一种市场规则和社会规范。此外,在粉麸行业中,还有一种称被为"代提货"的业务。即由粉麸行派遣专门人员到面粉厂或者仓库提货,然后再运送到客户指定的地方。这种业务不仅扩大粉麸行的销售,也为客户提供更加便捷的服务,类似现在的配供配送。但是,代提货也存在一定风险,货物在运输过程中可能会出现损坏或者遗失等情况,所以对于粉麸行来说,选择合适的运输方式和保险措施非常重要。

然而,对于普通老百姓来说,百年前的粉麸市场似乎已相当遥远,当年粉麸行老板及捐客之间的斤斤计较、杯觥交错也成了一种历史故事。唯独那一袋袋面粉,却融入普通百姓的日常生活,化身为银丝面、馄饨、馒头等美食满足着人们的口腹之欲,影响着百年来无锡人的饮食习惯。如今无锡人爱吃面是出了名的。据统计,无锡不到700万人口,却有5500多家面馆,这即便与某些北方城市相比也毫不逊色。何以如此?除去一些表面的原因外,深刻在无锡人骨子里的精明与务实,也是一个不能忽略的因素。

麦子从北方被引入江南地区后,聪明的无锡人很快就发现,这里的气候条件适合水稻与麦子的轮作复种,这就相当于增加同一块土地的产出,能更充分地利用土地资源。无锡人以稻米为主的食物结构中也因此增加了小麦,食物的品种和花色也变得更加多样化。

但光有吃的还不够,真的好吃才是王道。无锡人的日常吃面,开

拱北楼面馆

始也是手擀刀切，后来才有机制细面。一般对面的要求是柔软、滑爽而富有弹性，切忌烂。这面从煮熟、盛碗乃至吃到结束，依旧汤是汤，面是面。即便是家常的"面癩团"（面疙瘩）、"面佘条"（厚型刀切擀面），也要有一定的咬劲，不能"一笃烂糊"。无锡的银丝面就是最好的代表，一根根细如发丝，煮面时加入高汤，汤色清澈，面条吸满汤汁，软而不烂，鲜而不腻，堪称一绝。无锡人到面馆吃面，在简便之中体现讲究，煮面的成熟度分为断生、立直、健、熟、透、烂多个档次，适合不同顾客的口味和喜好。面馆里，堂倌见到

新万鑫面馆的银丝面（1990 年代）

熟客进店便会向堂口高喊："红汤一碗！宽汤，重面，过桥，重青，断生！"这里面体现了这位客人对吃面的全部要求：红汤，就是汤里要放酱油；宽汤，就是面汤要多点；重面，就是增加面的分量；过桥，就是浇头和面分开放置；重青，就是多放蒜叶；断生，就是面煮到将熟未熟，外熟内白，吃口有弹性。

值得一说的是无锡的筋粉制品和油面筋。面粉经过水洗会形成两个产品——粉和筋。粉，又叫小粉，是麦粉洗制面筋后沉淀下来的淀粉，古时候人们用它来浆纱，使棉纱变得牢固，便于织制土布。筋，即面筋，生的叫"生麸"，煮熟的叫"熟麸"，人们用它来烧制菜肴。在近代无锡，面粉加工和棉纺织是两大支柱产业，并且互相支撑。当大量的小粉用于工业化的纺织生产，便会带来面筋的过剩，而生麸在夏天的保质期不过 12 小时，冬天也仅 2—3 天。聪明的无锡人在生麸的加工制作中，找到了从软面筋到着浆油面筋再到清水油面筋的制作方法，形成了油面筋这一富有无锡地方特色的筋粉制品。关于油面筋的来历，历史上有许多美丽的传说，但都有同一个指向，那就是无锡人的聪慧灵巧。依托面粉工业的发展，源源不断的筋粉副产品供应，让无锡人的餐桌上多出了诸如炒什锦（面筋）、肉馅面筋、生麸肉圆等美味佳肴，更把清水

油面筋做成高档食品，打出特色品牌，畅销国内，出口海外，并且经久不衰。

近代无锡面粉工业突破传统磨坊业而获得快速发展，又对社会商业活动和市民日

制作油面筋

常生活产生巨大影响，开出粉麸商业和精制面食两朵奇葩。无锡人的精明与务实，把粉麸做成一个巨大的市场，又不断丰富着人们的日常食谱。商业精神的延续，化作独特的地域符号，浸润着这片土地，而美味传承，则随时光流淌，生生不息。

肉业：
焉可食无肉

人们常说：食如其地。意思是说一地的食物总和当地的地理环境有着密切的关联。无锡地处太湖流域核心区域，青山簇簇，碧水潺潺，无锡的饮食文化也浸润着水乡的风味。《史记·货殖列传》云："楚越之地，地广人稀，饭稻羹鱼，或火耕而水耨，果隋蠃蛤，不待贾而足；地埶饶食，无饥馑之患……"于是乎，"饭稻羹鱼"也被很多人当作是千百年来无锡饮食的基本配置。

然而，人们却发现，最能让无锡菜名扬天下的，并不是那些鱼虾蚌螺水产品，而是以猪肉为原料的无锡酱排骨。时至今日，已经很难用寥寥数语作出解释，为何讲究精致饮食的无锡人会以如此硬核的酱排骨作为当地特产的代表。不过当人们回望历史，便会发现一切并不显得那么突兀。

考古资料显示，早在7000年前，作为华夏先民一支的河姆渡人就已经开始驯化和饲养家猪，并将其作为食物。据《周礼·膳夫》记载："掌王之食饮膳羞：食用六谷，膳用六牲。"其中豕为六牲之一。但这说的是王的生活样貌，那么普通庶民的饮食又是如何的呢？ 也有肉食吗？《诗经·大雅·公刘》中说："既登乃依，乃造其曹。执豕于牢，酌之用匏。"反映的是吃肉喝酒，但这是出征和迁徙的将士。而《国语·楚语下》则说："天子食太牢，牛羊豕三牲俱全，诸侯食牛，卿食羊，大夫食豕，士食鱼炙，庶人食菜。"说明当时的肉食有着一定的限制，在古代的某些场合，牛羊猪肉只有国君和士大夫们才有资格享用，普通人日常以食用鱼和蔬菜主。自春秋战国往后，猪的饲养日渐普及，宰猪杀狗及贩卖肉类也随处可见,以至于吃不完的肉可以制成干肉、腊肉,并以此作为致送教书先生的费用——束脩。

大致自宋代起,猪肉较多地被引上百姓餐桌。最为脍炙人口的莫过于苏东坡的故事。公元1080年,苏东坡因为"乌台诗案"而被贬到湖北黄州任团练副使。这个官职职位卑微,俸禄微薄,苏公便在黄州城外的东坡开荒种地,自号"东坡居士"。他与其他文人一样,爱吃肉喝酒,但牛羊肉高昂的价格让囊中羞涩的他难以承受,于是"富家不肯吃,贫家不解煮"的猪肉就进入他的视野。他将猪肉划成方块,辅以姜、葱、料酒、酱油、红糖,小火慢炖,成为后来闻名于世的"东坡肉"。他还特地写了一首《猪肉颂》,字里行间透露出他的得意:"净洗铛,少著水,柴头罨烟焰不起。待他自熟莫催他,火候足时他自美。黄州好猪肉,价贱如泥土。贵者不肯食,贫者不解煮。早晨起来打两碗,饱得自家君莫管。"苏东坡曾多次来江南小住,对当地的肉食不无影响,吴越地区长期以来的饮食习惯也在此时悄悄发生了变化。

在清朝,无论是王公贵族还是普通人家,都将猪肉作为日常餐桌上的佳肴,唯数量和吃法有所不同。美食家袁枚的《随园食单》称:"猪用最多,可称'广大教主'。宜古人有特豚馈食之礼。"在他的记述中,与猪肉相关的菜肴就有43道,并详细介绍其几十种烹饪方法。这意味着,农耕地区的肉食水平总体有提升,有与游牧地区缩小差距的趋势。无锡人薛福成的《庸庵笔记》曾记述官僚斗技竞巧、穷极奢侈的故事,南河河道总督为食豚脯一碗,而割取数十豚之背肉,暴露了官场的腐败和丑恶,印证"肉食者鄙"。从另一面看,则是肉猪饲养和猪肉食用的数量在不断增加。

无锡有史志记载可考的情况为,清光绪初年,无锡城中有鲜肉摊贩和生熟肉店共54家,业主联合成立肉业同业公所,地址在西门外棉花巷。此后,生猪的异地贩卖和批量经营也逐步增加,开始出现收取佣金的生猪买卖中间人,并相应形成猪行。因为无锡的活猪货源大多来自苏北和镇江、常州一带,故猪行设在北门外运河的西沿河。到光绪末年,清廷放宽屠宰耕牛的禁令,有天津人杨氏在无锡开设杨永兴牛作,以及马姓回民来无锡创设广生宰牛公司,鲜肉经营的店摊也增加到79家。

这期间,无锡米市勃兴,工商经济也逐渐发展起来,南门南长街到伯渎港一带也愈加繁华。有人在南长街附近开了一家名为"莫兴盛"的饭店。店虽不大,但地处闹市,店内有一款菜肴名曰"酱炙肉",其制作考究,脍炙人口,颇受客人欢迎。尤其是每年二月初八张元庵和三月初六南水仙庙的节场,来自城里和四乡的人们在游逛节场后,便会相约到此吃一顿酱炙肉。莫兴盛的生意因此红极一时。

这时,莫兴盛的两位大厨——马发大和惠礼桂在经营中发现,店里的出品是酱炙肉、焖肉等纯肉菜肴,而进货的猪肉却是肉骨一起的统货。通常情况下,他们把肉从骨头上剔下来,将生肉制成菜肴,而余下的骨头只能作为尾货便宜处理掉。为了将利润最大化,店老板便和两位厨师一起研究新的菜品和加工烧制方法。他们将猪的胸肋骨部分切成一段一段,连肉带骨单独加料调味,然后放在锅里焖煮至酥烂。这菜一经推出,顾客品尝后都赞不绝口,于是口口相传,"肉骨头"的名声就这么传开了。这就是日后无锡酱排骨的雏形。

至民国初年,无锡酱排骨已有一定名气。原先莫兴盛两位大厨之一的马发大,也因获得清名桥上塘魏祥泰肉店老板魏子炳的赏识,应邀加盟其所开肉店,肉店于是从只卖生肉变为生熟肉兼营。在魏祥泰,马发大开始对"肉骨头"的烧制进行改良。他先将隔夜准备的生排骨放入盐和调味料中腌制一晚,腌制时每隔个把时辰便让人穿上草鞋入缸踩踏,通过压力的作用,使得调味料能更好地进入排骨中。次日开始烧制的时候,锅内先用竹条垫底,防止肉被烧焦。接着加入母油(豆瓣酱中提取的第一批酱油)及碎冰糖搅拌均匀,再加入适量的水、酒、丁香、桂皮、茴香等,锅顶部密封,然后用文武火相结合烧炙。停火后要焖一段时间才能起锅,这样烧制出的酱排骨,骨酥而不脱肉,肉熟而汤汁不腻,虽经风而皮不变硬,滋味咸中带甜,正应了无锡菜肴所谓的"咸出头,甜收口"。马发大在制作过程中特别注重糖在菜肴制作中的功效,让其与油、盐、酱相融相和,既增添口感又不显突兀,相反,糖在烹调中还能起到去腥、解腻、提鲜等作用,这让魏祥泰的酱排骨更加显得独具特色。与其他店出品的酱肉相比,这款酱排骨堪称是色、香、味俱佳的上品菜肴。由于酱排骨的畅销,魏祥泰的生意越来越好,每天下午3时至5时,只要酱排骨一上柜台,立刻顾客盈门。无锡酱排骨的辉煌之路从此开始。

到了20世纪20年代末,一位叫王云清的无锡县东北塘人,在做了几年生肉和火腿生意后,看到无锡经济发达,交通便利,人们生活相对富足,认定酱排骨的市场空间巨大,很有投资前景,便于1927年7月来到无锡城中三凤桥附近开设了一家慎余肉庄。慎余肉庄聘请马发大的徒弟蔡杏根,以及其他肉庄的几位师傅,一起着手在原来酱排骨的制作工艺上进行新的改进。

通过融合当时无锡南北两派的烧制方法,慎余肉庄很快就成为酱排骨的后起之秀。又由于肉庄开设在三凤桥旁,许多人就干脆叫它"三凤桥酱排骨"。于是,三凤桥酱排骨的名号也越来越响,甚至超过了原先的魏祥泰等店,成为无锡首屈一指的熟肉店。

民国初年时,无锡人流行用南腿(金华火腿)作为年节送人的礼品。但随着酱排骨的日

三凤桥肉庄

渐崛起,人们发现与火腿相比,酱排骨不但价格更实惠,味道也更符合无锡人的口味。于是越来越多的人改以酱排骨作为走亲访友的伴手礼品,其销量直线上升,而金华火腿却是日渐萎靡。就连当时著名的企业家荣德生,也把三凤桥酱排骨当作最具特色的无锡特产,每次举办宴会,必定要预订酱排骨上席;平时去上海访人办事,也以此为首选带上几十盒。有一次,庆祝公益第一初级小学和竞化第一女子小学成立20周年,荣先生一下子就购买了1500斤

酱排骨分送前来参加活动的亲朋好友。一时间,无锡酱排骨在宁沪杭名声大噪,成为人们争相购买之物。此后,更有文人为酱排骨赋诗云:"三凤桥边肉骨头,朵颐足快老饕流。味同鸡肋堪咀嚼,莫负樽中绿蚁浮。"

到1949年,除了三凤桥的慎余肉庄外,无锡还有25家以出售肉制品为主的肉店,如陆稿荐、老三珍、王裕兴等,这些店共同构成了无锡熟肉业的兴旺,成为一个时代无法抹去的记忆。通过对这些店的观察,不难发现它们有着的一些共同特征:

首先,它们有基本类似的发展轨迹,那就是:早期以经营生肉店或者饭店为业,随着生意扩张,为了降低成本,充分利用资源,便开始做起了熟肉生意。恰好随着社会的发展,人们对熟肉制品的需求越来越大,而长期经营中一些店的熟肉制品也获得了广泛的社会认可,这些店铺就完全将经营重心转移到熟肉制品上,并在其基础上进行产品种类的延伸。如慎余肉庄在酱排骨打出品牌后,又不断开发酱牛肉、卤鸡翅等其他产品,并设立点心部,利用烧制熟肉后余下的腿心、前夹制作肉饭,用板油、花生油制作多种馅心,再聘请名点心师傅制作梅贡饼和各色大包来供应门市。这种以纵向一体化与横向一体化相结合的发展模式,贯穿了无锡熟肉店家的很多单位,成为无锡肉类行业的显著特征。

陆稿荐熟肉店(1956年)

其次,注重产品的不断改进和品质的不断提升。无锡多家肉庄、熟肉店以酱排骨、绕肝、同肠等传统无锡熟食为主打产品,但经营者注重不断改进,绝不因循旧法。无锡的酱排骨制作,原来有南北派之分,南派紧汤,北派宽汤,而随着不断的交流和融合,经过各家店铺互相取长补短,最终融汇成相对一致的制作技艺。但各家仍然有各自的秘诀和创新之处。例如陆稿荐肉庄，烧制酱排骨加高蒸煮笼圈，采用竹编锅垫衬底，又把香料裹结成包放在锅垫之下，使香味均匀、入味；所需佐料非本绍黄酒、陶谦益产酱油不用，烧制中加冰糖老汁，烧透后仍用冰糖收膏。其出品酱肉、酱排骨，骨酥肉烂，入口即化，肥而不腻，香气浓郁，确实别有滋味。

老陆稿荐熟肉店

再次，务实经营，贴近百姓。这些熟肉店铺都非常接地气，其产品面向大众，都是能走入寻常百姓家的熟食菜肴，绝少山珍海味、熊掌鹿唇之类。当初试烧酱炙排骨，所选肋排就是那个时候人们喜食"硬膘大精头"剩下的边角材料，用料成本低，长远看却能开发出适合大多数人消费的适销品种。而烧制酱排骨的副产品——煮肉锅上用来密封锅沿和锅盖接口的面粉条，因为浸透了肉汁，鲜美而硬香，吃起来特别"熬饥"，肉庄仅卖一角钱一份，是扛重工人和人力车夫的最爱。这些熟食菜肴味道鲜美，制作成本较低，便于大规模生产，无论是达官贵人还是市井小民都能吃得起。虽然利润普遍较低，但通过薄利多销还是能获得可观的收益。经营者的这种低调务实，也正是当时无锡商人的品质之一。

历经百年，三凤桥、陆稿荐等肉庄至今依然存在，虽然营业地点几经变换，掌厨的师傅也已换了好几代，但那浓油赤酱、鲜香兼备的味道依然没有改变。要说变化的话，那就是随着人们口味的变化，以及对于健康的日益重视，各家肉庄在制作酱炙类菜肴时，适当减少了糖的使用量，并通过优质原材料的选择和搭配，更好地调动食材本身的鲜、香之味，让无锡的肉食菜肴在美味与健康之间达到新的完美平衡。

水产品业：
美味与益智、养颜兼得

　　江南是鱼米之乡，饭稻羹鱼的饮食习惯至少可以追溯到数千年前。无锡地区河港纵横，湖荡密布，鱼虾捕捞和池塘养鱼很早起步，技术摸索和市场经营创出诸多"第一"。20世纪中期，在锡山遗址和仙蠡墩遗址的考古发掘中，发现为数不少的破碎贝壳堆积，还有若干石网坠及鱼骨制品，证实早在4000—5000年前，太湖地区先民就借助织网和用火，捕捞鱼虾和蛤蜊以供食用。在用石块、泥土垒筑堤坝，"竭泽而渔"的过程中，无锡人的祖先又获得了临时蓄养鱼类以为保鲜，供长期享用的经验。春秋晚期，越国大夫范蠡在协助越王勾践打败吴国后，功成身退，泛舟五湖，相传他曾在无锡辅导乡民挖池养鱼，还写下一部《陶朱公养鱼经》，据称是世界上最早的一部养鱼专著。不过据今人考证，所谓《陶朱公养鱼经》并非春秋时的原著，而是从北魏贾思勰的《齐民要术》中辑录出来的。从书中所记的养鲤内容和所用词语，推测为汉代成文，之所以托名范蠡，是为扩大传播。但是，是书借重范蠡，又被认为成书于古吴地的无锡，自

蠡湖渔父岛范蠡雕塑

有其历史背景的真实性和可信度,反映了周秦时期环太湖地区池塘养鱼已有一定的起步发展。

如果说春秋吴王、越大夫的养鱼尚带有某种传说色彩的话,那么,至魏晋时太湖地区有鱼类养殖已是非常确切的事情。东晋时,文学家郭璞在《江赋》中描述江南的繁盛:"舳舻相属,万里连樯。溯洄沿流,或渔或商。"郭璞注《山海经》中曾对这里所产的刀鱼有具体细致的描写,称"鮤鱼狭薄而长头,大者尺余,太湖中今饶之,一名刀鱼"。根据明代《吴邑志》的记载:无锡之梁溪,自梁大同年间绕惠山浚溪导流入湖,后利用溪畔洼地,开挖鱼池。也就是说,在南朝时期,惠山之麓梁溪河畔已形成鱼池养鱼的集中区。

至唐宋时期,随着种鱼孵化繁殖技术和池塘分层养鱼技术的率先突破,无锡的池塘养鱼进入一个高峰期,摆脱鲤鱼单一品种,开始向着青、草、鳙、鲢、鳊多品种养殖发展。无锡芙蓉湖岁久堙废,除了围垦种植水稻,也有部分水面转为人工养殖鱼类。宋代范成大的诗句"雨霁云开池面光,三年鱼苗如许长",生动展现了太湖地区池塘养鱼的风貌。明清时期,太湖地区低洼水乡逐步发展出高地垫土植桑、低地挖池养鱼的桑基鱼塘。无锡围垦梁溪河滩,更是形成连片鱼池,积累了同一塘口多品种混养、不同品种分阶段饲养的丰富经验。池塘养鱼的经济回报较农桑为优,让人看到"利在畜鱼"的良好前景,促使无锡地区出现"民以种藕、畜鱼为本业,而不专倚田"的格局。虽然地方官绅对此颇有微词,担心规河为池,僭筑鱼池可能影响蓄水灌溉排涝,但也实在地反映了沿溪居民蓄鱼取利、日强月盛,以致溪河两岸"供池七百余座",已形成集群规模。

无锡地区的池塘养鱼,不仅兴盛于郊外的河边湖畔,而且出现在近城的挖池筑塘;养鱼者不仅有乡野老农,也有城居的官吏士绅。现今无锡西门的棉花巷小区,高楼林立,商市喧闹,但却奇怪地保留了一个"大鱼池"的地名。经考证,此地旧时确有一个不小的养鱼池,水面广逾10亩,水深达8—9尺。而池塘最早的主人居然是"嘉靖四忠"之一的顾可久。顾氏在朝为官,因上疏抗言、犯颜直谏而受到皇帝的责罚,又因顾念民生、揭发奸恶而遭权臣、豪强忌恨,被中

鱼市场（1941年）

伤后不得不辞职。回乡后，他在无锡西门外修筑别业清溪庄，与邑人王问、华察等人共举碧山吟社之会，赋诗论文，诗酒唱和。在安排身后家产分配时，溪庄仅有不广园地可用来种蔬植果，担心不足以维持子孙的生计，他又拿出积蓄银50两，买基地两片，开辟北园，专为蔬果，并凿池、筑垣、立门，建为鱼塘。这样既解决三个儿子平衡析产的矛盾，也有利于家族后人的聚合，因为鱼池一体，不可分割。顾可久特地在《命子书》中规定鱼池的共同经营和产鱼的分配办法，强调"共买鱼秧，饲至可食，大小分送"。这片鱼池因连通酱园浜和城北运河，水源活泛，又有竹树掩映，成为清溪庄十景之一——鲂鱼堰。顾可久曾有诗描写鲂鱼堰的景物："鱼丽何蓰蓰，举鳞色如锦。呼儿贯酒来，独与溪翁饮。"

随着渔业规模扩张、产量增加，鱼货销售渐趋活跃，无锡以其独特的交通区位，成为苏南地区主要的水产品市场。不过在清代，捕捞渔业的产量高于养殖渔业，所以鱼市场的交易销售还是以渔船的渔获为主，渔船捕鱼包括网罟捕鱼、笼籇捕鱼、缗筌捕鱼和鸬鹚捕鱼。鱼市场的经营主体是鱼行。一些以竹籇、钓竿和鸬鹚捕鱼的小渔船，可以自己设摊卖鱼，或走街串巷沿路叫卖，而那些常年在河湖撒网捕鱼的大渔船，不便进港推销，只能依赖"行帐船"通过鱼行售鱼。行帐船穿梭于渔船之间，收买鱼货，再转售鱼行；也有的行帐船受雇于鱼行，代鱼行收鱼，仅收取运费和船金。当然也有一些渔船直接将鱼出售给鱼行，或将鱼送入鱼市场的牙行代销，牙行对鱼货销售的畅滞不负责任，只按销量收取一定的佣金。鱼虾是鲜活商品，不能及时售出便会腐败变质，造成损失。渔民卖鱼既期望卖个好价钱，又担心滞销变成死鱼烂鱼。

清代诗人朱彝尊的《罛船竹枝词》记述了渔民丰收后对于卖鱼的忡忡忧心：
"黄梅白雨太湖棱，锦鬣银刀牵满罾。盼得湖东贩船至，量鱼论斗不论秤。"

明末清初至民国，无锡的中心鱼市场一直坐落于县城西门，前后持续达
300年之久。西仓浜、棚下街是无锡西门外的一条商业街。明宣德年间，江苏
巡抚周忱在无锡西门辟建漕粮仓库，相对于原来东门的东仓，这里被称为西
仓，鼎盛时有廒房440间。与漕粮集中解送和西门段米市的兴起相关联，西仓
浜一带商铺林立，商贩集聚。沿街商家为遮蔽日晒雨淋，纷纷搭建过街棚，棚
子前后相接，连绵不断，遂形成一条棚下街。因为此处是梁溪河与环城运河
的交汇点，水道便捷，来自溪河的养殖渔产和太湖捕捞的鱼蚌虾蟹，就驾船到
这里上市交易，棚下街旁集中了数十家鱼行，由此得名"鱼行街"。每天清晨，
沿街摆满大小鱼箩，鱼行跑街及商贩、渔民、顾客川流不息，鱼货批发零售两
旺。靠近鱼行街还有一条橹店弄，这里的商家专门制作、销售摇船用的橹，配
套供应其他船具器材。隔河的西水墩上有一座西水仙庙，奉祀明天启年间治
理芙蓉圩、造福乡民的无锡县令刘五纬，后来成为无锡船民特别是渔民膜拜
的神祇。每年正月初五接路头神、六月十一日刘五纬诞辰及前后数日的节
场，西水墩周边舟船汇集，游人如织，前来烧香许愿、赶会看戏，置办渔具、船
具，给鱼市场带来更多热闹。

经营鱼行发家的鱼商，又向获利更多的养种苗鱼延伸。鱼种的采集和鱼
苗的培育有一定科技含量，需要在特定的季节，到长江特定的区域采捕天然
鱼秧（称为"花子"），然后投放到专门的池塘培育成鱼苗（称为"夏花"），以此
供应渔民塘养。这个过程被称为"做小鱼""发水花"。采集花子需要赶赴九
江等长江鱼苗产地，披星戴月，餐风宿露，细心地发现并捕获大小如同孑孓的
鱼秧，还要成功运回，确保一定成活率。自清同治年间起，无锡即发展出"做
小鱼"的专业经营，历经几代传承，摸索出"清塘消毒、放养密度、精心喂养、惊
网锻炼、鱼筛分档、量数量度"等一整套专业技术，保证育成1寸左右的健壮夏
花。无锡的大池养鱼集中在梁溪河旁的河埒、荣巷至大渲一带，而水花繁育
的小池则分布在南门大松坟和西门棉花巷附近。南门淘沙巷的章裕泰是最

具规模的小池发花鱼行,每年采运长江"花子"上百万尾,拥有近20亩自有鱼塘,还租用数量不等的鱼塘用于发花育苗。不仅产出"夏花"(鳙鲢鱼苗),还培育"冬片"和"春片"(青、草鱼苗);不仅供应无锡近郊养鱼,还销往江阴、常熟等地。章家因发"水花财"而建造的庭院宅第十分气派,正厅悬挂的一块斋匾"容安堂"一直保留到1980年代。

常年捕捞和大规模养殖,为无锡人食用鱼虾提供了货源。无锡人日常膳食中水产品食用量大,占菜肴食材的较大比重。元代倪瓒编撰的《云林堂饮食制度集》,成书于600多年前,是中国历史上美食文库的重要典籍。作为一部食谱,它由无锡人写于无锡,从而反映历史上无锡人的膳食结构和特点。这部食谱一一介绍用料和做法的34个菜品中,水产品18个,占52.9%;而猪肉类6个、家禽类3个,仅分别占17.6%和8.8%。今人邱庞同教授对倪氏食谱中水产类特别多尤为赞赏,肯定其在吃法上更是具有特色。由《云林堂饮食制度》延续至今,形成了江南人追求精致生活的传统,讲究吃得美味,吃得营养,吃得科学,正是今天继承历史传统,创新饮食文化,领略美好生活的意义所在。

无锡人的吃鱼,讲究鲜活,讲究时令。春天吃鳜鱼,桃花流水鳜鱼肥;还有土婆鱼、昂刺鱼,在菜花开的季节,有"菜花土婆"一说。夏天吃鲫鱼,黄梅时节,雨丰水涨,水流湍急处时有黑背鲫鱼逆水跳跃,可用网罩捕获;也可以用一粒小麦为饵来钓贪吃的鲫鱼,称为"麦钓"。秋季是太湖银鱼上市的季节,因为银鱼出水便死,如果不能及时应市销出、食用消费,在缺乏速冻保鲜条件时,只能晒成鱼干贮存。冬季塘养青鱼、草鱼和太湖白鱼、湖鲚出水,都是鲜活大鱼,这是年节和祭祖必不可少的物品,不仅满足人们对于美味的享受,也寄托"年年有余"的美好向往。

无锡人的吃虾,无论在数量上还是烹饪方法上,都不输于吃鱼。那活蹦乱跳的青壳河虾,经滚水加料酒一烹,即成晶莹的红;而略显细小的太湖白虾,只需最简单的水煮,便如温润的玉。虾的吃法,可以油爆,可以盐焗,可以添加生抽,还可以用大虾挤出虾仁,加蛋清拌匀,入油锅翻炒,再加淀粉勾芡,配上黄瓜、胡萝卜切片或几粒青青豌豆,色香味俱佳,无锡人称为"清炒大玉"。而"活炝"河虾独具特色，活虾不必剪去须钳，用清水静养，沥干后加入清香型白酒搅拌，使活虾醉晕，食用时加糖、醋、酱油和红腐乳汁，其口味独特而虾依然活泼如刚出水时。

至于吃蟹，无锡太湖清水蟹的丰满、鲜美，足以与阳澄湖、固城湖大闸蟹相媲美。无锡还有一种玉爪蟹，产于玉祁，此地水质清冽，水草丰美，适合蟹的繁育。此蟹青壳白爪，肉质白嫩，沃膏金黄，腴美无比。剧作家周贻白曾赋诗盛赞："夜深渔火比星辉，九月青城蟹正肥。玉爪金膏霜满背，持螯有客兴遄飞。"无锡人也将蟹肉、蟹黄剥出，熬制成蟹黄油，与虾仁一样，制成馄饨、馒头的馅心，或者与豆腐、肉、蛋等一起制作成美味菜肴。但更多的还是清水煮蟹，用于待客会友，把酒持螯对菊，而尤以家人共餐最为开心快乐。一家老小，相聚一桌，握剪奋钳，泼醋擂姜，尽享蟹肉的鲜美和蟹膏的浓香。孩子们在相比谁吃得最细致清爽的同时，还将吃剩的蟹螯洗净拼贴成蝴蝶图案，或将完好的蟹壳制作小盒，其乐融融。

除了从菜场鱼摊购买鱼虾，20世纪60年代以前，无锡人还能从近城的河道、池塘、水田中摸蚌、耥螺蛳、钓黄鳝，以此丰富自家的餐桌。邑谚云："小暑里黄鳝赛人参。"人们相信初夏时食用鳝鱼有大补之效，鳝血尤能补肾益精，从炒鳝片、红烧鳝筒到与咸肉片一起清蒸，均受到欢迎。螺蛳则以清明前后最为肥嫩鲜洁，俗话说："清明螺，赛肥鹅。"摸来或买回的螺蛳，经清水反复淘洗，再用钳子或钝剪夹去螺蛳的尾巴尖，酱炒、红烧，或挑出螺肉与韭菜、豆芽拌炒，都是江南人家搭酒、下饭的好菜。鳖，又叫甲鱼，也以春天食用为佳，农历三月出水为菜花甲鱼，四月上市为牡丹甲鱼，相传五月后甲鱼被蚊虫叮咬便有毒了。甲鱼可以清蒸，可以红烧，也可以煲汤。当年并没有"霸王（王八）别姬（鸡）"的名目，人们只推崇大鳖裙袍的滋补功效，美味与强身、补气、美颜兼得。

山地货业：
欣欣于色香味

　　人类培育、种植蔬菜，一定早于文字的发明，所以最早育成的蔬菜品种现在已难以确切考证。现今人们天天食用的蔬菜，有的已有数千年的栽培史，有的从海外传入中国也有千百年之久了。芹菜产自江南，可以算是中国本土最早培育的蔬菜之一。《尔雅》云："芹，楚葵。"《吕氏春秋》把芹称为"菜之美者"，特指"云梦之芹"。《诗经》中有多个篇章吟咏水芹："觱沸槛泉，言采其芹"（《采菽》）；"思乐泮水，薄采其芹"（《泮水》）。因为有此"泮水采芹"一说，后世便把考中秀才称为"采芹"。古人进入学宫读书，先要祭奠先师孔子，即释奠礼和释菜礼，这个释菜就包括芹菜。与很多菜、瓜从西域传入中土不同，茄子为印度原产，大约在六朝时传入中国。因为原来的称呼带有"伽"音，所以借用古文中的"别茄披葱"，称之为茄子。陆游《老学庵笔记》云："茄子，一名落苏。"李时珍《本草纲目》则说："《五代贻子录》作酪酥，盖以其味如酪酥也。"盛赞茄子的美味。茄子有青茄、白茄、紫茄之分，白茄亦名银茄，产于北方，故又称"渤海茄"；南方则以紫茄为多，又名"昆仑瓜"，据说是"隋炀帝改茄子为昆仑紫瓜"（杜宝《大业拾遗录》）。

　　与蔬菜一样，瓜果也是由野生植物的采摘进而发展为栽种培育。梅大概算得上是中国历史最悠久的栽培果树了。古人有云："梅肇于炎帝之经，著于《说命》之书，《召南》之诗"（杨万里《洮梅和梅诗序》）。梅，古文字作"楳"，象形树上结果，可以看作是各种果树的一个代表。不过古人所食用的梅子并非今天所说的杨梅。古时的梅子，只是取其酸味，用来做调味品，故常与盐、醋并称"盐梅""梅醋"。杨梅至迟在汉代已有成片栽种，东方朔《林邑记》曰："林邑山杨梅，其大如杯碗；青时极酸，既红，味如崖蜜，以酝酒，号香梅酹，非贵人重客，不得饮之。"曹操"望梅止渴"故事也是一例。杨梅以吴地所产为佳，明王象晋《群芳谱》载："杨梅，会稽产者为天下冠。吴中杨梅种类甚多，名'大叶'者最早熟，味甚佳。"在苏东坡看来，果品能与"闽广荔枝"相对举的，唯有"吴越杨梅"。桃，也是中国原产并且种植广泛、历史悠久、品种繁多，有绵桃、油桃、方桃、扁桃、蟠桃、王母桃（冬桃）等名目。"桃"字从"木"从"兆"，"十亿曰兆，言其多也"。人们由此赋予桃子以多福多寿的含义，称之为寿桃、仙桃，民间有很多食桃成仙的故事传说。桃子同样以吴地所产为上，以"皮薄浆甘，入口即化"而著称。清王韬《瀛壖杂志》云："桃实为吴乡佳果，其名目不一，而尤以沪中水蜜桃为天下冠，相传系顾氏露香园遗种。"

蔬菜瓜果原本为人们自种自食，富余时便肩挑手提到市镇集市售卖，由此满足城镇居民吃菜、吃瓜果的需求。晚清时无锡流传一首《四城门谣》："南门豆腐北门虾，西门柴担密如麻；只有东门呒啥卖，葫芦茄子搭生瓜。"这些瓜菜的售卖，包括农民自产自销和小贩转手买卖。有记载可考的历史，大致在清中叶，无锡城郊有了不同于大户人家后院和兵营、寺庙菜畦地的专业菜园地，也就是成片的商品性蔬菜种植。最早出现的是南校场附近一二百亩地的菜园，出租给菜农分头栽种，每天清晨采摘新鲜叶菜茄瓜到城中商业市口设摊出售，菜摊集中处为大市桥、莲蓉桥、阳春桥、亭子桥等。随着城市人口的增加，南校场菜园已不能满足城镇居民的消费需求，近郊包括东门外槐古桥、南门外塔塘下、西门外大德桥、北门外顾桥港的一些农民，开始改稻麦种植为蔬菜栽培。专业的蔬菜种植不可能再通过设摊自销来完成销售，那就要委托商贩代售，或者交由专业商行统一经销。正是在这一背景下，无锡城内出现了专业经营蔬菜瓜果的山地货行。货行经营地产地销的当地蔬果，既购进外地的干鲜果品和瓜菜到无锡售卖，也把无锡出产的土特产品运销到周边地区和各大商埠。

　　土产行业刚开始阶段包括农副产品的很多品种，以后才根据产地和不同产品类别逐步细分。先是南北货与山地货相区分，来自北方和南方的土特产品分别称北货、南货；再是山货与地货相区分，山区出产的干鲜果品为山货，当地土生的瓜果和根茎叶菜为地货。1864年，廉佩芬、浦竹卿等人分别在县衙领得官帖，准许开设廉洪茂、浦正茂山货行，主要经营西瓜、香瓜、菱藕、荸荠等土产瓜果，山笋、山芋、百合和外地鲜果，同时兼营干菜干果、腌腊制品、南北杂货，经营方式以代客买卖与自营购销相并举。之后，北栅口、惠农桥一带陆续有地货行开设，以经营地产蔬菜为主；聚集在北塘一带的主要为山货行，重点经营江淮流域的干鲜果品；而在南门跨塘桥一带的山地货行介于两者之间，兼营山货和地货，但规模相对不大。

　　到清光绪后期，浦正茂山货行由于管理不善，也由于市场竞争加剧，经营日趋衰落。浦竹卿便将商行转让给周上达，改名正茂山货行。自晚清至民国，持续经营最为成功的是正茂山货行。周上达精明干练，富于经验，胸怀格局也比较开阔。当时无锡的毛笋和其他山货主要来自苏浙皖三省交界的山

北塘三里桥山地货行（1950年）

里,通常由宜兴当地商行收购,再发往各地。而当地商家垄断市场,压级压价,欺诈农民,激起山农联合反抗。基于无锡已成区域性的山地货中转中心市场,山农便组织起来,集中起来将白天挖到的鲜嫩竹笋装船,连夜横渡太湖,直接运来无锡委托代销。无锡经营冬春鲜笋的主要为正茂、通茂、元茂三大山货行,周上达接手正茂后看准这个机会,加强与山农的对接,一面让农民派代表常驻无锡"坐行",一面也派出专业人员到山区"坐山",更好组织货源,也让山农体验交易的公平公正。不久又联合无锡山货行同业,在惠山直街成立致和堂,由周上达主持,协调同业间的关系,避免故意压价、抬价等不当竞争。同时由无锡山货行同业出资,在宜兴湖㳇购地10亩,建房10间,建立山农的产销合作组织,名为公诚堂,在此集会议事;又在宜兴河埠、东西川两乡和长兴煤山建造码头三座,以供农民装运歇脚。双方相互信任,合作无间,结下不解之缘,这在当时商界几乎是绝无仅有之事。有句俗谚称"金张渚,银芦埠,蚀了老本走戴埠",就是这样传开的。

实行产销见面,密切产销关系,健全市场交易机制和规则,不仅使山民收入增加,也让无锡市民吃到价廉物美的鲜竹笋。当时宜兴农民的新鲜竹笋都用竹篓装运来锡,称为篓子笋,其中尤以茅岗千花庵的阴山熟地笋品质最佳,此处所产笋只身匀落,黑壳白肉,兜底一色,没有虫蛀。整个春季笋市,在无锡上市的宜兴竹笋总数达四五万担之多。这也带动了其他山地货在无锡的经营运销,不仅苏浙皖交界山区的桃、梅、李、栗子、白果、百合来到无锡上市,就连苏州洞庭东山、西山的果农,也直接放船把枇杷、柑橘、石榴等运到无锡求售,无锡山地货经营进入一个黄金时期。1916年,津浦铁路通车,山地货行的经营进一步扩大到北方的干鲜果,乃至北方沿海港口及日本、朝鲜的海产品,价格低廉的青占鱼、油桶鱼也就在这一时期被端上了无锡普通百姓的餐桌。当然,苏南地区的土特产也经由无锡,走长江水运和近海航运输往江海各埠。其时,无锡的山地货行不下30余家,其中月营业额超过10万元的有4家,山地货、南北货市场的交易规模仅次于声名赫赫的无锡米市。

山地货业的零售,除了自产自销的菜农、果农,主要是无孔不入的商贩。

他们从农民和山地货行批进蔬菜、水果，经过整理，或设摊于要道市口，或沿街往来叫卖。这些小贩的市场信息灵通，与商行关系密切，一般上午卖蔬菜，下午经营瓜果，虽然只是蝇头小利，鲜菜、鲜果也难免变质损耗，但靠勤快和主动还是能维持一家的生计。等营业所得初步积累，便租下店面开设水果店，主营果品，兼带蔬菜，主要是耐放的根茎类蔬菜如土豆、芋艿、山笋、萝卜之类，除冬季经营大宗大白菜，一般不经营叶菜。1911年，锡金军政分府采纳民众建议，着手规划集中设摊的菜市场建设，委托县商会进行调查，提出选点意见和建办方案。后因军政分府很快被撤销，仅在城中心皇亭旁建成一处崇安寺菜场，将原来在大市桥沿街的摊贩悉数迁入。1927年，北伐胜利，南京政府成立，建造菜市场的议题再次被提出。这一次共建成北门外大河池、东门外熙春街、西门外仓浜里、南门外界泾桥等5个小菜场，除原崇安寺菜场规模较大，达到16000平方尺，其余几家都不过3000—6000平方尺。1929年9月，市政筹备处颁布《管理菜市场暂行规则》，首次把多种经济体进场经营的菜市场纳入合规管理的范围。

崇安寺菜场是无锡最早也是规模最大的菜市场，常年客流、商流密集。崇安寺历来为吴会名胜、梁溪首刹，寺庙前的庙会场地平时就商贩云集，各类土特产品、茶食糖果、风味小吃、器物用品在这里设摊售卖，加上杂耍、魔术、武术、弹唱表演，成为市民逛街、购物、游乐的集中去处。太平天国战争后，佛寺和道观（洞

无锡县商会关于菜场选址致锡金军政分府的函

虚宫）的管理渐次废弛，崇安寺主建筑及若干殿宇修复后，部分被派作公共用途，如山门东首为恒善堂，管理地方慈善救济基金，重点抚恤战争中死难的清兵眷属。至光绪末年，无量殿改作劝学所，金刚殿开设西药铺，部分寺观遗址空地划拨公花园（公花园，即锡金公园，今城中公园）。辛亥革命后，三清殿被拆除，原址上建立县图书馆（钟楼）。军政分府决策建设菜场，立即得到各方响应，很快在皇亭（圣谕亭）周围搭建棚屋，用作安置卖菜摊位。蔬菜摊位占菜市场场地的大部分，除菜贩外，也有部分场地供菜农摆摊；肉类、水产、家禽、豆制品筋粉制品和干鲜果、酱咸菜也进场占有一定摊位。1915年年底，袁世凯筹备恢复帝制，通电各省，要求各县建造或恢复万寿宫，作为各地方官员、百姓朝拜天子的场所。无锡县知事丁石怀跟得紧，立即下令将菜场迁出皇亭周边，以便复建万寿宫。此举受到县商会薛南溟和崇安寺董事事务所钱镜生的坚决抵制，形成民国初年无锡地方官府与士绅、百姓的一次对峙。好在不过百日，袁世凯称帝失败，县政府也只得收回成命。

　　无锡人对吃叶菜十分讲究，有一个说法是："三日不吃青，两眼冒火星。"各种绿叶蔬菜的消费量特别大。春天荠菜、枸杞头，夏天豆苗、苋菜、金花菜，秋天菠菜、塌棵菜，冬季蓬蒿菜、大白菜，加上四季都有的不同品种青菜，无锡靠地菜种植，也靠地货商业的经营调入，满足市民的叶菜消费需求。"三月三，大蒜炒马兰。"马兰头被认为清热、明目，口感清爽，加上大蒜叶的杀菌功效，因而格外受人欢迎。不过无锡最具特色的蔬菜还数水芹菜，相传宋代就有栽培，因为芙蓉圩地区地势低洼，洪涝年份里稻田被淹绝收，唯有水芹菜挺水而生，乡民以此充饥度过灾荒。水芹菜产自玉祁者尤佳，叶绿茎白，梗粗节长，而以鲜嫩清香著称。其吃法可凉拌可热炒，尤以与豆腐干丝拌炒最为美味。与水芹菜一样生长在水田的特产还有茭白。无锡栽种茭白至少可以追溯到清乾隆年间，它是一种菰类植物，因为黑粉病菌侵入其麦体芯，菌丝体的刺激使花茎膨大，形成纺锤形的肥大菌瘿。无锡茭白以北乡梨花庄所产最为有名，肉质白嫩，甜糯可口，营养丰富，还有清热解毒、消渴止痢的药用功效，无论炒毛豆还是烧肉片都鲜美异常。为了经营利益，当地人对茭白的栽培技术严格保密,据说有的农家为了引种优质茭白,特地要娶梨花庄茭农家的女儿,言明不要任何嫁妆,只要带上几堵茭墩(越冬茭种)。优质茭白的扩散种植是在20世纪六七十年代,但迄今为止,各地所产能比得上无锡茭白的还是少之又少。

同样,无锡人的水果消费也是不落人后。有的菜品也即果品,如菱、藕,生吃是果,加工当菜,煮熟可充饥。无锡大孙巷四角菱个大,壳薄,肉甜,质糯,因状如元宝而称为元宝菱、馄饨菱,生吃脆嫩可口,清香沁人脾胃。当地农民摸索出严格选种、鱼池育秧、外荡种植、精细管理的一整套方法,与池塘养鱼套打进行,年亩产可达千斤。无锡出产果品饮誉海内外的首推水蜜桃。无锡很早就有桃树种植,名为绿林桃,而引种水蜜桃至今不过百年时间。当顾氏露香园衰败时,其水蜜桃栽培转到龙华,后进一步向奉化转移。无锡正是从上海龙华和浙江奉化引入玉露、水蜜等品种,后来又从日本带回白凤、岗山白等品种,经过精心培育,形成白凤、白花、红花等系列优品,并发展出上规模的商品性生产。其产品果大、色美、肉香、味甜,柔软多汁,为果中珍品。特别是产于阳山的水蜜桃,可在桃子上插一根麦管,以此吮吸果汁,其味之甜美真可叹为琼浆玉液。无锡以此与浙江奉化、山东肥城、河北深县并称为中国桃子的四大名产区。与水蜜桃相类似的还有杨梅,其品质独特,但不耐贮存,不便运输,难以大批量外销,正好满足当地人的口福。军嶂山坐落于太湖边,得太湖水汽孕育,山林茂密,盛产各种水果,其中大浮杨梅的确不负"吴越佳果"之名,其果大如李,果肉丰满,味甜而爽,食之生津提神。成熟的杨梅有白、红、紫三色,而以紫色为上。每年初夏上市,邑人尝鲜的同时还用以浸酒。所得杨梅酒色如玛瑙,晶莹澄澈,有健脾和胃、散风驱寒的作用,感受风寒和肠胃不适时,饮酒一盅或食酒杨梅一颗,即刻便能止痛解表。明徐阶有诗题咏杨梅:

> 折来鹤顶红犹湿,剜破龙睛血未干。
>
> 若使太真知此味,荔枝焉得到长安?

菜馆业：从家常菜到锡帮菜

2019年，良渚古城遗址被列入世界文化遗产名录，这也是无锡文化溯源的标志性事件。良渚文化时期在无锡留下了诸多遗迹，包括鸿山邱承墩遗址和江阴高城墩遗址，宜兴骆驼墩遗址、西溪遗址、下湾遗址、丁埂遗址等。这些遗址共同构成了良渚文化的北部中心。从发掘情况看，5000年前无锡地区的良渚文化在湿地稻作农业方面已经达到相当高的水平，无论是遗址中发现的炭化稻米数量，还是农具的精巧乃至水田的规模和管理体系，与同期中原文化乃至世界文化相比，其先进程度毫不逊色。无锡地区的良渚先民养殖栽培、渔猎采集，以稻米为主食，辅以猪、鹿等肉食，鱼、螺蛳、蛤蜊等水产，甜瓜、菱角、葫芦等蔬果，饮食结构丰富多样，"饭稻羹鱼"的饮食习惯已经形成。

到了公元前11世纪，泰伯、仲雍从中原南奔江南，在无锡筑城立国，定都梅里。当时的无锡是水乡泽国，河湖密布，泰伯、仲雍带来中原先进的农业技术，教导先民种桑养蚕、养鹿养鸭，开启了江南地域文化南北交融的先河。3000多年来，无锡和江南地区逐步发展为领先全国的精耕农业典范区，蔬菜瓜果的栽培相应扩大，以稻米为主食、以鱼肉蔬果为辅的饮食结构更加丰富多样，并形成富有地方特色的饮食习俗。

如果一定要给无锡的饮食服务业定一个开端，那或许要从春秋时期说起。公元前515年的专诸刺吴王僚可谓是标志性事件：春秋末，吴国名厨太和公创制的全鱼炙闻名四方，专诸受公子光的委派行刺吴王僚，他专程向太和公学炙鱼手艺，最后在上菜时以鱼腹藏剑刺杀了吴王僚，达到了帮助阖闾上位称王的目的。当宫闱和军帐的刀光剑影随着历史的烟尘逐渐飘散之后，只有太和公的那道名菜全鱼炙完全融进当地人民的生活中。时至今日，无锡人还家家户户代代相传老烧鱼的做法，这道非常经典的无锡家常菜，据说就是由当年的全鱼炙发展而来的，而这段历史也被当作无锡饮食行业的起始。

从南北朝起，随着北方人口大量南迁，江南地区经济不断发展，南北交融的饮食文化也在江南温润和顺的和风细雨中不断滋长。牛、羊、鸡、鸭、鹅等家畜家禽和鱼一起较多地登上无锡人的餐桌。而随着宋、元两朝对外交流的日益密切，来自偏远地区或者海外的各种调味品、香料、特色果蔬也日益增多，这自然促进了无锡菜在烹饪手法上取得新的突破，氽汤法、炆烧法、吊清汤等技法也逐渐发展起来。

近年来，通过对元朝四大家之一的无锡人士倪云林所著《云林堂饮食制度集》进行研究，发现书中所收录的菜肴中，有将近40%先用酒和盐腌制后再行烹饪，书中多次提到的一个字"浥"，就是用调料浸泡的意思。这种做菜的方式，能够让食材更加入味，且使味道的层次更加丰富而富于变化。书中提到的一道名为"煮麸干"的菜，其做法类似现在的"着浆面筋"，但所用调料有十多种，包括来自海外的调料，而且在制作过程中采用了"浓油赤酱"的方式。可见，至迟在元代，无锡人不仅在烧肉、烧鱼时，而且在制作素食时也运用了重酱的烹饪方式，由此形成无锡菜肴"咸出头，甜收口"的一个特色。

到了近代，无锡经济一跃而起并成为工商名城，锡帮菜也随着工商城市的崛起全面走向成熟。经过长期的历史积淀，锡帮菜形成"浓油赤酱而不腻，清鲜白亮而不薄"的鲜明特色，在丰富多彩的中华菜系中独树一帜，成为海内外公认的中国十四个帮菜之一。传统的锡帮菜以红烧、清蒸为主，制作时重在选用新鲜食材，并且经过多道工序的烹制，其炖、焖、煨、焐、炸、熘、爆、炒技法俱全，成品以清淡、鲜嫩、爽口、鲜香、色彩浓艳为主要特点。随着无锡工商业者大批进入上海，锡帮菜也被带进沪上，开出多个无锡菜馆，并且在与宁波、广东、淮扬菜系的比较和竞争中发挥优势，逐渐被更多的社群所认可。后来新开的上海菜馆,正是以锡帮菜为基础,吸收其他菜系的优良品种,才最终形成上海"本帮菜"。

近代无锡的面饭馆业于清同治八年(1869)成立同业公所,是最早的商业服务业公所之一。1910年,菜馆业分开来成立本帮酒馆业公所,但不包括京帮、苏帮菜馆。直到1922年京、苏帮菜馆加入,公所改名为锡吴菜馆业同业公会,菜馆业与面饭馆业相平行,成为独立完整的饮食行业。经过整合,无锡菜馆业主要有三大构成——本帮菜馆、京帮菜馆和船菜船点,其中船菜船点单独成立船菜公司。本帮菜馆以聚丰园、聚鑫园、状元楼等数十家为代表,形成餐饮名店圈;无锡排骨、红烧甩水、肉酿生麸、鲢鱼头粉皮、同肠等成为本帮招牌菜,闻名遐迩。

聚丰园菜馆创建于1867年,由三个自荡口乡下来无锡城中学艺满师的小青年合伙创办,店址选定在北门外城脚,背向环城运河,又靠近游船集聚地的游山船浜。聚丰园开张时有15张台面,且背靠城河,无疑比其他饭店多了一个有利条件,那就是渔船来往方便,渔民捕到的鲜鱼活虾可以在第一时间送达菜馆。渔船送来的湖鲜,一般先笼养在河中,让顾客现点现杀。因为荡口的鹅湖湖面开阔,盛产清水鱼虾,自开店、自掌厨的王荣初三人把菜馆的经营重心放在鲜鱼活虾上。因为水产货源新鲜,加之烹调讲究,该店的红烧甩水、老烧鱼、奶汤鲫鱼、梁溪脆鳝、清炒虾仁、炒卷鲜(青鱼内肚)等,色、香、味、形、品兼备,都是闻名遐迩的菜肴。20世纪中叶,著名京剧演员、旦角"张派"创始人张君秋来无锡演出,对聚丰园的炒卷鲜情有独钟,有一次,一顿竟然连吃了两盘,一时被传为坊间美谈。

除鲜鱼活虾外,在聚丰园菜谱中,蟹粉系列也占有重要的地位。大闸蟹是江南地区特有的一种食材,其蟹肉鲜美盖过其他鱼、肉,蟹黄肥厚喷香。而最大的问题是,剥取蟹肉、蟹黄(统称蟹粉)相当麻烦,而且不易保存。聚丰园的师傅们在处理蟹粉系列菜时坚守一条原则:蟹粉必须当天剥,当天用完;只在蟹上市的季节供应,其他季节宁可不做蟹粉系列菜也不滥竽充数。一般来说,自农历七月螃蟹上市到严冬,上市供应期不过5个月左右,如何延长供应

聚丰园菜馆

期？聚丰园贮存活蟹也有一套独特方法。那就是在深秋螃蟹大量上市之际，挑选壮硕、饱满的蟹饲养在瓮头或缸内，内放一些稻谷，抑制其活动。到严冬时节取出来的蟹依旧只只饱满，胶满肉足，就连银圆大小的小蟹在煮熟后也是蟹黄充盈。这就是聚丰园"蟹黄油"菜品独步无锡的秘诀所在。

由于食材新鲜，菜肴味道鲜美，聚丰园渐渐做出了名气，当时的吴地俚曲《无锡景》这样唱道："小小无锡城呀，盘古到如今，东南西北共有四城门呀。北门城脚下呀，有个聚丰园，酒水搭呀搭船菜，大江南北呀有呀有名声。活焰虾呀只只呀那个满台飞，腐乳汁肉呀，炒呀炒那个蟹黄油，吃得那个客人呀，个个都称心。"1946年，蒋介石、宋美龄陪同美国特使马歇尔游览太湖，在游艇上设宴招待客人，所用菜肴、食材均由聚丰园置备。

迎宾楼菜馆也是无锡近代屈指可数的几家大菜馆之一，属于京帮菜馆。京帮菜的引进，由在北京做官的无锡人回乡时带回来京都厨师的同时，也把以山珍海味为特点的京菜带到了无锡。1930年，无锡人李文毓、沈云清等5人共同筹资，在崇安寺山门右侧建造了一幢清水砖墙楼房，这幢清水砖墙楼房就是日后同杭州楼外楼、苏州松鹤楼齐名的无锡迎宾楼。迎宾楼聘请上海先施公司东亚酒家名厨刘俊英掌勺，其京帮菜的做法讲究南料北烹，也就是食材以江南为主，烹饪方法

崇安寺迎宾楼菜馆旧址

则融入北方做派，像糟熘鱼片、椒盐塘片、青鱼塌、龙凤腿、香蕉果炸等一批南北相融的名菜更加丰富了无锡当地菜肴的风味。刘俊英和钱运章、费祥生、丁子坤、刘祥云等名厨，既熟谙锡帮菜技艺，又掌握京菜制作方法，还懂一点西菜做法，更敢于在构想和技法上不断推陈出新，创制了蟹粉鱼翅、鸡粥鲍鱼、虾籽海参、凤尾鸽蛋、金玉满堂等名菜，把锡帮菜原先不用的山珍海味引了进来，进一步丰富了锡帮菜菜谱。

　　早年间，无锡人的婚庆、寿喜通常是自家人庆贺，需要宴请宾客的话，也是请了厨师到家中操办，包括搭建帐篷，支起行灶，采购货物，洗汰备料，最终完成烹饪制作。通常有"八盆""五簋"的陈式，"八盆"为二水果、一花生、一瓜子、四荤菜；"五簋"包括鸡、鸭、鱼、肉四道大菜和一羹汤。无锡有句俗谚"一桌八斤"，意思为一桌菜肴（八仙桌，通常坐8人）需要用荤菜不少于8斤。后来随着饭店菜馆的兴起，城区人家举办婚宴、寿宴转而改由饭店包办，京菜、粤菜、淮扬菜的菜品更多引入无锡，酒店、菜馆、饭店也逐步拉开档次，以适应不同人群的不同需求。这使得菜馆、饭店突破家常菜为主和外出用餐、亲友小酌的格局，开始成为举办宴会的场所。其时推出的"和菜"（相当于现在所说的套餐）及"四拼盆""二炒""二汤""五大菜"，正是之前"八盆""五簋"的翻版。

1933年在城中公园举办的一场"重宴鹿鸣",是这一年无锡的一桩盛事。鹿鸣宴是古代科举制度中的庆贺宴会,在乡试正式放榜的第二天,由朝廷举办盛宴,宴请新科举人。所谓重宴鹿鸣,是为考中举人满六十周年者再次举办鹿鸣宴,以庆贺举人老爷的成就和长寿,因为只有早岁中举并且高寿者才能享此殊荣。这一场重宴鹿鸣的主人是82岁的杨筱荔。杨筱荔,近代学人,著有《中国财政史辑要》。这场盛宴在城中公园嘉会堂举行,虽然其时科举制度已废除多年,但还是有杨氏的众多故旧和地方名流共200多人参加庆贺活动,包括钱基博、丁芸轩、钱名山及吴稚晖的代表等特地从外地赶来。荣宗敬、荣德生兄弟还致送贺联:"文采早扬,春秋八二;宾筵再举,弟子三千。"典礼开始,杨氏居中而立,皮袍马褂,皓发银须,来宾环立,向老人鞠躬致礼,完全按古时乡饮之礼的仪式。礼成后,便在城中公园嘉会堂、兰簃、池上草堂、清风茶墅四处摆开圆桌20席,共同"扬觯为诸公寿"。而筵席的铺排,动员了公园周边崇安寺一带多家菜馆、饭店的一众人力、物力。

锡帮菜的一个重要分支,为太湖船菜(运河船菜)。最早的船菜可以追溯到春秋时期,相传吴王阖闾经常泛舟水上,大开船宴,宴请宾客,吃的菜全部用鱼做成,被称为"鱼脍"。《吴越春秋·阖闾内传》记载,阖闾曾用鱼脍席慰劳伍子胥。鱼脍的烹饪方法,如今已很难考证,但味道的鲜美是一定的。不然1000多年后的隋炀帝巡游江南尝到此菜肴,也不会连声赞曰:"所谓金齑玉脍,东南佳味也!"

无锡船菜真正得到发展,大致在清朝末年。每年农历三月惠山烧香和庙会季节,或秋高气爽之时,无锡民间有去惠山踏青、登高的风俗。其时坐船出游渐成风气,为了旅途舒适,结合欣赏水光山色,人们有了在船上宴饮的需求,菜肴以河鲜湖鲜为主,以鲜美、精细为特色,逐渐形成船菜体系。无锡游船也发展成集食、赏、行、娱、憩于一体,成为无锡水上观光游览的特色项目。

无锡船菜以河鲜湖鲜为主要原料,特色是浓郁入味,汤清不薄,讲究原汁原味。游船上备办船菜时,通常要准备一条七八斤重的青鱼,有了这条鱼,溜炒的鱼片,红烧的鱼块,氽汤的鱼圆,就都可以安排了。再加上"太湖三白"和螺蛳、螃蟹,糟煎白鱼、银鱼炒蛋、青螺炖蹄髈、蟹粉狮子头等,配上精美船点,以及酒酿圆子、八宝饭、银耳莲子羹等甜品甜羹,一桌船菜便"舒齐"了。

当然,各游船、画舫还各有自己的招牌菜。如王巧仙画舫以八宝鸭著名,杨阿兰画舫的西瓜鸡最佳,蒋家画舫以鱼蟹闻名,谢家画舫名菜则是荷叶粉蒸肉,这些都是为食客所津津乐道的佳肴。在灯船中,"苹香号"堪称翘楚,船主为杨荣林,该船号平时专门接待政客、绅士、富商,以雅著称,不设伎乐,从而赢得绅士界太太们的信任。不过同样吸引人的,还有那些独具特色的船菜,春夏以爽口的清炒大玉、鸡油菜心、糖醋鳜鱼、圆盅甲鱼打头,秋冬则以太湖云块鱼、蟹粉鱼翅、香酥肥鸭、高汤火锅为铺垫。这样的画舫,这样的美食,试问有谁不向往呢。

对美味的追求,源自人类的本能。然而关于美食,每个人又有着不同甚至相反的选择,浓重清淡、快食慢餐都有各自的理由。无锡人对味道的感知和定义,既起源于饮食,又超越饮食。无锡人很早就明白,锡帮菜里五味俱全,而五味的最佳存在方式,并不是让其中某一味显得格外突出,而是它们的调和与平衡。这不仅是烹饪和膳食不断寻求的美好状态,也是人们为人处世、做工经商乃至治国理政所追求的理想境界。

小吃业：烟火人间，风味长存

　　如果说食物寄托着人类最真挚的情感,那么无锡人的情感一定是最丰富的。被太湖水滋润的无锡人,自古以来就以聪慧精明闻名,用一点点简单的食材,配上来自实践的创意,就能变化出上百种特色鲜明的地方小吃。历史就包裹在这些美味里,让人们在回眸的时候,多了几分滋味。

　　说起无锡小吃,许多人的第一反应自然是崇安寺皇亭小吃。的确,作为无锡的小吃天堂,皇亭小吃留给无锡人太多的回忆。但如果顺着历史往前回溯,无锡城中最早的小吃集中地是在大市桥。大市桥是清代无锡老城直河上的十三座桥之一,横跨直河连结大娄巷与东大街。从前在桥堍有个古观音堂,前去拜祭的人比较多。人流量一大,商机自然就出现了,于是在桥的两边逐渐聚拢了一些小吃摊,久而久之渐成气候。大市桥原本桥面相当宽,后来桥的两边挤满了小吃摊,留给行人的就只有中间一条狭长的小路,平时人来人往,拥挤异常。这带出了一句俗语:"大市桥上轧煞人。"这个"轧"在无锡话里是"拥挤"的意思,反映的是热闹繁荣。

　　当年大市桥最具代表性的小吃,非过福来馄饨店莫属。过福来馄饨店开设于1864年,比后来闻名遐迩的王兴记馄饨店整整早了50年。不过它起初只是一家小店,一间门面,三四张桌子,维持50多年不变。老板姓过,来自八士乡间,用自己的姓氏加上"福来"二字作店名,显然对这家小店寄予了不小的愿望。

店虽小，业主的心却并不小。过福来最重要的经营特色是手工擀皮，前后百年间，这个传统一直保留了下来并得到发展。其手工擀皮，薄而有韧劲，裹成的馄饨下锅，久煮不烂、不散、不漏馅，吃着有弹性。且每次只做五六斤，所以不会因放久而影响它的新鲜度。馄饨的馅心采用上好的腿心肉，肥瘦相间，剁成肉泥，再加入盐和料酒调味。包馄饨时用竹制的"馅杆子"把馅刮入皮内，然后用手指在两角一捏，做成一个形似元宝的馄饨。同样，盛馄饨的汤也相当讲究。过福来用猪腿骨和整只的鸡来熬汤，再加上一把黄豆芽，这样可以使出锅的高汤汤底清澈，同时还能去腥去腻，使汤中飘散出淡淡的豆香。等馄饨出锅时，再在碗中放入少许豆腐干丝，表面撒上青青的大蒜叶。看似简单的一碗馄饨，入口时却有千般滋味交融。这就是无锡人最为崇尚的鲜的味道。

过福来的成功，还在于它的点心品质上升到了品牌。由于手擀皮子馄饨好吃且不贵，所以远近闻名，上至达官贵人，下至贩夫走卒，路过的时候都要来一碗。连当时著名的评弹艺人姚荫梅、杨振雄、杨振言等，每次来无锡演出，一大早也都会特地来到过福来，每人叫上一碗馄饨加两个水潽蛋，热乎乎的吃上一碗，一上午就都有了精神。在一众吃客中，最有名的还数国民党元老吴稚晖。这位"老顽童"从小在其舅公家长大，是位地道的"老无锡"，他在饮食上有"四爱"：一爱三凤桥慎余肉庄的酱五花肉；二爱惠山山门口祝家祠堂的豆腐花；三爱惠山街上的惠山油酥烧饼；第四爱便是这过福来馄饨。据说有一次吴稚晖抽空回无锡，来到过福来馄饨店享口福，一众家乡父老闻讯，纷至沓来，结果围观的人群将大市桥挤得水泄不通。再加吴氏幽默随意，与故旧新知交谈，妙语连珠。此番盛况，经媒体一宣传，吴稚晖欢喜吃馄饨一时成为人们闲谈的热点，无锡馄饨由此名扬京沪。过福来借着名人效应再扬名气，成为无锡点心业的一个传奇。

无锡小吃集聚地从大市桥转移到崇安寺皇亭，这已是民国时的事情了。崇安寺位于无锡城厢中心地区，相传是东晋时著名书法家王羲之的宅院。晋哀帝兴宁二年（364），王羲之捐宅为寺，名兴宁寺。梁武帝时改称静慧寺，到宋朝兴国元年（977），定名崇安寺，香火繁盛。清咸丰至同治年间，寺庙两次遭遇

崇安寺小吃(1980年代初)

大火,大部佛殿僧舍被毁,再加上连年战争,寺院一片破败。光绪元年(1875),时任无锡知县廖纶,为恭维皇帝,特在大雄宝殿前建造圣谕亭,即皇亭,亭内供牌位,每逢初一、月半和皇室婚丧喜庆,由地方长官到皇亭主持上香礼拜,这就是皇亭的由来。所以直到清王朝结束之前,崇安寺皇亭更多的是承担礼仪教化的职能。1905年,经俞复、吴稚晖等人倡议,在原来崇安寺、洞虚宫的废基上建造锡金公园(公花园)。辛亥革命后,公园拓建,县立图书馆拔地而起,崇安寺菜场开张,崇安寺蜕变为一个商业中心,周围逐渐成为大众休闲和民间活动的场所。从五四到五卅,各种集会、演讲、游行、展览,都围绕于此展开,具备了公共空间的功能。

公花园的兴起,让崇安寺少了以往的皇家威仪和佛道庄严,却多了几分人间烟火,随着人流量的增加,各种小吃摊也随之兴盛起来。至1930年代,皇亭周边有名的小吃摊担至少有22家,品种不下五六十种,诸如:孙纪泉的豆腐圆子、线粉鸭血汤,龚长山的莲子羹、八宝饭、藕粉和绿豆汤,钟良卿的雪蒸糕、爆鱿鱼、五香排骨,丁都根的牛肉线粉汤、冷拌面,尤同福的元宵、酒酿棉子圆,丁阿六的鸡肠线粉汤,周伯荣和林阿三的

中山路上的王兴记(1965年)

五色梅花糕,汤宝林的鸡鸭血线粉汤,宦伯清的油酥饼,李志的羌饼、高庄馒头,许金宝的糖粥,三姑娘的牛肉,王阿梅的糖烧芋头,根大的豆腐花,阿荣爷的宁波汤团,夏纪荣的豆腐浆,李林宝的熟面、冷拌面,殷关宝的清油豆腐干,姚金昌的大饼、油条,姚金荣的生煎馒头,大三元的白粥,祝公兴的小笼馒头等。当时曾有一篇名为《崇安寺小吃剪影》的文章刊登在《锡报》上,记录那时小吃的盛况:"本邑崇安寺,几乎全部给小吃摊头,占了整个的场面。每天午后,如果在那里经过,在顺风的空气中,会有一阵甜酸的香味,扑入鼻孔,不由得使人馋涎欲滴!……"据1949年的调查,崇安寺皇亭附近总共有100多家店铺和摊位,150多种各类小吃。

在小吃店摊从大市桥向崇安寺的迁移中,有一家刘源兴糕团店。这是一家历史悠久的老店,创建于光绪元年(1875),地址在东大街。上午卖五色汤团,馅心有鲜肉、豆沙、芝麻、菜猪油、玫瑰猪油,其中玫瑰花瓣的原料是东乡后宅的特产。每年初春到端午前后卖玉兰饼,那是真正采来玉兰花瓣,洗净晾干,切成细末,加入米粉中用水揉合,做成皮张,包裹鲜肉、豆沙等馅心,再放入油锅煎成皮色金黄的成饼,咬一口便能飘出玉兰花的清香。民国年间,该店传至第三代,刘氏兄弟有5人。刘源兴糕团店迁至崇安寺巷口,店面扩大为两开间,由老三主持打理。除汤团堂吃、外卖外,平时接受顾客定做喜庆糕团,年节时也代客加工蒸糕。老五则在崇安寺皇亭旁的三官殿门前摆一个点心摊,挂

出"水磨挂粉五色汤团"的牌子,因为米粉软糯,馅心饱满可口,同样深受吃客欢迎。

无锡人以米为主粮,点心小吃也以米为主,糯米做的糕饼汤团更是被赋予诸多吉祥寓意。团子和圆子象征团团圆圆,冬至和年节时,全家人一起和粉拌馅裹团子,其乐融融。"糕"与"高"谐音,有高中、高升、高兴的含义,除了过年家家要蒸年糕外,家中凡有各种喜庆,如祝寿庆生、"三朝"、"弥月"、周岁"纪始"、升学满师、新屋上梁、乔迁新居,乃至喜丧落葬,都要向亲友、乡邻馈赠"团圆糕粽",少则"一百满头"(一百馒头一百糕),多则"四大圆盘"(广漆托盘装满四盘)。这么多的数量,自家制作自然是来不及的,多数要向糕团店定制,偶尔也请师傅到家中来制作。糕团店的生意也因此四季兴盛,而糕团店本身的经营也有了不断翻出新花色的压力。

1940年前后,崇安寺金刚殿西面新开一家点心店,名为"五芳斋",主持店务的是一个矮个少妇。花色品种翻新重在引进各地名品,开始是扬州水晶大包、千层糕,接着是嘉兴火腿粽子、豆沙粽子,还有上海老城隍庙名小吃千张包子,苏州的双馅团子、五色方糕。五芳斋开张不久,顾客闻讯纷至沓来,点心风味多样,品质优良,所以一时间生意红火。但后来因为房屋租赁出现矛盾,五芳斋迁至崇安寺山门口露天搭棚经营,点心品种减少,生意逐渐转为平淡。1944年,湖州人冯秉钧和他的徒弟王禹清来到无锡,看中崇安寺这做生意的风水宝地,准备开一点心店做成事业。正巧五芳斋面临转让,双方一拍即合,冯秉钧师徒出资盘下五芳斋,改名丰收糕团店。这一转手,又成无锡点心业的另一段传奇。此后60年间,丰收糕团店不断吸收、不断创新,积累形成60多种花色糕团,一年四季,不同节令,都有不同糕团应市。早春麦汁青团、猪油糕,夏天薄荷方糕、松花团,秋季南瓜团子、枣泥糕,冬日桂花年糕、冬至团,店址多次变迁,经营几经曲折,但很长一段时间都一直是无锡糕团业的第一块牌子,冯秉钧师徒曾分别被评为中华糕团特级大师和江苏省特一级糕团师。

在小吃店铺向崇安寺集聚的同时,惠山街却也在不知不觉中成为无锡又一个小吃中心。每当春暖花开,惠山是人们春游踏青的去处之一,加上庙会节场、清明扫墓往来歇脚,惠山街上常常人头攒动,其小吃品种之多、规模之盛、游客之拥挤,大有凌驾崇安寺皇亭小吃之势。在惠山而以惠山命名的地方特产有两项,一为惠山泥人,一为惠山油酥。惠山油酥又名"金刚肚脐",明末清初时即有,手工制作,用面粉、素油、白糖做成面坯,以金桔、青梅、蜜冬瓜、胡桃仁等拌和成馅心,包成半圆球形,滚上白芝麻,入炉烘制而成。民国时,惠山的油酥店有10家之多,"金刚肚脐腊烧片"是游惠山的人都要带一点回去的特色点心。惠山另有一种油酥饼,常被外地游客误认为就是惠山油酥,其实不然。这种油酥饼在20世纪中期才从外地借鉴引入,分甜、咸两种,圆形和长形,分别以白糖猪油和葱油为馅心,用立式瓦缸炉烤制而成,酥而不脱皮,油而不腻,适合游客现买现吃。

惠山的小吃品种多样,除惠山油酥、油酥饼外,还有金阿二的油豆腐线粉、曹三妹的臭豆腐、豁嘴的鸡子大饼、呆头的五香豆、娘娘庙的桂花栗子、大孙巷的四角菱、下淉桥人的松花粢团、姚巷人的豆腐花、杏金点心店的小笼馒头等,同样充满江南市井风情而令人心动神往。其实惠山的点心可以追溯到清朝晚期,且与船菜船点的兴起有一定的渊源关系。清光绪年间,有一位定居上海,在海关工作的英国人葛骆,利用假期时间在中国各地旅行,写下多部关于中国的著作,其中也记下了在无锡旅行的观感。一天晚上,在游览惠山之后,他受无锡本地一位银行家的邀请,到一艘游船上用餐。在船上,他尝到了用鱼和猪肉做成的各种各样的美味佳肴,此外还有点心、瓜子及"排成一列的各种杂食",虽然无法一一叫出名字,但却让人大快朵颐。不过,他对游船女老板——金莲的过分殷勤(用在自己嘴里含过的筷子往客人的碟子里夹菜)颇不以为意,对歌伎们犹如"在月光如水的夜晚""猫在屋顶叫春"般的哼唱也是印象不佳。看来,在不同的文化之间,美食的享受远比艺术和习俗的包容更能打开交流之门。

小吃与菜肴一样,拓宽生活的空间,也拉长文化传承的历史。时代转变,人群聚散,无锡的小吃也在时代的浪潮中不断融合变化;不变的,是无锡人那种积极向上、包容进取的精神。它伴随着无锡人的过去和现在,每一种风味都凝聚了情感与温度,随着时间的涌动,化作这延续千年的人间烟火。

酱园业：百味酱为先

自古以来，酱这种调味料长期在百姓生活中占据着重要地位。人们每天的饮食几乎都离不开它，以至于南宋吴自牧《梦粱录》里那句名言："盖人家每日不可阙者，柴米油盐酱醋茶"，把酱列为了普通人家每天开门最重要的七件事之一。而在饮食行业，也有这样一句话：酱者，百味之将帅，帅百味而行。不光在中国，外国人的饮食如果离开了各种酱的佐味，也会变得索然无味，所以美国历史学者 F.F.Armest 所著《食物的历史》一书明确提出这样的观点：调味品、酱汁的使用，是导致烹调方式从简单走向复杂、从低级走向高级的分水岭，同时也让食物、美食成为了社会等级的一种标志。

可以说，酱的发明是人类饮食调味技术的重要转折点。尤其是中国的酱，大多以动植物食材为原料，这种低成本、高效用获得氨基酸与调味品的技术，使得各类豆酱、肉酱及相关制品登上国人的餐桌，并且再也没有下来过。而这，也奠定了中国人饮食在往后数千年以"鲜"为上的调味审美。

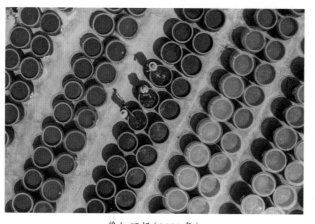
酱缸晒场（2020 年）

在中国,酱的起源有历史可考的记录从周朝开始。《周礼·天官》在叙述"醢人"的职务时,列举王的宴饮和祝飨需用"醢六十瓮,以五齐、七醢、七菹、三臡实之"。这里的醢就是各种酱,且大多以动物类蛋白为原料,比如醢醢(肉酱)、蠃醢(虫酱)、蚳醢(蚁卵酱)、鱼醢(鱼肉酱)、兔醢(兔肉酱)、雁醢(鹅肉酱)等。这意味着,早在距今3000年的古代,中国人生活中的酱品已经非常丰富。在烹饪技术并不发达的古代,如何把一种食物做出不同的味道,酱起着至关重要的作用,甚至成为一道菜调味的主宰。所以孔子才会在"八不食"中列有这样一条:"不得其酱,不食。"这也说明,那时候的酱已经与各种食物形成某种固定搭配。

到了西汉,有一位叫史游的黄门令在其所著的《急就篇》中提到:"芜荑盐豉醯酢酱。"唐代学者颜师古在数百年后对其批注:"酱,以豆合面而为之也,以肉曰醢,以骨为臡,酱之为言将也,食之有酱。"这是历史上对以大豆为原料的豆酱的较早记载。由此也可以推论,国内豆酱的制作应始于东汉以前。到北魏时期,豆酱的制作方法日臻成熟,其酿造工艺逐渐形成标准流程并流传至今,贾思勰所著《齐民要术》将其归纳为三蒸三晒、制麦曲、制酱醅、翻晒装瓮等步骤。

到了唐代,酱的制作工艺又有改进,唐末的《四时纂要》一书记录了"合酱"法,也就是在制曲环节将豆、面原料混合,形成一种全料制曲工艺,这能进一步强化微生物的酶解作用,同时也提高原料的利用率。这一传统制酱工艺为作坊和工场制酱所采用,一直延续到了近现代。

无锡一带民间家庭制酱基本沿袭了这一古法,但区分为豆酱(豆瓣酱)和面酱两类。豆酱的制作,先将大豆蒸熟,小火焖烂,然后将豆料取出于日光下晒干。再将豆料放在石臼中舂捣,浸入热水,去掉豆皮,沥去浮水,再次蒸透后摊晒于干净的竹席上,让其自然发酵,或加入特制的曲粉发酵。经初步发酵后加入适量的盐和香料,充分搅拌均匀,然后将拌好的原料装入陶瓮,用力压紧,再用瓦盆覆盖瓮口,用泥封实瓮盆接缝处,使空气不能进入,经过一定时间的充分发酵即能制成酱醅。酱醅成熟后启封开瓮,粉碎瓮口泥块,将酱醅盛放在干净的陶盆中,加入适量盐水翻搅拌成浆状,然后放到阳光下曝晒。大致要经过100天的日晒雨露,才能最终制成浓香馥郁的豆酱。面酱的制作,只是原料采用面粉,经拌和蒸制成面饼,发酵、翻晒过程与豆酱制作基本一致。只不过,无锡人的豆酱用盐,制成的是咸酱,讲究一个"鲜";而面酱加糖,制成的是甜酱,重在甜,称为甜面酱。

从传统的制酱又衍生出酱油的制作,这也诞生于汉代,《齐民要术》称之为酱清。酱清的出现,表明酱油与酱已开始分开生产。但从工艺上说,当初的酱清还不是真正意义上的酱油,那只是在制酱过程中撇取酱汁所得。而《齐民要术》归纳的"作酱法",倒已具备固态法两种曲制酱,再补充酶浸出液及盐水进行稀发酵的制作工艺特征,为后来酱油制作生产提供了基础性工艺技术。酱油的生产技术在唐宋时期有很大进步,到明代,《本草纲目》中记载的"豆油法"及《养余月令》中的"南京酱油方",表明酱油生产已发展为独立的工艺。最早出现"酱油"二字,是宋代林洪的《山家清供》一书。至宋代,酱油在人们的日常生活中广泛应用。不过主要是用于凉拌菜的佐料,到了明清时才更多应用于菜肴的烹调之中。

酱,被时间赋予了醇香的滋味。随着人们需求的增多,酱的专业生产单位——酱园便应运而生。酱园又称酱坊,是指制作并出售酱品的作坊。在近代科技引入和工厂化生产以前,酱和酱油的规模生产基本依靠传统酱园。小到只有数百家聚落的小镇,大到数省通衢的城邑,都有酱园的存在,出产酱和酱品以供百姓居家之需。

在无锡,酱园业的存在和发展也是历史悠久。但在很长的历史岁月中,酱园的发展相当有限,这是因为制酱所需的盐是官府严格控制的物资,开办酱园必须向县衙申领运盐的"盐执照"。所以直到20世纪初期,无锡城中仅有大小酱园16家,随着盐的买卖松动、放开,1930年增加到27家;1948年达到66家,其中净酱园33家,净槽坊(酿酒作坊)6家,酱园兼槽坊27家。较为有名的酱园有陆右丰、陶谦益、天生、蔡大成等。因为酱园作坊的产品都是老百姓日常生活所需,所以即便在动荡的年代,其经营也基本稳定。无锡有句老话说:

"先开酱园后开当",意思是酱园行业稳扎稳打,稳当赚钱。

无锡的酱园大部分为本地人所开设,其中部分从其他生意中途转行,所以其原生经验相对不足。但他们的优点是悟性强、学得快,通过学习本地和外地酱园的成功做法,结合自身实际,很快就把酱园有模有样地开了起来。

几乎所有的酱园都是前店后坊,前店销售成品,后坊手工制作。店堂通常按照右酱左米陈设,右称湿柜,左称干柜。湿柜出售料酒、花雕、盐、糖、酱油、醋、香糟、辣花、面酱、酱菜、乳腐等,以缸罐陈列,散装零拷;有的还兼营豆油、菜油、麻油、煤油、小清油(熟桐油,用于油漆木器);

无锡食盐公卖处

干柜售卖米、面及其他干货食品。人们去一趟酱园店就可以买回多种日常食材调料。比较完善的酱园,后坊往往包括多个作坊,如酱作、酒作、醋作、乳腐作等。旧时无锡的食品作坊有"八坊"之称,即:酱坊,生产酱油;槽坊,生产酒类;砻坊,将稻谷加工成米,用米制酒;白作坊,制作腐乳胚子;腐坊,制作腐乳;绍坊,生产黄酒、料酒;醋坊,制作香醋酸醋;糟坊,生产香糟。从某种意义上说,酱园是这些作坊的统称。因而上规模的酱园相应拥有雄厚的资本,以及有数亩至数十亩地的大作场。大作场上排满上百只大酱缸,酱缸上覆有尖顶箬叶盖,晴天去盖曝晒,雨天遮盖防雨。

因为门类多、工种多,酱园业的人事管理结构复杂而等级分明。上层有所谓"四巨头"之说,即经理、账房、批账、发货。经理和账房单独对老板负责,批账主管经营业务,发货主管货品实物,均受经理节制。他们与中层职员、普通职员、学徒都属于"先生"一类。另一类称"司务",司务中除酱油司务外,还有敲坛司务(检修缸坛)、竹匠司务(修理竹器)等。同时,在先生中又有本店学

长春别墅举行菊花展览酒酱同业留影

徒出身和外来客师之分，在司务中又有长工和临时工（帮工、替工）之别。

旧时，有的酱园名称之前有一个"官"字，称官酱园。因为开设酱园需要得到官府批准，特别是清政府，对酱酒酿造业控制甚严，居民多吃酱，就会少吃盐，官府的盐税收入就会减少。开设酱坊先要缴纳巨额帖金，才能获得经营食盐的执照——盐帧（也称官帖、园牌）。盐帧，是一块用火铁烙有"官盐"两字的木牌，意为官府准予经营。有了盐帧，有的酱园门面便仿照官府的高墙大门，以显示其气势。当时无锡只有屈指可数的几家酱园取得官帖。而无锡最大的酱园陆右丰，为了表明自己经营的正统和有实力，特地在石库门外两旁的粉墙上大书"官酱"两字，往来客商还没进门就能感受到它的强大气场。官酱园向官府交纳税收以酱缸来计数，官府对纳帖酱园的酱缸数也有明确限定，造酱用缸分正缸、副缸、备缸，一只正缸可有两只副缸、三只备缸作配套，按正副缸定额纳税。但陆右丰一反以往酱园的官商作风，最终还是靠选拔任用能人，灵活调度资金，重视产品质量，树立品牌信誉，把酱缸数越做越多，从而超越竞争对手登上无锡酱园业的首座。

近代无锡酱园的经营,还包含着综合经营、循环经营的巧妙构思。酱园出产的酱可以直接出售,也可以双缸发酵制成酱油;还可以制成酱菜,扩大销售提高附加值;用米酿酒,制酒产生的酒糟可以加工成香糟,也可以用来制醋;制作豆腐白坯,进而加工制作乳腐和豆腐干,豆渣连同酒糟、酱糟一并出售作为饲料。加上兼营米、面,原料统一采购,产品综合营销,连环搭配,显著降低成本,提高运转效率。仍以陆右丰为例,其酱坊出品的伏酱、秋油(酱油)都是市面的适销品种;槽坊生产的双套(黄酒)、二泉花雕(本绍)、镜面足加三(白酒)、蜜令近(蜜酒)都足以与各地名酒相媲美;醋坊制作的玫瑰香醋久负盛名;用本绍酒糟加入各种辅料制成的香糟,定名"陈年香糟",用来烧制糟鱼、糟鹅、糟扣肉,香味浓郁,也深受本地市民欢迎。加上兼营米粮、粉麸、豆饼、食油、火油等,其生意从城中扩展到四乡,且包揽多个门类,邑中酱园经营无出其右。

酱园业生产周期长,资金周转慢,社会上有"酱十万"之说,意为开设酱园需要资金不下十万。无锡陆右丰等酱园,抓住粮食集散地的地利天时,注意把握时机吞吐进出,做到资金的灵活运用。酱园业的生产周期一般从每年4月起制作,到8月份出货销售,所以各家酱园每年备料前都会提前筹措资金,趁农民粮食收获后急于用现金缴租完税的时机,低价收进粮食,一部分作为酱园的生产原料,一部分作为库存,到第二年粮价回升时,出清存货,回笼资金,转向盐、油、火油等的经营。陆右丰在1852年创设于无锡北乡堰桥镇,太平天国战后迁入城区,1870年在三里桥开设分店;辛亥革命后又相继在西门外兴隆桥、北门外惠农桥、城中清宁巷开设新工场和商铺北号、中号。抗战胜利后,陆右丰进入发展鼎盛期,除总号、总工场、分工场外,共设有货栈和商铺分号6家,员工总数83人,还不包括季节工45人,经营规模和地位为无锡酱园业当之无愧的龙头老大。

酿造业：
人间温情一杯酒

酒，从它诞生之日起，就是中华文明的重要符号之一。中华文明数千年，神州无处不酒香。中国人的酒，在李白杯中，是"人生得意须尽欢，莫使金樽空对月"；在杜甫手里，是"艰难苦恨繁霜鬓，潦倒新停浊酒杯"；在苏东坡口中，是"明月几时有，把酒问青天"；在柳永笔下，是"今宵酒醒何处？杨柳岸、晓风残月"……

中国人喝酒已有数千年的历史。通过考古发掘，曾在公元前2500年至前2000年的新石器时代晚期龙山文化遗址中，发现不少种类的酒杯，有平底杯、圈足杯等。这表明，早在文明曙光初显的年代，中华民族的先民们就开启了饮酒的历史。到了殷商时代，人们已经学会了用曲酿酒。中国也因此成为世界上最早以曲酿酒的国家。周代的饮酒则在礼仪文化方面获得进展。当时饮酒讲究酒礼，饮酒时除王侯将相的爵次外，尤以年长者享受优待，六十者三豆，七十者四豆，八十者五豆，九十者六豆，体现一种尊长敬老的民风。

到了春秋时期，随着吴、越国的崛起，江南酒文化展现出它的独特风流。《吕氏春秋》中记载，越王勾践准备出师伐吴，当地父老向他献酒，为了激励将士，勾践就将酒倒在河流上游，然后与将士共饮河中之水，结果全军士气大振，最后出师大捷。这就是历史上著名的"箪醪劳师"。时至今日，人们还能从博物馆看到无锡鸿山邱承墩遗址出土的文物，其中有为数不少的2500多年前吴越贵族使用的各种青瓷酒器，包括盛酒器、饮酒器、温酒器及冰酒器等，一应俱全。这些文物不仅是春秋战国时期江南贵族生活的缩影,也印证了无锡地区2000多年的酿酒史。

无锡地区酿酒的历史由来已久,但真正能让无锡酒在青史留名的,还是要推惠山泉酒(又称惠泉酒、泉酒)。宋代,居住在惠山山麓的蒋姓人家,以锡邑地产的洁白糯米、惠山二泉的清澈泉水酿制一种"三白"酒,其酒色莹白,酒质醇厚甘美,深受上至达官贵人、下至平民百姓的喜爱,以至于大书法家米芾也对它颇多赞词。到了明代,不仅销路扩大,产量大增,而且酒味酒香更佳。据文学家张岱《陶庵梦忆》记载,惠山龙头河边有卖泉酒的店肆,装潢精雅;王思任在《游慧锡两山记》中说,惠山街上商品琳琅满目,而以泉酒独佳。除了店肆出售、供人品尝外,过去,惠泉酒还被人们当作馈赠亲友的尊贵礼物。刘廷玑的《在园杂志》也提到:"京师馈遗,必开南酒为贵重,如惠泉、芜湖、四美瓶头、绍兴、金华诸品,言方物也。"毫无疑问,惠泉酒已成为当时国内名酒之一。

明清时无锡发达的酿造业和酒文化,同样也在文学作品中得到反映。冯梦龙的《醒世恒言》中有一篇《卢太学诗酒傲王侯》的传奇小说,记述的是明嘉靖年间,河北大名府的财主卢楠在当地颇有名望,汪姓知县想到卢家的花园去游玩,恰好有一个江南客去拜访汪知县,送了两大坛惠山泉酒,汪知县便差人将一坛好酒转送给卢楠。惠泉酒作为一种美酒,可以叩开诗酒主人的园门。

而最能确立无锡惠泉酒地位和名气的,则是中国古典名著《红楼梦》中的两处描写。一处是在第十六回中,贾琏的乳母赵嬷嬷边喝着奶儿子从苏州返回时带来的惠泉酒,边用夸张语调讲述贾家当年在扬州接驾的盛事;另一处在第六十二回,芳官告诉宝玉,她先在家里吃了二三斤好惠泉酒呢,可见惠泉酒酒性温和上口,妇孺皆宜。

在清代,惠泉酒的内涵和影响力进一步扩大。康熙《无锡县志》记载:"惠泉酒名曰三白,以岁腊月酿成。当其作时,负担争汲,山亭成市,舟载往来,喧溢寺塘……其酒以色白味清而冽者为上,山中卖者,比舍皆是。"此时的惠泉酒,实际上已成为当时无锡地区所产酒的代名词。康熙时,李煦任苏州织造,送往内廷的贡品中就有泉酒一目;雍正时,曹兆贡物中也有泉酒,均特指惠泉酒。至光绪时,惠泉酒的生产进一步扩大,在江南地区,"酒作则无锡最擅名,所云惠山三白,腊月酿成,以味清冽者为上,奔走天下,每岁数十万斛不止"。

由于无锡酒的出色品质,引来明清两代不少文人的赞誉,他们纷纷用诗歌表达自己的喜爱之情。如明代诗人袁宏道在《登惠山》中写道:

青山何意成相识,流水公然似故溪。

一瓶暖贮惠泉酒,过得层峦日又低。

康熙年间的无锡诗人杜汉阶,也有诗云:

惠山泉酒久驰名,酒店齐开遍四城。

最是江尖风景好,红栏绿柳远山横。

无锡人的日常饮酒,首先当然是自己家酿。从农家到城居人家,历来都有家酿米酒的习惯。每年秋收之后,人们选用新上市的糯米,淘洗后浸泡一两个时辰,上蒸笼蒸熟。熟米经摊放凉透,然后放进酒坛或酒缸,加入适量的酒药(微生物酵母)和清水,均匀拌和,放置在温度适宜的地方,封盖发酵。十天半月之后启封,即能得到酒醪,滤出的汁液兑入适量的水就是米酒。这种米酒酒精度不高而营养丰富,香甜醇和,口感温和绵柔,但如果因为好喝而大碗连干,那也会醉倒不起的。如果在酒醪中加入酒曲,继续发酵,就能得到老白酒,其酒精度略高。如果将老白酒进行蒸馏,俗称"吊酒",那就能得到真正意义上的白酒——烧酒。但就普通百姓人家来说,家酿酒的最终目标就是米酒。还有就是初酿的酒醪,连带米粒和汁液被称为酒酿。根据个人的口味加入白糖,就成为香甜可口的甜酒酿,用它制作酒酿圆子、酒酿鸡蛋等,也是无锡人喜爱的食物。

无锡酒的商业性酿造,既有单纯的酒作,称为槽坊,也有兼营制酱及酱油、酱菜的,称酱园槽坊。民国初年,无锡城区共有酱园槽坊21家;至1948年,全县有单纯酿酒的槽坊6家,兼营酒酱的酱园槽坊27家。因为酒的品种多样,近代酒的行业又有细分。前店后坊的酒作分为槽坊(黄酒作坊)和吊坊

漫米　蒸饭　摸饭　合饭

搭窝　炼醅　挂曲　木榨

传统酿酒的工艺流程

(烧酒作坊,又叫红粮作坊),商业经营的酒号分为酒酱号(酒酱兼营,以黄酒、料酒为主)和烧酒号(又叫高粱酒号,专营白酒批发零售),在1930年前后分别成立同业公会。无锡的黄酒货源以地产为主,也从绍兴、丹阳部分进货;白酒货源用本地红粮坊酒,华庄土烧酒、南泉糟烧酒也占部分份额,其余则引进泰兴泡子酒、丹阳糟米烧和浙江桐庐、安徽泗州的高粱烧。沦陷时期,原向苏北、浙江进货的上海酒商转向无锡采购,无锡城北普济桥至天主教堂一带形成红粮坊产区,黄酒槽坊也有相应的发展。

　　近代无锡最有代表性的酿造作坊,是陆右丰、陶谦益等酱园槽坊。陶谦益酱园槽坊始创于清道光二十九年(1849),由陶宫桂独资开设,地点在北门外江阴巷。咸丰年间毁于战火,战后勉力复业,于同治年间迁至笆斗弄。陶谦益的作坊分为咸作和淡作,咸作制作酱、酱油和乳腐,淡作专门酿制酒和醋。陶谦益的淡作每年新糯登场便"开浸"酿酒,开浸要吃开浸酒,即宴请同业,既表示庆贺,也招待同业品评酒的品质,取得业界的认可。至来年春末夏初一轮酿酒结束,也要办一个仪式,叫作"休浸"或"收浸"。陶谦益主要酿制黄酒,有奎红、全福、本绍、蜜酒等品种。如果酒名仅标本名,那就是现销酒,即当年或上年秋开酿的新酒;如果加上"陈"字或者加冠容器名称的,如青皮

酒坊堆积如山的酒瓮头

陈全福、建四陈本绍,就是贮存满两年的酒;而如果加上"老廒"两字,如青皮老廒陈全福,就是三过伏腊或贮存时间更长的老酒。酒名不同,定价也有差别。

进入民国,陶谦益全年酿酒所用糯米达到3000石以上。主要从金坛产地选购上等元稻(糯稻),运回无锡砻碾,既能降低价格,又能保证质量。不足部分在无锡米市补充购进,数量和价格也都能得到保证。陶谦益酒的营销,比酱油、醋的销售范围更广,也更讲究营销策略。陶谦益的第二代掌门人陶望卿,曾到崇明岛考察,发现当地的棉农、渔民非常喜欢喝黄酒。根据对他们口味的掌握,专门开发奎红新酒,专销崇明。因为其价格优于绍兴花雕,而酒味甘美,甜香诱人,引得崇明客商放船来无锡批量进酒、贩酒。其他如上海人喜欢的本绍酒,宜兴、溧阳一带畅销的全福酒等,也都适应各地口味注意加以改良。

而为了保证酒品质量,陶谦益严格管理,落实一系列措施,沿袭成章。例如清洗检查空坛,对回收的酒坛洗刷清洁,检查是否有裂纹和漏气,再上灶熏蒸,以杀菌消毒、去除异味,如此方能用于灌装。又如产品抽样试尝,对不同批次的酒品进行检验,在缺乏专业仪器的情况下,用熏管(中空的铜扦子)插入坛内,吮吸品定质量和口味。再如出品计量,对出售产品进行查验复称,确保斤两准足;同时对杆秤、磅秤等衡量器具定期进行校验,努力做到精确无误。正因为质量可靠、服务细致,陶谦益赢得了顾客、客户的信任。李同丰中药号每年春节前都要在陶谦益订购青皮老廒陈全福酒15坛,用于配制药酒。陶谦益也兼营大小泡酒(专门用于泡制药酒),还有根据顾客口味要求添加橘

玉祁酒厂灌装车间（1982年）

子增香的本绍黄酒，也都深受市民欢迎。

近代的无锡城，工商氛围渐浓，此时无锡人的饮酒与古人相比，自然少了几分美酒诗情和品酒论诗的闲情风雅，却多了几分人世间的市井烟火之气。与古人喜欢寄情于山野不同，近世的无锡人更喜欢三五成群聚在小店里饮酒聊天，这也就催生了颇具无锡地方特色的热酒店的诞生。这种热酒店一般房子不大，但门面宽敞，店内除方桌、条凳外，没有什么陈设，风格颇似鲁迅笔下的咸亨酒店。热酒店的顾客，也大多是工厂的工人和重体力劳动者及附近的一些居民。酒店主要供应无锡生产的本地黄酒，也有绍兴名酒竹叶青。下酒菜多的是油氽黄豆、煮花生、回芽豆，还有少量的咸蛋、猪头肉。

在当时这类热酒店中，比较著名的当属章万源热酒店。这家店在20世纪20年代初创于光复门外清真寺路。章万源虽然设施简陋，服务人员少，生意却相当好。后来在北大街开了分店，更是每天开到深夜。店里的小二对顾客也是比较随意，顾客有什么需要直接吩咐就可以，没事的时候也可以和小二一起聊几句,不像大饭店里那样规矩森严。而且这热酒店对顾客也没有太多限制,点一壶酒,凉了可以让小二帮你加热,店家也不会说什么。所以三五好友一起,点几盘小菜,热一两壶黄酒,大家畅所欲言,将所见所闻、人生悲欢都融入这杯盏之间。这表面上喝的是酒,其实却是人情冷暖。

章万源热酒店还有一个让人觉得暖心的服务项目,就是在秋天大闸蟹上市季节,代客加工清蒸大闸蟹。酒店将顾客挑定的蟹洗净,在脐内放上一小块板猪油,加上片姜,然后用绳将蟹扎好放入蒸笼,蒸好的蟹既肥腴又鲜美,配上美酒真是妙不可言。而店家这样的暖心服务,当时只收几分钱。曾经,与章万源类似的小店遍布北塘、南下塘等交易繁忙的市场周围,成为人们闲暇之时小聚的理想场所,以至于当时《人报》《锡报》等媒体记者,也是那里的常客。在小小热酒店里,每个顾客都被热情接待,每个人都能在那里找到属于自己的位置。

从古到今,无锡人对酒的态度就是如此,酒和人情缺一不可。少了酒,人情就没有了依托;少了人情,这酒就没有了温度。这就是无锡人的一杯酒,看古往今来,品人间温情。

茶叶业：
饮茶·品茶·斗茶

　　茶是国人的国饮，历史悠久，传说其发端于发明耕种的神农氏。相传在三皇五帝时代，就已有神农氏关于茶的《虫草辞》。据说神农在野外以釜锅煮水时，刚好有几片叶子飘进锅中，煮好的水，其色微黄，喝入口中生津止渴、提神醒脑。神农根据他尝百草的经验，深知它有药用功能。这是有关中国饮茶起源最早的说法，距今已有五六千年的历史了。由于上古时期没有文字记载，关于《虫草辞》的内容，有的只是口口相传的传说。

　　《诗经·大雅》中有一首歌颂太伯的父亲古公亶父率周人迁居周原的诗——《绵》，诗云："周原膴膴，堇荼如饴。爰始爰谋，爰契我龟。曰止曰时，筑室于兹。"其大意为：平原肥沃又宽广，苦菜细嚼如甜汤。认真思考又谋划，执龟占卜问于卦。卜辞说此好地方，在此居住最吉祥。这里的"荼"，就是茶最早的名字，直到唐代，才用"茶"字来指称茶树和茶叶。

　　有关无锡地区茶业的最早记载见于东汉年间。当时已有"阳羡（宜兴古称）头茶"和"汉王到宜兴茗岭课童艺茶"之说。当时在茗岭以南山间栽种的茶树，其香味倍胜茗岭。到三国孙吴时，宜兴所产"国山荈茶"已名传江南。无锡地区茶业的真正发展是从唐代开始的。当时，陆羽为撰写《茶经》，曾在阳羡山区长期考察，认为阳羡茶"芬芳冠世，产可供上方"。由于陆羽的推崇，阳羡茶声名大振，被列为贡茶，上供朝廷。而唐代诗人卢仝（号玉川子）则在他著名的《走笔谢孟谏议寄新茶》诗中赞美阳羡茶："闻道新年入山里，蛰虫惊动春风起。天子须尝阳羡茶,百草不敢先开花。"千百年来,还没有哪一句赞美宜兴茶叶的诗句能超过玉川子这首既优美而又气势不凡的诗篇。

宜兴是江南重要的茶叶产地,按陆羽的说法,其出产有两处:"君山悬脚岭北峰下"和"圈岭善权寺、石亭山"。其实并不局限于此,还有如"唐贡山,在县东南三十五里,临罨画溪,以唐朝贡茶,故名"(《咸淳毗陵志》);如"啄木岭,在县东南七十里,唐湖、常二守贡茶相会之地"(万历《义兴县志》)。唐代无锡惠山也有茶叶出产,只是数量不多。皇甫曾《送陆鸿渐山人采茶回》诗云:"千峰待遒客,香茗复丛生。采摘知深处,烟霞羡独行。"皮日休《题惠山泉》诗云:"时借僧炉拾寒叶,自来林下煮潺湲。"似乎是野生与栽培兼有。至于茶叶的商品销售,宜兴茶较多销往周边和北方地区,而无锡其他地区茶叶则主要为本地消费。至明清时期,宜兴茶叶的商品生产量和外销量都非常可观,成为农家的重要经济来源。据康熙《常州府志》和嘉庆《荆溪县志》记载,宜兴"自东境滨湖诸乡而外,其余如湖㳇、张渚诸山,土产殷繁,生计最盛"。其茶叶"不胫而走遍天下,故其商贾贸易,廛市山村,宛然都会"。山区的茶叶贸易如同都市一般热闹。"京边各商至山采买","每当初夏,商贾骈集,官给茶引,方敢出境"。因为当时茶叶的运销出境,需要有官府的批文才可以。

茶农采茶

无锡人的喝茶与茶树栽培一样有着久长的历史。而对喝茶的讲究,也有其独到之处。正因为此,陆羽修订《茶经》,品评天下煮茶之水,会选在无锡惠山。唐上元初年,陆羽到无锡访友,居惠山寺,写下《惠山寺记》。在这之前,他走访考察了32个州,实地调查茶叶生产情况,在认真总结茶叶生产经验的基础上,用5年时间写成《茶经》三卷,又用5年时间进行增补修订。在这期间,他来到无锡,在皇甫冉的陪同下,详细考察惠山各处泉水,逐一品尝并认定惠山石泉水最宜于茗饮。就在惠山寺,他就天下水作出排名,定水品二十等,其中庐山康王谷洞帘水第一,惠山石泉第二。

历史上以无锡名泉水烹宜兴名茶的一次完美组合发生在宋代。治平年间,在杭州任职的苏轼,因对无锡二泉慕名已久,趁踏青时节特地前往无锡观泉。正好巧遇时任端明殿大学士的蔡襄,两人相约一同品泉,并再次以"斗茶"方式交流茶道。前一

惠山天下第二泉亭

次苏轼在京都汴梁与蔡襄斗茶,蔡襄用的是北苑龙团加拆洗惠山泉,苏轼用的是蒙顶山茶加天台山竹沥水,因苏轼准备的煮茶水稍差,煎出来的茶汤未达上品,故而败北。这一次,他"独携天上小团月,来试人间第二泉",以阳羡雪芽与惠山泉水的绝配而胸有成竹,但最终却因蔡襄点茶技艺高出一筹而再落下风。为此他罚诗一首,不无自嘲:"银瓶泻汤夸第二,未识古人煎水意。"蔡襄亦赋诗一首并手书回赠,这就是著名的《即惠山煮茶》:"此泉何以珍,适与真茶遇。在物两称绝,于予独得趣……"此帖现藏故宫博物院,于人、于事、于诗、于书,也尽可称绝。这次斗茶,把无锡的茶与泉推向了中国茶文化的一个高峰。

说到无锡茶的典故,还不能不提到元代无锡著名画家倪云林。倪云林对饮茶情有独钟,不仅创作多幅采茶图,而且写下不少品茶诗,还发明了一种新茶。他将核桃仁、松子肉与真粉黏合成小块,置于茶中,然后用惠山泉水冲泡,美其名曰"清泉白石茶"。当时有位宋朝皇室的后裔慕名来访,倪氏便奉上清泉白石茶招待。不料这皇室王孙竟大口牛饮,毫无品茶之道。倪云林不

由觥然变色,说:"我因你是公子王孙,故拿出珍贵的好茶来款待。谁知你对茶的韵味一窍不通,真是俗气!"两人从此绝交。为一口茶而与权贵绝交,这也反映出倪云林及同时代知识分子的清高与风骨。

明代江南文人崇尚的清雅之事,首推品茶,其次清谈,而以饮酒为下,所谓"茗赏者上也,谭赏者次也,酒赏者下也"。万历时,官员邹迪光罢归无锡,花10多年时间在惠山山麓修建园林别墅愚公谷。建成后,与友人日夕徜徉其间,以饮茶、拍曲为乐。就饮茶而言,他通常喝两种茶:"客至出枪旗"与"我自评龙团"。招待客人用芽茶,一芽带一叶,所谓一旗一枪。而邹氏自己饮茶用的却是当时已很少见的饼茶。明洪武年间,太祖朱元璋认为宋朝制作团茶费时费力,且贡茶制度容易造成中间盘剥,于是下诏罢造龙团,唯采芽茶以进。从此,团茶日益衰微,而宋代中下层普遍所喝的散茶却不断流行,逐渐成为喝茶的主流。至于煮茶用的水,邹迪光主要用两种水:惠山石泉水和旧贮融雪水。愚公谷靠近惠山泉,汲取泉水比较方便,凡是文人墨客相约举行雅集活动,就取用泉水。而融雪水数量不多,又寓意雅洁,邹氏常在夏日用以煮茶自饮,为此留下诗篇称:"茗瀹三冬雪,瓜浮六月泉。""沉李冰新设,烹茶雪旧储。"

贯穿明清两代的惠山竹炉煮茶茶会,把无锡的茶事又一次推向文化的高峰。早在明洪武年间,惠山寺僧性海与乡绅在弥勒殿喝茶,有湖州竹工上门揽活,编制了一只竹茶炉。性海对此竹炉十分喜爱,因为竹炉内圆外方,象征天圆地方;其竹篾作壁,陶泥为膛,铁炉铜栅,木炭燃火,石泉煮茶,恰与金木水火土五行相对应。用竹炉,燃松枝,煮清泉,更是茶香芬芳、茶水晶莹。此后600年间,时有文人墨客为之作画题诗,先后留下王绂《竹炉图咏》,秦旭、秦夔等人《复竹茶炉唱和卷》及《听松庵品茗图》,唐寅、祝允明《茶竹炉诗草书合璧卷》,顾贞观、纳兰性德《竹茶炉题咏》等名卷名篇。但因灾祸损毁、乱离流散,竹炉几经灭失,又几次按原样复制。加之乾隆南巡驻跸惠山寺,对竹炉茗茶及其古韵雅趣痴迷不已,特地命人精心仿制竹炉一具,携去帝都皇宫。并在北京玉泉山"天下第一泉"外仿置一庵,亦名为"竹炉山房",常到此烹茗赋诗。所有这些,汇合成一段精彩纷呈的茶文化传奇。

鲁迅曾说过:"有好茶喝,会喝好茶,是一种清福。"无锡是一个福泽深厚的地方,无锡人千百年来都偏爱喝好茶。无锡地区茶叶种类繁多,品质优良。最负盛名的自然是阳羡紫笋,该茶因鲜芽色紫形状似笋,故称紫笋茶。该茶条形紧直,叶底匀整,颜色翠绿且绒毫明显,冲泡后香气持久。据说古代此茶在金沙泉边炒制,香气可以遍布泉水上下游,有"焙茶十里泉家香"之说。后来开发的阳羡雪芽,叶底细匀,滋味鲜醇,香气清雅,为宜兴的地理标志产品。此外还有乾红等红茶,味纯而醇厚;洞山等岕茶,以鲜活、幽香为贵。

无锡本地还有一种雪浪本山茶。《无锡市志》记载,清康熙四年(1665),雪浪禅寺方丈觉海于雪浪山上栽种茶树,所得茶叶冲泡后茶味隽永。乾隆年间的经学家秦蕙田,每年清明前总要赶回无锡备好雪浪山茶,用白绢密封,再加盖三道封泥印,以此敬献皇上。乾隆帝钦定为贡茶,遂名"雪浪贡茶"。雪浪茶价格昂贵,一斤雪浪雨前茶用传统的手炒工艺炒制,要用"一旗一枪"的嫩芽6—7万个,当时标价高达每斤40两白银。

后人在雪浪贡茶和后期引入的无性系良种福鼎大毫茶的基础上,创新改良,成功创制新品绿茶——太湖翠竹。太湖翠竹选用国家级优良品种福鼎大白茶茶树的肥壮嫩芽为茶叶鲜叶,经选叶、杀青、理条、成形、干燥等工艺精制而成。其条形扁似竹叶,色泽翠绿油润,内质滋味鲜醇,冲泡在杯中,嫩绿的茶芽徐徐伸展,形如竹叶,亭亭玉立,汤色清澈明亮,香气清高持久。整体似群山竹林,把大自然的峰峦奇秀尽收杯中,具有赏心悦目的魅力。除此以外,无锡当地还有无锡毫茶、太湖碧螺春等名品茶叶,同样深受当地人民喜爱,也销往口外漠北,为人们的生活增添几许别致的茶香。

不过风雅也好,风骨也罢,宏大的文化叙事总归会有回归生活归于平寂的时候。清末民初诗人胡介昌曾有一首《清风斗茶》诗,别具人间烟火气,诗云:"习习清风别墅夸,几人凭槛斗新茶。我携天上小团月,也要偷闲乐岁华。"文人的茶事离市井小民有些遥远,对普通老百姓来说,泡茶喝茶自有其偷闲乐岁华的趣道。百姓居家饮茶,一般不追求高档名茶,只区分新茶、陈茶,要求适合自家的香气口味。茶具也没有太多的讲究,紫砂壶杯固然是好,粗瓷大碗亦无不可。至于上茶馆喝茶,那是要一份热闹、要一份意趣。可以是街坊邻里相聚谈天说地,可以约了朋友着棋打牌,也可以提溜着鸟笼、虫罐一起玩虫逗鸟,还可以借着喝茶说说是非纠纷,请人评理调解。茶馆之外还有茶摊,支一张小桌,或是一个方凳,外加一个茶桶,夏天凉茶,冬日热茶,早先用瓷碗,后来是玻璃大杯,主要面向路过的扛重工人、人力车夫,一个铜板管喝够。

无锡的茶叶商业在晚清时已有相当规模。有记载最早的俞泰隆茶号,于道光元年(1821)由俞仲扬父子开设在北大街吊桥塥。至1922年,城区已有茶叶店11家,之后,主要街道闹市口及大集镇均有茶叶店开设。1930年代中后期,先是江阴人吴伯勋在游弄里开设无锡第一家批发茶行——大隆茶行,随后协记、协丰、德润生、立大等茶行相继设立。当时的无锡人偏重喝红茶,红茶(含半发酵茶)以宜兴、安徽、福建茶为主,茶行直接向产地茶行进货,或者进山采办。绿茶(含花茶)除本地有部分茶农上门兜售外,茶行和资金实力较强的大茶叶店主要去苏州、杭州茶行进货,也有部分从上海茶叶公司购进。货源比例大致为红茶占60%、绿茶30%、花茶10%,另有少量台湾茶、普洱茶及名茶茶片。购进的茶叶大多为毛茶,茶行和大店自设加工场,以手工制茶,经拣、烘、筛、簸,然后根据茶叶产地、出产时间、品级质量进行拼配,然后包装出售。陈万泰、瑞泰昌等茶叶店还聘请专门技师,向苏州花圃订购带有露水的茉莉花,以陈茶为胚,制作花茶。经过加工的各类茶叶,除销售无锡本地和周边地区外,还营销到苏北和北方,甚至远至新疆、内蒙古。

昔日的无锡古城曾到处飘散浓郁的茶香,而寻常巷陌间的每一户家庭、每一家茶馆,或许才是茶文化的真正载体和归宿。茶文化的传承固然少不了诗词书画,少不了文人墨客、王侯卿相的故事传说,但更多的则是与人们生活相关的每一个细节,每一个生活在这片土地上的生命个体的悲欢喜乐。

服饰篇

绸布业：
装扮世间之美

传统的纺织品行业由土布业、纱号业、布绸呢绒业、针织复制业等四个自然行业组成。绸布商业在无锡历史悠久，自清代同治至光绪末年，先后开设绸布店36家，规模大的称绸缎庄，规模小的叫布线店。其经营品类多样，有杭货的纺绸、锦缎、府绸、双绉、绸被面；有苏货的绣花织品；有湖州盛泽产品湖绉、棉绸、丝绸、薄绸等；毛货有直贡呢、华达呢、马裤呢、哔叽、厚呢、毡呢等。

中国传统的衣料分为绸和布两大类。绸即丝织品，包括桑蚕丝和柞蚕丝制成的织物。古时对丝织品也统称帛，帛因为织法不同而分为绸、缎、锦、绫、绢、绨、罗、绮、绉、纱等品种，以及用针刺丝线作画的绣品。布一般为植物纤维织物，早先为麻葛类布，后来随着棉花的大范围引种，才以棉布为主。古代把以兽毛编织的衣料也称为布，如火浣布（鼠毛织物）、海西布（羊毛织物）、紫驼尼布（驼毛织物）。近代以后才按原料不同而把毛织物另外单列。无锡地区自古吴国时期起，便有植桑、养蚕、缫丝、织绢纱的生产活动。从六朝至隋唐，环太湖地区"一年蚕四五熟，勤于纺绩，亦有夜浣纱而旦成布者，俗呼为鸡鸣布"（《隋书》）。大致在唐五代时期，城镇中已有经营布帛的固定商铺。不过绸缎主要为官宦和财主使用，而平民还是以麻布衣料为主。古时的布店、布庄、布行，主要是指手工土法织造的土布经营，包括麻布和棉布。

棉花自宋代起引种江南，明清时期的江南是全国最为重要的棉花产区。明代晚期，苏、松、常、太四州府的棉花种植大致在160万亩上下，至清中期则扩大到350多万亩。与棉花扩大种植相对应的,是棉布纺织的兴盛。无锡、金匮两县邑中女红最勤纺织,以家庭为单位,每当春月,"阖户纺织,以布易米而食"。因为纺纱织布适合妇女居家进行,无锡土布又以"细密匀净"著称,故织布的经营收入远高于同等劳动力投入的稻米种植。更为重要的是,无锡自身并不种植棉花,织布所需的棉花需要以织成的布匹向棉花庄换取,棉花庄则从常阴沙等地农村收购,由此促进棉花和布的商业交易。棉花庄和布庄在组织棉花原料的同时,把无锡及周边地区出产的棉布销往大江南北。正是在棉花和布匹的大宗交易中,自清代中期起,无锡发展成为长江三大码头之一的布码头,每年在无锡流转的布匹有数百万匹至上千万匹之多。

鸦片战争以后,资本主义各国大举商品输出,舶来纺织品涌进中华大地。洋纱替代土纱,洋布替代土布,绸缎、呢绒也更多地进入店堂,行业中原来经营布线零售为主的布线店纷纷向绸布店转型升级。清道光三十年(1850),邑人陆霞卿在城中大市桥开设陆源长布店,据称是无锡第一家绸布店。陆霞卿后来成为陆右丰酱园的老板。此后,张澜洲的张彩盈布线店、丁藕舫的丁双盛布店等相继开张。1867年,城中有三家较大规模的绸庄开设:吴耀卿在打铁桥开设的德裕纶绸庄,邹义方等在北塘东街开设的元章绸庄;钱仲坪等在北大街开设的时和绸庄,后时和绸庄成为无锡绸布业的龙头老大。

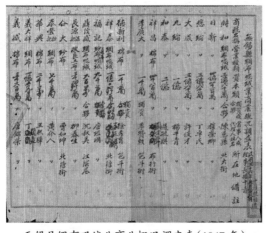

无锡县绸布呢绒业商业概况调查表(1947年)

百年老店时和布绸呢绒店,于1867年由钱仲坪、朱荫轩开设于北大街,主要经营土布。1881年搬迁到北大街,易名时和绸缎庄,增加丝罗缎等丝织品。1899年,北塘大街元章布店的老板陈荣斋接盘时和。至1917年,陈荣斋将店务交给儿子陈蕙荪掌理。陈蕙荪出任经理后,在经营上锐意改革,使时和进入鼎盛时期。1920

年代,他委托顾培记营造厂翻建店面为三间三层西式楼房。新店一改原先封闭式曲尺型大柜台,采用玻璃移门样橱和玻璃台面柜台,店堂宽敞,光线明亮,让顾客看得清、摸得着,便于顾客进门看货选货。时和此举开无锡城布店风气之先,之后的绸布店陆续采用全开式店面、开敞式货架,锡城的商业街面貌为之一变。

陈蕙荪还不断增加销售品种,以满足不同顾客的需求,并坚持以品质优良、价钱公道赚取口碑。他经常专程去到上海的大光明电影院观察时尚人士穿着的服装面料;并通过同学关系,在杭州伟成绸厂定织一种"时和绉",委托苏州绣户绣制无锡人喜爱的服饰花样。1927年,他别出心裁地请人在店堂内扎了一座名为"蔡状元营建洛阳桥"的彩楼,以招徕顾客。其中男女童叟数十个彩妆人物均以小马达运转动作,一时间轰动整个无锡城,观者如潮,连县郊许多人都闻讯赶来观看。当时,无锡乃至上海的报刊、剧院的屏幕上,水路交通要道的路牌、过往车船上,都能看到时和的广告,时和在开拓经营上可谓动足了脑筋。

清同治三年(1864),绸布业在南尖成立同业组织——锦云公所,公所取名"锦云",取织丝成锦、漂布似云之意。公所正中一间为享堂,神龛内供奉行业祖师关羽神像,庄严肃穆,两旁张挂一副对联,上联"兄玄德,弟翼德,德兄德弟";下联"师卧龙,友子龙,龙师龙友"。因其使用青龙偃月刀,被认为与本业使用布剪有关。1874年,无锡有绸布店9家,1909年增加为36家。公所规模之大,活动之盛,为当时各业之冠。民国鼎革,社会风气和服装装饰发生巨变,无锡绸布店一度盘整。1914年,锦云公所改组,并建造新的公所,作为同业议事之所。

继时和而起的同业支柱是世泰盛呢绒布绸商店,1891年由钱孟安开设于大市桥,因其弟钱仲坪已在北大街开设时和绸布店,便从民间春联"时和世泰盛,人寿年丰登"中取了"世泰盛"作为店名。1899年的"二县三图大火"中(二县为无锡、金匮二县,三图指以图为划分的三个街区),世泰盛被焚,损失巨大。不久,钱孟安忧伤而逝。1900年,世泰盛重建并改组复业,由独资改为合股,股东有钱、唐、张、冯、华等五姓,股东张孟肃出任经理。1927年,新增陆、强两姓股东,钱仲坪之子钱保稚接任经理。钱保稚在经营和服务方面进行了大量革新,推动世泰盛进入兴旺发展时期。

世泰盛绸布店(1958年)　　　　　　世泰盛绸庄包装纸

世泰盛创业之初,经营范围很小,仅有土布、夏布、黄草布、狭幅绸等几个品种。但它的经营方式很有特色,对顾客服务坚持做到"三教九流顶得住,大小生意做得成,各种买客拉得牢",从不轻易放走一宗生意。老板要求营业员做到客来笑脸相迎,端凳倒茶;介绍商品逐一取样陈览,解答耐心细致;客去恭送出门,态度热情。当时的绸布店分为城帮店和乡帮店,乡帮店以四乡农村为对象,主要销售棉布;城帮店则面向城区的豪门富户,常常上门推销绫罗绸缎,所谓"进墙门,送折子,买账房,拉关系"。为增加经营的花色品种,世泰盛发起联合采购办货,先是联合九余、懋纶两家,号称"三公司",后来又增加日新、协成永,形成团购。这样做资金充裕,可大宗购货,对于厂家有谈判优势;整件吃进,然后分销,价格讨巧,资金运用也更灵活。

世泰盛还率先实行明码标价、"真不二价",改变早期绸布业用暗码虚价、讨价还价的陋习,带动无锡服装面料行业走上近现代经营之路。发行礼券是世泰盛一种便利顾客购货及婚丧喜庆时送礼用的营业新方法。开始是空白票面,由顾客填写金额,后改印成1元、2元、5元、10元等定额票面,印制更精美,在扩大营业上起到积极作用。为招揽顾客,其店面装潢讲究,内部陈设和商品布置也有重大改进。相应的,广告宣传手法更是层出不穷。它充分利用各种广告载体,凡橱窗、报刊、剧院银幕,甚至流动的车船等都张贴广告;对邻近乡镇,则印刷传单、招贴,派人分别派送张贴,扩大宣传。抗战胜利后,世泰盛从战时的受摧残中得到复苏。1948年,它借款购地翻建扩大店房,装修门面。新店外形大度气派,富丽堂皇,在中山路闹市口十分闪亮耀眼。

无锡绸布业的后起之秀还有一家日新绸缎庄。1925年,穆荣卿等10位股东联手合资,在北大街布行弄口开设日新绸缎庄。在强手如林的绸布业商战中,日新后来居上,经过四五年打拼,竟跻身于无锡绸布业的四强行列。有人归纳日新的成功之道为16个字:经营有方,用人有度,广告有术,理财有道。在采购上,它的各色印花布直接向上海品牌老厂进货,原则一是要名牌,二是质量好,做到成件购买、全额现款结算,所以能进到最新型号花色。沪庄采办每天上午9时半至10时用长途电话向无锡经理通报上海市场行情,遇到线路繁忙无法接通,便通过上海大中华商业电台点播事先商定的京剧曲目,无锡方面听到广播自能心领神会。在营销上,它每年春天组织适销货源赶赴四乡庙会节场,在现场支起帐篷,设摊经营,打响商店品牌。配合国民政府开展"新生活运动",推出免费出租婚纱,赶上"集体婚礼"的时髦,实质是争取年轻消费者群体。1935

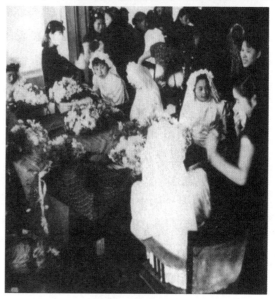

民国时期的集体婚礼

时和绸布庄开办广播电台执照（1935年）　　时和绸布庄旧址（1950年代，其时已改为时和百货店）

年冬，日新首先在店堂内安装热水汀（取暖器），成为无锡商界首创，让顾客在寒冷的冬天踏进店门就暖意融融，有一种宾至如归的感觉。

1929年，绸布同业店家增加至44家。但由于世界经济危机影响，绸布业的竞争日趋激烈：既有后起之秀，如日新、懋纶等绸庄崛起；也有四分之一的绸布店难以维持而关闭。这一时期无锡城中的绸布商店半数以上分布在城中心和老城北门一带。短短130米的北大街上，一度集中了时和、日新、达昌祥、懋纶、杨人和、方瑞和等11家绸布店，密度之大，堪称奇迹。同行的竞争日趋激烈，竞争的焦点是"大减价"。一家实行"加一放尺"，另一家就会加二甚至加三放尺。1930年代，无锡城厢上演过懋纶、时和、日新、世泰盛"三巨头一霸王"之争，在大打低价倾销战之外，还以自办电台为阵地燃起了广告战的硝烟。

1931年，时和绸布庄投资800两白银购进一台无线电发射机，首创商业广播电台，以新的手段开展广告宣传。时和广播电台是纯商业电台，一般不播时事，不宣传政治，只为商店做广告宣传，为其他商店做广告每月每户收取广告费5—6元。电台也播送戏曲、音乐和历史掌故、风土人情、园林旅游、医药卫生节目，以吸引听众收听，其中尤以苏州评话、弹词、无锡滩簧和沪剧、说唱最受人欢迎，邑人蔡慕杰播讲的地方掌故传说、佛学会曹培灵的诵经也有一定数量的听众。此外,时和电台还时常播出商店免费奉送用品的信息,例如冬季送冻疮药膏,夏季送痧药、十滴水等,四乡不少农民闻讯前往索取,也扩大了电台的宣传效应。因为商店门口安装有扩音喇叭,以播放节目招徕顾客,每逢评弹和滩簧名角到无锡演播,加上商店免费派送小礼品,店前道路常常因之而堵塞。时和电台一年的经费投入不下3000元,而其广告宣传带来的经营效益则有数倍之利。

继时和之后,同业中的日新、世泰盛也相继创办电台,形成以电台为手段的广告大战。1936年,无锡迎园书场邀请到苏州光裕社的头牌演员沈俭安、薛筱卿、夏荷生、李伯康等到无锡演出,所演《珍珠塔》《描金凤》《杨乃武与小白菜》《啼笑因缘》号称"四档头",在无锡脍炙人口。日新绸布庄抓住这一机会,特地以奉送每位主演一套进口长袍料,以及租借游艇请全部演职人员游览太湖风景区为条件,邀请"四档头"到其所办的兴业电台做一次弹词大会串特别节目,并认真策划、仔细安排,特约主演为几家商店做广告。时和闻讯后,立即沟通加入,参与联合演播。一场电台广告大战就此步入白热化。几家商业电台功率均不大,但可以覆盖周边几个县和常州,并传播到江西、湖南等地,甚至新加坡也有人听到广播后,专门向店家发来问讯。

1937年,王禹卿等人在北大街新开一家绸庄,位于日新和时和之间,取名"云裳"。开业之日挂出以数丈红布书写的巨幅对联,上联:"云想衣裳花想容",突出本店店名及其含义;下联:"无时不日进步中",寓意要一举击败时和、日新。时和、日新当然不会善罢甘休。某日,一支西洋乐队吹号打鼓,给云裳绸庄送来一块刻有关公像的牌匾,关公是古代武圣,

时和绸庄全体同仁合影

又被拜为行业神,云裳绸庄便高高兴兴收了下来。可牌匾背后大书"关云长"三字,谐音为"关云裳",暗含整垮云裳之意。原来这是日新暗中整蛊。时和则针对云裳,大量收购处理品、等外品,照本或削价出售,如7分钱一尺的印花雪丁布、8分钱一尺的元洋纱、每尺贴2分钱的白纺绸等,硬是用低价倾销最终挤垮了这家云裳绸庄。

近代无锡市民的衣服和衣料,已经超出了传统意义上的蔽体和保暖,而更多地被赋予身份标志和装饰审美的功能。与绸缎主要作为富人的衣料相似,那时的呢绒因其价格昂贵而为士绅、商贾、官员及其他上层人士所钟爱,主要用来制作外套、大衣和绒线编织。无锡因为开办有毛纺织厂,作为衣料的羊毛织物的普及程度基本接近上海和南京。绸缎除了用作被面、帐幔外,普通市民也用以缝制衬衣、裙子。当时有一种香玄纱(又叫香云纱),是用植物染料薯莨染色的丝绸面料,手感柔软顺滑,易洗易干,既能防晒隔热,又有透气和除臭的特点,所以被用来缝制夏日穿着的衬衫,有衣料"软黄金"之称。至于棉布、麻布,近代无锡基本完成了从手工土布到机器织布的转变,不仅棉布的支数等级不断提高,而且色织、针织、提花等织法的运用,漂染、印花技术的提升,使得棉布的花色、品种层出不穷,给人们服装用料的选择提供了无限丰富的空间。

不过,在那个老百姓衣服常有补丁的年代,去布店剪布做件新衣裳,乃是生活中的一件大事情。就如一生中只有结婚才要准备多床被褥一样,很多普通人一年到头只有过年才有可能剪布做一身新衣服穿。而在许多老无锡人的心里,时和、世泰盛便是一块金字招牌,到那里剪上几尺卡其布、平纹布,或是有一件名牌店定做的中山装、短大衣,那就是值得骄傲的事,必须挺直了腰板穿出去。

当时无锡大多数店铺集中在北大街、通运路和崇安寺一带,那里人群熙攘往来,夜市常常经营到晚上10时以后,其中绸布庄是摩登仕女最爱游逛的店铺之一。台湾历史学家连玲玲曾经指出,百货商店的出现给社会带来了一场消费革命:消费者不再满足于单纯的购买商品——他们需要从中获得愉悦。无锡虽未出现如上海滩四大百货公司一般规模宏大的商场,但几家绸布庄也示范了近代消费革命的雏形。

花号业、纱号业：
百年织梦岁月

　　"乡村也解浣溪纱，尽把生涯托纺车。织得飞花白如雪，机声寒夜隔篱笆。"这是清代诗人秦琦在其《十一月寒夜纺纱》中描绘的当时无锡农家手工纺织的场景。辛亥革命前，无锡及周边的常阴沙地区家庭手工纺织非常盛行，农村几乎家家可闻机杼声。已经形成布码头的无锡，布行销布以土布为主，配套经营棉花、棉纱，主要供农民以布换花。个别还兼营饼粕或兼开豆饼行，将土布运至六合、浦口等地，销售后买回豆饼，供应无锡四乡及邻近各县作为桑田的肥料。清末，无锡有木织机四五万台，年产土布300万匹以上，加上从江阴、常熟收购的土布，年销土布700万—800万匹，最高可达1000万匹以上。这是无锡土布市场的全盛时期。《锡金识小录》说："常郡五邑，惟吾邑不种草棉，而棉布之利，独盛于吾邑，为他邑所莫及。"无锡的地理位置和水陆交通畅达，是土布及棉花、棉纱商业发展的重要原因。

　　无锡的花号业与棉花种植和家庭土布织造的兴起相同步。棉花古称木棉，原产印度和东南亚，至宋代方在闽广和江南广泛引种。根据范成大的描述，宋代长江与太湖之间"桑田翳日，木奴连云。织纴之功，苞苴之利，水浮陆转，无所不至"（《吴郡志》）。这里的木奴即指木棉，"纺织为布，名曰吉贝"（元陶宗仪《南村辍耕录》）。明清时，苏、常、松、太诸府植棉、纺纱、织布规模之大，有"衣被天下"之称。黄道婆改进纺织机具、传播手工纺织技艺的故事，人们自小就耳熟能详。有人估算，明代晚期自江阴、常熟至太仓、松江一带，棉

纱号业同业公会合影(1918年)

花种植有160万亩;而至清中期,则达到350万亩。这支撑了家庭手工纺织业的扩张发展。

无锡西郊荣巷的荣胜溢(1811—1863),16岁就赴上海"学生意"当学徒。上海开埠后,设瑞裕铁号,为无锡人在上海开设铁业最早者之一,上海的"无锡铁行帮"源于此。后来他携母归家,太平军攻克无锡后,又举家返回上海,并与族人荣剑舟合资开设荣广大花号,经营棉花、棉纱。荣广大花号创建于1860年,原始资本一万两白银,由荣胜溢、荣剑舟两人出资。当年荣胜溢与荣剑舟在上海相见,共盼战火早日结束,以期发展实业,两人致富家门的愿望不谋而合,遂共同斥资创办花号。荣剑舟(1809—1863)是荣瑞馨的祖父,《荣宗氏谱·世表》称他:少孤苦,赤手经营,创成家业。三经兵焚,艰苦备尝。荣广大花号主要是经营棉花的出口,其开业时时世蜩螗,大宗棉花购销渠道为战火所隔,举步维艰。所幸出口需求旺盛,棉花价格上涨,花行业务得以迅速发展。到荣剑舟之子荣维恒继承父业、执掌花行业务时,花行进入全盛时期,成为清末民初国内经营出口棉花的四大花号之一。出口棉花的同时还经营机制棉纱的进口,其业务节节攀升,并在日本开设了"出庄"(驻国外的营业处),这在当时的中国商界还是不多见的。

花号是棉花现货交易的枢纽机构,棉花在市场上交易,需要一个沟通产地市场与销地市场、衔接产地棉花商与销地商家及厂家的中间机构,于是花号应运而生。花号的营业范围极广,并不局限于本地市场,其购销交易的范围包括全国各原棉市场。花号的经营方式有三种:(1)卖家或买家的委托代购、代销,从中收取佣金;(2)设庄自营购销,包括到产地收购和长途运销、出口贸易,通过产销两地的价格差来获得收益;(3)依托交易市场和堆栈随购随销,转手成交。在近代工业兴起之前,花号的购销对象主要是产地花行和销地商贩、出口洋行,在国内纺纱厂成长起来后,纱厂就是花号原棉交易的最大买主。交易流程,主要由号中伙友与货主、客商接洽商谈,有时也通过市场掮客(经纪人)从中斡旋,论定价格,交易成功,买卖双方都要酬以佣金,称为内佣、外佣。花号还到主产地和主销地设置分号——坐庄,主要是为了组织购销货物的运输和掌握当地棉市情况。

跨入20世纪,纱厂逐步取代家庭的手工纺纱而成为原棉消费的主力军。华商纱厂增加并扩大产能,购进棉花的数量激增,而且形成若干特点:其一,因某些制度性窒碍,注重现货买卖,一般不做期货买卖;其二,因连年内战,运输途中常遭抢掠,损失巨大,所以很少直接前往产地收购,而主要是向花号订货,一度促进花号业的兴旺。但随着纺织工业的发

时泰祥花号

展,传统的由棉农生产棉花并到集市上出售,然后由花贩或花行贩运到中转市场再转运终端消费市场的棉花交易方式,已经无法适应棉纺织工厂对于棉花集中消费的需求。在这一背景下,棉纺织厂直接到棉花产区设立花庄(收花处)收购棉花。同时,与纺织厂配套的打包厂开始兴起,棉花初加工工业得以建立和发展起来。打包厂收购棉花,分类分级加以整理,完成轧棉(去处棉籽),再按统一规格打包,然后托运到棉纺织工厂相对集中的上海、无锡等地。在这一过程中,花号业转而逐渐走向衰落。

至1934年,无锡共有花号5家,如北大街的马福大花号、南长街的鸿大花号、汉昌路的振昌花号等,基本上蜕变成了面向市民的棉花零售商店,以经营零星衣花(皮棉)和纱厂的下脚棉为主。人们制作棉衣、棉裤,以及被褥铺盖所用的棉花,可从花号购买。花号将棉花加工成一定分量的棉卷,用户在使用时还需要进一步弹松,一些旧棉胎因使用和受潮也需要加工弹松。这种棉花加工可以送到弹花店委托加工,也可以请弹花匠上门服务。弹花工匠使用弹棉弓弹棉,用木槌击打弓弦发出"嘭嘭"的声响,借助弓弦的振动把棉花弹松。制作棉胎,还要请弹花匠将弹松的棉花覆盖上网状的棉纱棉线,防止棉花散落。现在,这一套手工加工已很难见到。

无锡的纱号业与花号业有所不同,是随着棉纺工业的产生而出现,并且是从布行分化而来。1889年,中国第一家棉纺织工厂——上海机器织布局,在无锡籍洋务官员杨宗瀚主持下建成运行、正式投产。在晚清时期,民族资本纺织企业以纺纱为主,机器织布的数量有限。而在家庭手工纺织兴盛的江南地区,在近二三十年洋纱大量进口的大背景下,已经由自纺自织转为购纱织布,因为细密均匀的机制纱远比手工纺的土纱更适合上机织布。所以,机器纺织工业的兴起一开始并未取代传统的手工纺织,而只是取代它的手工纺纱环节,反倒是因为机制棉纱的应用,一段时间里促进了家庭手工织布的再发展。正是在这个情况下,纱号从布行中分出来,成为独立的经营机构。

1909年,李砚臣的李茂记布行划出部分资金开办茂记纱号,这是无锡第一家纱号,地址就在布行所在的北塘财神弄口。它从无锡第一家棉纺织厂,也就是一度主持上海机器织布局管理的杨宗瀚创办的业勤纱厂,购进16支"四海升平"牌棉纱,配合布行为织户提供以布换纱,纱的经营收益主要体现在布的购销利润中。在李茂记的带动下,自1910年起,先后有张全泰、公记等纱号开办,也都实行布、纱联号的方式。1912年,经营煤铁、丝茧的民族工商实业家祝大椿,在北塘东街创办公益纱号,主营乡庄业务,也就是面向四乡小布庄批发棉纱,其销售范围扩大到江阴、沙洲等集镇。1919年,无锡有纱号14家。到1937年全面抗战前,无锡有纱号13家。当时,被称为无锡四大纱号的有:巨商祝兰舫开设的公益纱号、江阴人汤汉章开设的全康纱号、苏州珠宝商杨伟伯开设的协大纱号、从全康纱号出来的经理吴守清自行开设的源大纱号。

20世纪20年代,无锡几家上规模的纺织工厂的建成和发展,带动无锡、常州一批中小型机器织布厂(白织)、染织厂(色织)、针织厂的兴起,它们的产品取代了市场上的传统土布,它们的原料(棉纱)供给也超过传统的家庭手工织布而成为纱号经营的大头。当时苏南地区棉织厂所需之原料来源大致为:无锡布厂所用棉线为42支、60支,棉纱则以20支、30支、40支为主,除本地纱厂供给外,多数购自上海纱厂。武进布厂以20支纱为最多,此外14支、30支、40支也用,多数采购自无锡申新、上海永安及本地民丰等厂。江阴布厂应用各种棉纱、棉线以上海、无锡产品为主,少量也由南通大生供给。常熟厂家以40支线和32支、20支及12支纱为常用,分别来自上海、无锡和通州。无锡纱号从中承担调度、采供、运销的职能,同时也把上海、无锡、南通等地棉纺织厂除自用以外的棉纱销往其他地区。

无锡纱号业的兴衰沉浮,最具代表性的为源大纱号。源大于1922年5月在北塘创办,创办人为原全康纱号的经理吴宇清和并无花纱经营经验的徐时敏,合资7000元。因为用人精干,全号一共5个人,经理吴宇清、账房徐时敏、一个老司务和两个学徒;更因为吴宇清熟悉进销门路,对纱价起落行情估摸准确,当年收入除去全部开支,纯利达5000元,资本利润率高达71%。至1929年,在历年分红之外,源大资本金扩充为4万元,几乎为原资金的6倍。此时吴宇清已因病辞职,接手的徐时敏总结其经营之道有五条:开支尽可能节省,资金尽可能充足,交往尽可能深广,行情尽可能吃透,营销尽可能及时。特别是他的营销八字秘诀:"未涨先涨,未跌先跌。"强调看准市场供求走势,见机而动,灵活购销,该吃进赶紧吃,该脱手尽早抛,就能做到无往而不利。至1937年,源大资本额增至7万元,为原始资金的10倍,成为无锡四大纱号之首。

源大的成功经营正好与其他纱号的投机失利形成鲜明对照。四大纱号中最老牌的李茂记纱号,因经营得法发展迅速,至1920年时,与其李记布行等的资金合计已达30万元。但李砚臣及其侄子李正屏大量抽调资金,用于投资钱庄和纺织厂,同时在生活上大肆挥霍,每人每年从纱号支取生活费达5000元之巨,并大兴土木、操办婚嫁,三四年间耗费四五万元,纱号资金遂捉襟见肘,加上李正屏动用企业资金从事煤炭、丝茧投机,屡遭失利,发生巨额亏折。1930年,长期患病在床的李砚臣在忧虑中去世。1933年,其布行、纱号亏损达26万元,李正屏只得将所有企业及全部家产变卖抵偿债务,落得一个倾家荡产的结局。

20世纪20年代末的世界经济大危机,也曾给无锡棉纱、棉布商业带来一定冲击,但至1935年即基本走出困境,无锡纱号业进入创业以来的高峰期。其时全邑纱号销纱约3万件,占地产纺织厂产量的六成以上。销路向北延伸到徐州以远,向西直抵汉口,销量中,本地布厂袜厂、常州布厂、周边县和乡庄、徐蚌外地客商约各占四分之一。

日军占领无锡时,一些纱号遭到抢劫、焚烧,损失巨大。局势稍稍平息后,为了谋生,受损较小的纱号陆续复业,并有新的纱号开出。到1938年年底,共计复业7家、新开11家。汪伪政权建立后,为了装点门面,陆续将原先强占的纺织厂发还给原业主,同时允许不超过2000锭的家庭工业社,可以自行采购棉花、经营纺纱织布,无锡一地在短时间内涌现出10多家小型纱厂。各纱号抓住这个机会,近销远贩,做足生意,1943年时,无锡的纱号增加到60多家,比上年翻了近一番。也有一些纱号,巧于逢迎,通过送礼行贿,陪同日商吃喝玩乐,设法套购洋行棉纱,转销各地,牟取暴利,短短两三年时间,净赚棉纱数百件之多。也就在这期间,纱号业养成了囤积居奇、投机倒把的恶劣风气。

抗战胜利后,无锡纺织工业的棉纱需求量成倍增加,纱号成为投机发财的暴利行业。一时新开纱号迅猛增加,多达90多户,地点集中在江阴巷、布行弄一带。1948年,物价飞涨,棉纱更成为买空卖空的筹码。其时,江阴巷棉纱市场开盘时,参加者不仅有纱号老板,还有银行、米行、钱庄及各类投机倒把分子,场面火爆,连同一些老牌纱号也在其中兴风作浪。一些纱布商靠着买空卖空投机发财,纱号猛增到138户,但真正从事现货买卖的不过数家。1949年,无锡解放,人民政府着手大力整顿纱布市场,严厉打击纱布行业投机倒把行为。1950年3月3日,政府规定由国营苏南建中贸易公司控制全市纱布市场,实行统购统销。同年底,私营纱号全部关闭,有的歇业,有的合并,最后剩下的7家纱号也全部转业进入纺织行业工厂。

一个完整的纺织品市场,是综合了棉花、棉纱和棉布的生产流通、有机构成、统筹运行的整体。其中,花号、纱号、布行等商业流通机构发挥了中介、对接、传导、转运等功能,起着承上启下的桥梁作用,而每一个市场主体的守法合规经营才能保证整个市场的健康运行。

成衣业：
沉浸时光典雅

　　从骨针缝制兽皮穿在身上裹体，到懂得将纺织面料缠绕在身体上，再到包缠披挂式服装，经历了数千年的发展，凝聚着祖先辛勤劳动与智慧的结晶。相传自周朝起，王宫里已有专职的制衣工匠。但就普通百姓而言，在上古和中古时代，人们主要是自己或由家人缝制衣服，自纺自织或者通过交换、购买获得衣料，再手工裁剪、缝纫，制成各式各样的袍褂衫袄及裙裤之类。在江南地区，大致在六朝时期民间才有专门为他人缝制衣物的手工业者，而到唐五代时，金陵、苏州、杭州等城市便出现了裁衣肆，富贵人士已越来越多地委托商业性裁衣肆制作成衣。杭州太守白居易曾有诗云："因命染人与针女，先制两裘赠二君。吴绵细软桂布密，柔如狐腋白似云。"

　　到了明清时期，专门的裁缝铺、成衣作在无锡已颇为多见。当然这也经历了一个发展过程。早期的裁缝，并非一种专门的职业，而是在自己家里承接替人缝补的针线活，以后才演变为"夫妻老婆店"式的裁缝铺。这相当于英国人所说的，从"Needleworker"（做针线活的人）到"Tailor"（裁缝）的演变。当裁缝有了专门的技艺，并招收学徒来传承技艺，则裁缝也就真正成为一个专门的职业。需要说明的是，裁缝并非都有自己的店铺，也有一些裁缝手艺人四处游走，受雇上门为人制作衣服，这在无锡叫作"央裁缝"。

　　央裁缝，就是请裁缝上门，现场为家人量身定做衣服。一般人家会在春夏之交请裁缝缝制夏衣，在秋冬之交准备冬衣。一些做工出色的好裁缝，往往需要提前数月预约。约定时间后备好衣料及各种辅料，以及裁剪缝制的操作台，在农村可以用架高的春凳，在城市就用高脚长凳搁起床板或门板，做成一个足够大的平台。上门的裁缝通常是一名师傅带一至两名徒弟，徒弟边做衬工边学习手艺和交道。与其他行业的手工劳动者一样，裁缝师傅也有一定的行业规矩，例如，他们奉轩辕氏为行业祖师，所用量布的尺也名为"轩辕尺"。学做裁缝要先当三年学徒，俗称"吃三年萝卜干饭"。当学徒的每天除了生炉子、烫熨斗外，有的还要为师傅、师娘倒夜壶、做杂活，小心服侍老板夫妇和各位师傅，同时学

钱基博读书照片，从中可见民国初年男子服装样式

做缝纫、滚边和各种花色纽扣，三年满师才能上案板作业。

上门裁缝工价的计算有两种，一种为"点工"，即计时论工，按制作衣服的数量框定工期，按天计算工钱，师傅为满工，徒弟为半工或者按满工打折；一种为"包工"，即计件论工，按当时约定俗成的计件单价计算，不同材料、不同式样、不同要求会有一定差异。例如一件缎子面、骆驼绒夹里、丝绵芯、丝线盘香扣纽头纽襻、加罩衫的中式棉袄，肯定比一件普通脱壳絮棉棉袄要多费不少工。在家央裁缝对于家人来说就如同过节，一家老小开开心心地让师傅量尺寸，看着师傅比画、裁剪布料，再一点一点缝制成型，包括贴硬衬、拼花纹、用烙铁熨斗熨烫整型，都是饶有兴致的事情。裁缝师徒的用餐也由主家供给，一日两餐或一日三餐，通常都有鱼有肉，其间加一道（下午）或两道（上下午）点心，完工之日还要加酒菜小酌以示酬谢。用餐也需要预先约定，并且都不计算在工钱之内。央裁缝做衣服有几个优点：一是做工精细，那个时候的手艺人，全凭自己的真本事吃饭，千针万线靠的是用手用心艰辛劳作；二是收费低廉，大部分普通人家做衣服，也要能承受得起；最主要的是，偶尔可以赊账，衣服做成

荣宗敬穿长袍马褂在锦园

可以先穿,至于工钱等有了再给。

裁缝铺、成衣铺由经验丰富的裁缝手艺人开设,专门代客加工各种来料,也可以代客配办衣料,其用尺量身、剪刀裁布、针线缝纫与上门制衣的裁缝别无二致。只是开店比走门串户生意稳定,生意好的话,可以增加雇佣裁缝工,扩大营业规模。客户也省却了腾让场地、招待用餐和加夜班照明等的麻烦,按成衣计算的工费也不高,加上是量体裁衣,来料加工,成品合身,式样能体现穿着者的要求偏好,所以很快为中下层民众所接受。早期的裁缝铺主要缝制苏式、广式男女服装,统称为苏广成衣铺,至多在门前的市招上加上某记的店号,以便顾客识别。苏式以精工细作出名,手艺细致含蓄,特别擅长镶、嵌、滚、绣、盘纽等活计;而广式受到西方文化的影响,讲究印染工艺的应用,其成衣以款式新颖和用色大胆夸张著称,无锡地区较多的是两者的融合。因为是面向居民提供服务,所以裁缝铺通常就设在街头巷尾,设备也颇简单,主要就是一块大的工作台板,两三排挂衣服的长杆,架上成衣丰富多样,本身就是店主手艺的展示和广告宣传。

20世纪前半期,国内的棉纺织业、毛纺织业、丝织业、针织业、染织业得到初步发展,丰富了服装面料。尤其是丝绸、阴丹士林布、各色印花布、薄型呢绒等面料的面世,使得旗袍面料种类日益丰富。富家太太和职业女性等中上层女性审美情趣的多元分化,更使面料装饰纹样、式样和剪裁花样不断翻新,这从消费需求和面料供给两个方面促进成衣业的发展。缝纫机的问世,则从工艺技术方面推动成衣业的快速发展。不仅裁缝的工作效率得以提升,而且也为规模化、规格化的工业化服装生产创造了条件。越来越多的城里人从家庭手工制衣的桎梏中走出来,委托裁缝店裁制衣服,或者直接从成衣店购买衣服。无锡的中山路是服装店最集中的地方,那里接受来料加工代客制衣,也有式样比较固定的成衣服装提供选购。比较有名的有大华、维美等几家,绿叶、蓓蕾则专做女式时装。

清代,一般平民男性大多数穿长衫短裤,女性穿短袄布裙。劳动者终年穿短裤,外面穿条作裙,时人称之为"短打朋友"。乡绅人家及富商子弟的装束,男的是绸缎制的长袍马褂,春秋为夹袍,冬天为棉袍或皮袍;女的穿绸缎绣花裙袄,式样逐步由宋明时的偏襟转向对襟。还有一种箭衣,不能与长袍混为一谈。长袍有袖,箭衣无袖或短袖,棉箭衣亦然,这是为了方便射箭;长袍单侧开襟,箭衣两侧开襟都有排纽,这是为了便于骑马;另外,长袍一般为低领,而箭衣有高领立领。箭衣与马褂都是满族骑射的服装,清朝时在民间得到广泛应用。至于旗袍,辛亥革命前只有满族妇女穿,反而在民国时受到汉族女子的喜爱而广泛流行。

晚清至民国初年,一些跟随潮流的青年衣着有了变化,特别是出国留学回归的洋学生带动了风气转变,在日本留学的多数穿学生装,从欧洲留学归来的则穿西服。虽然穿西服上街一度被人叫作"假洋鬼子",但学生装很快传播开来,并因为代表时代进步的政要名人的倡导,演变成了中山装,成为社交场合的正式着装。开始时,西服和一些新式服装多从国外带回,部分购自上海、广州等开埠城市,后来无锡的裁缝店也能按样仿制,只是裁剪和做工尚待逐步提高。至民国时期,裁缝店开始有了帮派之分。其中较有影响力的,是以浙江宁波慈溪裁缝为主的"浙慈帮",精于制作中式礼服和常服、公服。他们中的许多人少小离家,外出四方闯天下,早就打出一片自己的天下。清朝末年时又引进西式服装的制作,其做工精巧细致,式样新颖入时,特别讲究刀功、手功、车功、烫功,又形成近代的"红帮"裁缝一派。红帮以上海为中心辐射周边地区,无锡也是其活跃之地。

无锡第一家西服店是老人和洋服号,创立于民国初年,地点在北门内大街堵家弄口(今中山路城中公园北侧)。创业人匡梅卿,时年40岁。他从上海购置缝纫机6架,聘请宁波帮裁缝来无锡量裁缝制。当时缝纫机被称为"洋机",

在无锡还是初次见到,好奇的市民围在机房前看"西洋景",常常使得缝纫工无法进行操作。由于民众在穿着上的习惯,老人和在开业初的半年内生意不佳以至于亏蚀了数百元大洋,这在一石大米只售五元大洋的年代,是一笔相当大的金额。之后无锡人看惯了缝纫机制作的衣服,社会上服装穿着发生变化,老人和的业务才渐趋正常。第一位到老人和定制西服的无锡人,据说是小河上少宰第孙状元的后裔,即从日本留学归来的孙揆均。风气一开,人们的观念、行为随之改变,虽然当时无锡人仍是穿中式服装的多,但毕竟老人和是独家经营,营业渐盛,获利颇丰。匡梅卿于是将兼营的杂货店关闭,专心经营老人和洋服号。一面扩大营业范围,从上海聘请知名技师,不断改进西服式样,满足更多人的消费需求;一面改善门面设施,将店号搬迁至光复门外通运路的交际路口,这里是新式商业、服务业的集聚地,门面装修成洋式,门前配用大玻璃橱窗,以吸引顾客。这也是无锡第一家装玻璃橱窗的商店,可谓开商业风气之先。

1920年代初,匡梅卿看到市民尤其是中青年人穿着西服增多,便在北门内大街监弄口附近,由其子另行创设竞新洋服号,进一步拓展业务。1930年,匡梅卿年届花甲,便将老人和洋服号歇业,并入竞新洋服号。未几,其子又开设竞新北塘分店,还在常州也开了一家分店。当年在匡家父子两代店中学艺的学徒,后来遍布锡、常二地,其中一部分人也成了西服店的老板。而此时的竞新洋服店,已由匡梅卿的孙子匡伯威接班主持店务。抗战胜利后,无锡追求时尚的青年人越来越多,西服店在无锡成倍增加。据1948年统计,中山路一带开设的西服店有17家之多,但竞新仍是西服业中的龙头企业。除竞新洋服店外,做男服的当推孙振达开设的"大上海"和吴金坤开设的"大华",名声都很大。此时的青年女性为追求时尚,纷纷到服装店定制时装,杨耕泉为适应女性顾客的需要,在中山路开设绿叶服装店,专做女性时装,式样新颖,选料精致,成为有名的女子服装店。

除了专门的服装店,无锡上规模的绸布庄也纷纷开设新装部,代客定制服装,带动布绸呢绒销售。有鉴于无锡的西服店供不应求,工商界、医务界、教育界的一些人士也会到上海定制西服,时和绸布庄看准商机,仿照上海绸布庄的做法，特地从上海购进衣架、衣镜、缝纫机和各式样本，于1930年开设新装部。但上海培罗蒙、鸿翔的红帮师傅工价高，一时请不起，于是便从二流的鸿露时装公司聘请了两位技师。一位叫胡如元的专做男装，一位叫毛宝根的则做女装，包括西装、大衣、中山装、学生装和各式裙装。店主陈蕙荪经常到上海大光明影

荣德生在梅园会见客人留影，从中可见民国时期男女服装样式（自左至右依次为：中山装、长袍马褂、西装、旗袍）

院门口观摩出入影院的时髦青年服饰花样，用于本店服装设计。这两位作头师傅的技艺也相当不错，加上时和的承包计件工费分配到位，积极性大增。所做服装加工考究，式样挺括，以穿着舒适为特色；女装紧跟上海流行款式，不断出新，所以很快就做出良好声誉。虽然新装部只是代客加工，不销售成衣，但还是扩大了本店的衣料销售。加上所有新装内襟都钉有时和特制的商标带，贵重的服装还手绣顾客姓名，实行包修补、包洗烫、包退换，成为时和最具影响力的"实体广告"。在时和的带动下，日新、世泰盛等店相继增设新装部，聘请上海红帮裁缝代客加工西装、大衣。接着又开设结婚礼服租用业务，有男式黑呢燕尾服、礼帽和女式绣花真丝礼服、兜纱，基本能满足新人要求。其时，号称锡城绸缎庄"三巨头"之一的懋纶，在其新装部开张时特地请来号称"中国新装专家第一人"的上海著名画家叶浅予为旗袍打样，名媛陆小曼也曾被懋纶聘为女装顾问。它以此向锡城仕女传递一个信息，即她们无需前往上海，就可以在家门口赶上时尚的步伐。

　　神僧道袍店，简称神袍店，是一种另类的成衣店。开始时，神袍店专为道观、神庙的老爷法身制作服饰，这些比平常人体形略大的泥塑、木雕像，需要穿着袍服，以显示其逼真性和威严感。因为神像穿戴的冠带、袍服都是模仿明代

官服,所以从事神袍制作的匠人也被人戏称为"明朝裁缝"。近代无锡的神袍店只有三五家,最早也最有名的是"许锦顺"和"达懋祥",都开设在中山路书院弄附近。达懋祥第一代创业者王桂林原是许锦顺的学徒,民国初年满师离开师门后,自己经营达懋祥神袍店,经过几年奋斗,经营规模居然超过了许锦顺。

神袍店虽然是一个古老而历史悠久的行业,但毕竟神主只有少数几个,虽然有的神庙老爷也有几身不同时令、不同场合穿着的不同式样的袍服,但穿在这种没有动作的泥塑木雕身上的袍服一般不大会损坏,所以单靠承制神袍还不能维持生计。为此,神袍店还兼做寿衣(老衣),连同鞋、帽、枕、被等随葬物件。按老辈传下的规矩,这些衣服物件不能用针线缝制,一概用糨糊裱贴。但经营寿衣也收入有限,于是进而为道士做羽冠、道服、靴,为法师做法衣,还有就是为戏班演员做"行头",为民间迎神赛会、庙会制作旗、伞、仪仗。神袍、法衣、戏班中的蟒袍、镗甲都用盘金线,做工比较讲究。达懋祥神袍店承接的袍服上盘金线的工艺,大多把半成品衣片发包给苏州绣衣坊加工。其他还有和尚、道士做道场所用的幡、帔、旗和剧团中舞台上的锦堂幔,剧团中演传统戏所穿的花褶子、花帔都要在缎子上绣花,工艺也比较复杂,需要外包加工或者聘请高手制作。

1949年后,神袍业务被取缔,好在接下来各大厂工人俱乐部开展丰富多彩的文娱活动,有的还成立业余的地方戏小组,戏衣制作仍有市场,而随着各类竞赛、报喜、表彰的开展,各种锦旗、奖旗生意也成倍增加,这给神袍业注入新的活力。工商业对私改造时,达懋祥等联合组织无锡旗帜戏衣合作社,以后又并入工艺美术行业成立的公司和工厂。

在多种文化激烈交汇的漩涡中,人们的服饰表现出多样性和易变性。无锡地处沿海,紧靠口岸城市,开放包容得风气之先,对服饰样式、做工、色调的变化非常灵敏。近代无锡的成衣业,也随着生活所需和时代潮流,在吸收转化、承继革新中不断嬗变。成衣业的进化史,是着装方式和服饰行为的变革史,也是世俗风气、审美情趣、服饰文化的进步史,它折射出社会消费的转变和时代的演进。

洗染业：
不夸光彩，但留清白

洗衣本是一种家务劳动。无锡地处江南水乡，河边、井旁是家庭主妇集聚洗衣的场所。传统的洗衣方式，是用皂角和粉浆去污，用棒杵捶打，再以清水漂洗，最后靠阳光晒干。自古以来，从西施浣纱的历史传说，到李白《子夜吴歌》对戍妇捣衣的描写"长安一片月，万户捣衣声"都留下了妇女辛勤浣洗的场景。

随着社会的分化，洗衣也部分地从家庭劳作中分离出来，出现专门为人洗衣的佣工，俗称洗衣妇、洗衣婆；并且服装的洗涤与整烫、染色相结合，也逐渐发展成为一种社会服务行业。洗染业的经营模式包括洗衣佣工、传统洗染店、新法洗染店三种不同类型。

洗衣佣工的洗衣，只是贫苦家庭的一种谋生手段，通常是家庭妇女个体劳作。洗衣妇以替人洗衣为生，有的还附加整烫、织补等简单活计，以增加收入。总体来说，其方法与一般的家务劳动别无二致，手工作业，工具简单，除棒槌以外还有板刷、搓衣板，洗涤材料除了肥皂，对一些特殊污渍如油污、血渍等的处理，也就是生活中一些常用办法，用豆腐渣、食盐、碱等涂抹在污渍处配合肥皂洗涤，以达到较佳的清洁效果。其收费价格较低，清末民初通常是洗衣衫、裤每件铜元8枚，洗长衫16枚，被单2角，以微薄的收入供给家人的生活。正如一首描述洗衣妇的诗中描述的那样："每日替人洗衣裤，得钱好把饥寒度。又须担水又提浆，贫妇自嗟苦难诉。冬天洗衣手欲僵，夏天洗衣汗如浆。羡煞邻家有钱女,四时新制好衣裳。"

　　传统洗染店通常是夫妻店的形式,雇佣不多的几个工人进行洗衣作业,其技术仍未摆脱原始状态,即以手洗为主,以缸、盆、搓板、板刷为主要工具,包含洗、熨、染、织补四个项目,依靠强度颇高的体力劳动维持小手工业作坊的生产方式。通常是顾客将待洗的衣服送到店铺,就衣服的大小、质地,按件计价,约定时间取回洗净、晒干、整理妥帖的衣服。不过相较洗衣佣工,其经营规模有所扩大,除了代家庭洗涤衣服、拆洗被褥蚊帐外,还每日走街串巷收取客栈住客的衣物来洗,承揽餐馆、商店、堆栈等的包装物、覆盖物等的洗涤,以及配套的整理、翻晒、熨烫、重新缝合。无锡有一类洗染店的前身叫"白作",1908年,普仁医院开办,开始出现专门为医院洗烫床单、被套、医护人员工作服等的洗衣店,就是所谓的白作。

　　新法洗染店的经营规模在传统洗涤店的基础上进一步扩大,技术等级也有所提高。其洗涤的衣服包括秋、冬、春、夏各个季节,而冬装、夏装更换的季节为洗染业的旺季;品种包括男士的衣裤、长衫、短褂、棉袍,女士服装的旗袍、大衣、裙装、毛衣,还有居家的帐子、被面、床单、台布、窗帘、沙发套、椅子套、地毯等;质地则包括棉布、丝绸、丝绵、呢绒、皮毛、绒线和毡等。因为采用新式洗涤剂和干洗方法,品类上各种面料的中、西式服装均可洗涤,经过洗涤、整烫,衣物可焕然一新。因为租用门面,又使用电熨斗、电风扇等电器洗衣、干衣,其收费也就相对较高。

　　1911年,绍兴人王耀生在北门外城脚下开设了无锡第一家洗染店——亚美西洗染公司,为上海亚美西的分

胜利门广场振华染整厂门市部(1950年代初)

店,以洗、染、烫、织为经营服务项目。它在《新无锡》报上刊载的开业广告称:本公司特延聘法国洗染专家,悉心研究切实改良,拣选十等化学原料,采办精敏机器,西法洗染,凡绸缎绫罗、呢绒纱葛、漳绒漳缎、各种衣片、精细皮货、台毯绒毯等件,颜色鲜明……不与原料有所损伤。1918年,日新昌记洗染公司开业,这是日新绸布庄洗染部盘让出来成立的一家洗染公司。同样采用化学染料和机械染整,承接丝、毛、棉、皮、绒货的洗、染、烫、织(织补)业务。

在相当长的历史时期中,洗、染、整理都曾作为各自独立的行业而发展。据有文字记载的史料考索,早在明嘉靖三十五年(1556),无锡就开设有染布坊。相传明万历年间,为抵御倭寇侵扰,知县王其勤动员全城民众,合力建筑城墙。但当敌寇进攻临近时,尚有一段城墙没有筑成,情急之下,王其勤下令由城中染坊将数十丈白布染成城墙似的青灰色,张挂在城墙的缺口处。来犯的倭寇远远看到无锡城城墙高耸挺立,城墙上旌旗招展、刀光闪闪,不敢贸然进犯,只得悻悻退兵。据此推断当时无锡城中的染坊已有相当大的经营规模。无锡从清代中期起开始成为著名的布码头,周边农村土布织造十分发达,织户用船将土布运来投行出售,或以布换花回去再加工织布。当时大桥下的江阴巷和布行弄内的布庄、花行鳞次栉比。城区本色厂布、农村白坯土布都需要经过染色整理再进入市场,由此推动染整行业的快速发展。

至清光绪元年(1875),无锡城中染坊达到10家,经同业杨明齐、华子丹等人发起,在西水关建立了染业同业公所。早期的染坊印染整理工具只有一缸、两棒、一石块,主染青、蓝、元(黑)、灰四种颜色。缸用来浸染染色,棒用来搅动布料,元宝石则用来碾压布匹使其密实光洁。陆义茂染坊于1868年创办在南门外耕读桥街,由绍兴人陆永记开创,承接布庄大宗成匹布的染色,也为普通居民的衣物染色提供方便。它采用以砻糠为燃料的土灶,对投放了颜料的清水进行加热,用大缸浸泡布料,把白布染成蓝色或黑色。蓝色的颜料为蓝草,黑色的颜料为花树果,配色的技巧和水温的掌握,决定染色的均匀、鲜艳与否及色牢度。染坊一般都靠在河边,这样便于取得数量多而水质清洁的水,便于漂洗色布。染成的色布全靠阳光晒干,所以宽敞的晒场也是染坊经

印制蓝印花布的夹缬板　　　　　　蓝印花布

营的必备条件。

　　在离陆义茂不远的南门棉花巷，有一家绍兴同乡马某开设的印花作，它与陆义茂有密切的合作。马氏作坊的印花，采用多层桐油纸裱褙，镂刻成各种图案的雕花印版，印花时将花版覆盖在织物上，涂刷一层用黄豆粉和石灰粉拌和的防染糨糊，使花版镂空部分的防染糨糊粘在织物上，这叫作"拷花"。完成拷花的织物被送到陆义茂进行染色，经过多次浸染，然后刮去织物上的防染糊，就在织物上形成图纹花样。因为印花主要采用蓝靛颜料，印成的花布就形成白底蓝花和蓝底白花两种基本花色，人们把这统称为蓝印花布。蓝印花布并不因为颜色单一而显得单调，它与青花瓷、青瓦白墙等一起，构成国人特别是江南人一种基本的审美色感，沉淀在了人们的心灵深处。

　　蓝印花布的印花，还有一种传统的夹缬技艺。这是用镂刻了花纹图案的木版，夹住织物，浸放在溶入蓝靛颜料的水中，使接触到颜料和没有接触颜料的布匹形成蓝白分明的图案。传统的蓝印花布图案寓意吉祥，富有喜庆意味，诸如凤穿牡丹、麒麟送子、双鱼吉庆、龙凤呈祥、四喜（戏）童子、喜上眉

（梅）梢等，为普通百姓所喜闻乐见。印了各种吉祥图案的蓝印花布，通常被用来制作床单被面、帐帏床罩、门帘桌布，更多的当然是衣片及围裙、肚兜之类。旧时的风俗，结婚时送往新房的子孙包要用蓝印花包袱，寓意当然是"清清白白做人"的嘱托。而老人去世，所穿衣裤要用蓝布，衣领和裤腰则必须是纯白的棉布，同样是表示"一生清白见祖宗"。

辛亥革命后，随着人们的衣着变化，国外先进的洗染技术、原料和工具设备传入中国，所谓的"新法洗染"就是与中国传统的洗、染、织补3个行当融合而形成近代洗染业。民国初期，无锡洗染业发展到37家，其中染坊28家、洗染店9家。1933年，民国行政院公布中国职业分类办法，业别分为农业、矿业、工业、商业、交通运输业、公务、自由职业、人事服务与无业9种，其中洗衣属于商业业别中的生活供应类。抗战前夕，无锡有56家洗染店，业内形成绍兴、无锡、南京、镇江四个行派，其中以绍兴帮实力最强。

清光绪三十四年（1908），苏州沈广茂洗染店到无锡开设沈广茂洗染厂。厂址在前竹场巷，营业面积150平方米，职工19人，专为绸布庄加工染色整批绸绢、青杜布。民国初年，洗染厂在控江门外露华弄开设门市部，名为老正和洗染店，面向居民提供洗染服务。后又在书院弄口设立明新洗染支店，同时添置单幅整理机和蒸汽锅，扩大营业。不久，正式将洗染厂定名为沈广茂洗染店，因讲究信誉，质量稳定，服务方式灵活，其营业超过老牌的亚美西公司而居同业之冠。沈广茂洗染店及其支店实行划片分工负责，派专人跑街，对大客户、老客户上门收货、上门送货，或电话预约收送，提高了服务水平。沈广茂在毛料西服、中山装的洗染质量方面

沈广茂洗染店

特别好,洗涤清爽,整烫挺括,毫无损伤,得到客户的普遍信任。它的拿手绝活还有干洗织补、雨衣上胶、旧皮汰白,且都是质量好、交货快、薄利服务,故而数十年间营业蒸蒸日上。

这期间,一些上规模的绸布庄也发展出了自己的染色加工。当时绸庄购进的丝绸、棉布大多为白坯,需要根据时令季节和市场需求进行加工染色。绸布庄的染部又分布坊和绸坊。布坊主要加工市布、土布(粗布)、竹布、夏布,手工操作,染成靛蓝、毛蓝、京灰、月白等色,也做涂料印花,即蓝印花。绸坊的品种和印染技术要求更高一点,绸庄都备有历年采集的各色样品组成的色谱,根据不同的质料,对照色谱进行设计和加工。丝绸染色分素色和花色两大类,素色即单色,一般是夹里绸缎、杭罗纺、电力纺、软缎等;花色则为双色或多色,又有大花、小花、满花、散花之分,需要分次印染,名目多、难度大,特别讲究花色搭配和顺,印染精工细作。这和绸布庄的新装部一样,是衣料业经营的升级版。

1927年,绍兴人陶子瑜在露华弄口开设振华染厂。陶原为长安桥埝源丰裕染坊的跑街,对无锡各路情况十分熟悉,又积蓄了一点资金,再加上有上海裕康颜料店(店主是其远房叔父)的支持,便联合日新、时和等绸布庄的职员,合资开办了这家振华染厂。振华厂与早先的沈广茂厂及后来的维新漂染厂、丽新印染厂不同,这些厂都是工业化的加工生产厂家,以生产染色布、印花布为主打产品,或者承接纺织厂、绸布庄的大宗绸布的漂染、整理加工。而振华厂只是一个前店后坊的服务单位,创办之初只有一台老式滚桶、一台窄幅整理机及几只圆缸、一台立式小锅炉,主要为居民提供衣料、衣物的洗染、整烫,也接受绸布庄小批量的绸布织物染整,但因为缺少轧光设备,织物轧光只能送到丽新印染厂去代加工。但振华厂全部使用德国进口颜料,染整质量有保证,所以生意也是越做越好,在1940年代中后期不断扩张,翻建厂房,添置设备,转而承接小布厂的染整轧光业务,最终转入工业行业,还投资开设了大业织布厂和大业染织厂。

洗染业作为一项服务行业,与百姓生活"衣食住行"中首位的"衣"直接相关。近代洗染业在传统手工洗染的基础上，结合西方新式机器、颜料、技术的引进融合发展，并伴随着成衣业、时装业和多个门类纺织业的发展而不断进步，形成水洗、干洗、整理、染色、织补等一整套服装后续服务体系。

在这个过程中，先进的机器洗涤、化学干洗、整烫定型，以自动化、程序化的清洁服务，逐步替代传统手工作业和繁杂的家务劳动，节省了大量的人力、物力。它与家庭的洗衣机洗衣、干衣一起，让人们享受到现代工业文明带给社会的全新体验。传统的染坊、洗染店，最终因时代的进步而萎缩、消失，构成近代中国整个社会转型的一个缩影。这种由手工迈向机器、由人力迈向自动化、人工智能化的转变，正沿着农耕文明迈向工业文明、现代文明的方向加速演进。

帽业：衣冠楚楚话帽弁

　　古代成语中带"冠"字的有"峨冠博带""衣冠楚楚""冠冕堂皇""弹冠相庆"……"冠"也就是帽子，有着久远的历史，在古人的生活中被广泛应用。帽子的出现至少与衣服相同时，古人所谓的"上古衣毛而冒皮"，是指穴居野处时代，人们把猎获野兽的皮毛披在身上、戴在头上。这不仅是为了御寒，也为了掩护自己，或者以带有角和鬃毛的兽皮缝制成帽子形状，用来威吓野兽，也显示自己狩猎的勇猛。后来才逐渐演变为具有装饰和礼仪意义的帽子。据考古发现，在龙山文化遗址和良渚文化遗址中，都出土有为数不少的陶笄、骨笄、玉簪等，说明在那个时期人们就有了束发甚至戴冠的习惯。

　　现在人们把戴在头上的物件统称为帽，古人则根据其材料、式样、用途的不同，具体区分为冠、冕、弁、帽、巾等，并且赋予其一定的社会和文化的意义。冕，专指帝王和其他高贵人士的头饰。冠则是读书人和有地位人的帽子。弁，一种小帽，用鹿皮制作，故被称为"皮弁""韦弁"。巾，乃裹头之布，普通劳动人民所用。《玉篇》云："巾，佩巾也。本以拭物，后人著之于头。"原是人们劳作时围在脖子上擦汗用的汗巾，由于自然界中的风吹、日晒，人们便将它裹到了头上，在恶劣天气来临时，起到御寒防暑的作用，这也就成了"帽子"。《释名》继而评定："士冠，庶人巾，当自谨修于四教也。"强调的是以冠、巾区分人们的地位尊卑。

　　到了隋唐时期，随着社会的发展，各族人民交流加深，社会风气趋于开

胜利门广场西天宝帽鞋店（1950年代初）

放,帽子的象征意义逐渐淡化,一般的读书人、小商小贩和普通工匠庶民都可以戴帽子。虽说如此,差别依旧存在。比如乌纱帽,本发明于东晋,但是作为正式官服的一部分则起始于隋朝,兴盛于唐朝,并且以帽子上饰玉的多少、规格、形制来区别官职大小。冠还与带相匹配,以衣袍束带的材质、长短、宽窄、颜色和带饰区分官阶的高低,诸如"杂带,君朱绿,大夫玄华,士缁"之类。到了宋朝,帽子在地位权力的象征更趋淡化,逐渐出现商人帽与书生帽。到了元朝,由于与游牧民族的交融,又流行起了皮帽、毡帽等。之后,帽子才算真正在百姓的生活中普及开来,所以明李时珍的《本草纲目》作了非常扼要的归纳:"古以尺布裹头为巾,后世以纱、罗、布、葛缝合,方者曰巾,圆者曰帽,加以漆制曰冠。"冠的特征是加以印染装饰。无论王公贵族还是普通平民,都可以在非正式的场合戴类似于冠的帽子,回归帽子御寒、防晒、装扮生活的日常功能。

　　与江南民间盛行草鞋、草席的编织一样,草帽作为农耕劳动者的日常用品,一直以来都普遍应用于生产生活。而到唐宋时期,在常州、苏州一带已超出自编自用、自给自足,开始形成草帽编织的商品性生产、流通。对于田间的农民和行走在外的小商贩而言，草帽既可以用来遮阳，还可以拿来扇风乘凉。在农民家庭副业基础上出现了城镇手工作坊，制帽工艺技术不断提升，产品的形制和装饰性也大有改观。唐李匡乂《资暇集》卷下记载："永贞之前，组藤为盖，曰席帽，取其轻也。""会昌以来，吴人炫巧，抑有结丝帽若网，其巧之淫者，织花鸟相厕焉。"陶毅《清异录》记载：五代时韩熙载在江南造轻纱帽，匠帽者谓为"韩君轻"。推测此时制帽已有专业作坊、专业工匠。

近代中国开启了历史的新篇章，政府颁布的剪辫法令使人们对头部装饰有了更多选择，而帽子作为一种既能装饰又能保护头部的服饰，自此更加受到社会各阶层的重视。当时无锡与邻近城市一样，最为通行的帽子共有三个大类。一类为草帽、毡帽，基本上是传统便帽的延续。草帽主要是在夏日用于防晒，针对底层劳动者和一般市民的不同需求，式样和用料的精粗有所不同。另外有一种箬帽，用竹篾和箬叶编成，形状和功能与斗笠相似，与用棕丝编织的蓑衣一起被当作雨具。毡帽用材为毛毡，无边无沿，形制简单，形似汤罐，所以也被叫作"汤罐头帽"，主要为拉车挑水者所戴，只是它比较厚实，比之草帽还有挡风遮雨的功能。

一类为呢帽，因为从西洋传入，其帽檐较中国传统帽弁要宽，所以人称"大帽"。民国初年，在舶来品和西方文化传播的影响下，西式帽开始盛行，尤其受到社会上层人士和知识分子的青睐。他们社会影响力大，穿着受普通人追捧，于是当时不仅军警制服全用西式帽，普通人也将戴西式帽视为时髦和有身份的象征。当时流行的呢帽，用料有呢、丝绒、法兰绒、海虎绒等，颜色有白色、米色、棕色、藏青、黑等，式样也有自由式、斯雷顿式、意汤生式、道琼斯式等。当时还有一种硬质帽，俗称"铜盆帽"，又称"拿破仑帽"，一度也颇为流行。尽管当时外来的西式帽价格比较高昂，但稍有财力的人都会买一顶，用于出入某些重要的场合。

一类为中国传统帽子，统称"小帽"。虽然时代的变迁使得前清的各种官帽销声匿迹，但是一些曾盛行于民间的日常帽式仍然为人们所习用，许多安常习故的人还是喜欢戴旧样式的帽子，尤其是一些中老年人。民国时期，市井中最常见的为黑色瓜皮小帽,主要是士绅、商人、旧式的读书人,把它作为一种便帽。瓜皮帽在明代就有,"用帛六瓣缝成之,其制类古皮弁,特缝间少玉饰耳"。相传此为明太祖朱元璋确定的形制,圆形的帽,意为"六合一统",而方形的巾,则名为"四方平定"。所以,瓜皮帽在晚清及民国前

1912年,锡金军政分府司法部合影
(三人为瓜皮帽,六人为西式呢帽)

期的流行,暗含反清复明之意。而此时的小帽,由于外国泰西缎、法兰绒等新面料的输入,其材质丰富了许多。唯有帽子顶上的红珠和帽筒前面的玉饰,依然体现着某种传统理念。传统御寒的风帽(苏南一带称为"风兜"),此时已被各种新式皮帽取代,只有一种"罗松帽",因为非常实用而继续得到人们的喜爱。罗松帽用厚绒制成,帽筒可折叠成三层,折叠后戴在头上可保暖头部,放下折叠部分只露出双眼,可以使耳、鼻、口和颈部得到保暖。因为这式样颇像煮饭用的行灶,所以也被称为"行灶帽"。

这一时期的女帽也呈现出中西分化、新旧杂错的状态。追求时髦的新女性偏爱西式帽,其材质各异、品类繁多,平顶、圆顶、盆形、钟形、大檐,有多种式样,各种花色的装饰更是五花八门。而中老年妇女则较多沿用传统帽式,以两爿帽片覆盖头部两侧,在后脑用绸带或红头绳打结系紧。帽片有单帽和棉帽之分,因其形状如两爿蚌壳,故又叫"蚌壳帽"。此时登场并且融合中西元素的女帽为绒线帽,它用绒线编结而成,不仅色彩琳琅满目,而且样式也富于变化,与这一时期开始流行的绒线衫相配套。帽顶的装饰可以是绒球,也可以是绒线编的花朵;帽边可以上折展现内外颜色的不同搭配,也可以下翻保护前额和双耳。与绒线衫一样,当时的绒线帽主要由女子自己动手编织。因为丰富多样,穿戴自在,深受不同年龄段妇女的喜爱。

　　当时无锡的帽店、鞋帽店大多为前店后坊，店家自己采购布料、呢料，自己加工制作出售。1915年的"二十一条"秘密条约，引发举国人士同仇敌忾，各地民众纷纷抵制日货，倡议振兴实业。正在起步发展的国内帽业，积极引进西方技术和器械，开始仿照国外样式进行生产。但西式呢帽一直依赖进口和在华外商厂家生产，直到1931年前后，民众抵制外货更趋激烈，激发各帽店和制帽工场抓住机会扩大生产。当时无锡的帽店、作坊还不会设计、打样，制帽需要购进半成品帽坯，通过加工来制成各种各样的成品帽。恰好在此时，意大利开始出口帽坯，给了国内帽业一个难得的机会。无锡各家有实力的帽店便进口帽坯进行加工，推动国货新帽业从萌芽走向生长。

　　到1934年，无锡鞋帽业同业公会会员发展为60家，其中帽店名气最大的则推朱义生鞋帽店。朱义生鞋帽店店主朱义生，原是外地制作瓜皮小帽颇负名气的大师傅，他于清光绪年间向亲友集资数百银元，加上自己的积蓄，前来无锡开店创业。在靠近万商云集的北塘小泗房弄口买下一间半店面的营业用房，用自己姓名作为牌号，经营男女老少各季鞋帽，还兼营各种适销杂货。不仅门市零售，也兼做批发生意，且自办作坊、自产自销，以熟悉市场行情和自制适销对路产品打开销路。朱义生销售对象的重点为外地客船和四乡八镇来无锡采购的班船。他热诚接待每一个客户，使之变成常来常往的熟客。由此，朱义生打响了来无锡创业的第一炮。

　　随后的第二炮，是创出独特的王牌产品。朱义生采用的方法有两个：一方面做好时尚适销的西式礼帽，他亲自带领作坊师傅去上海马敦和鞋帽公司，以采购为名，学习制作诀窍，经过反复试验，终于仿制成功。朱义生的礼帽款式新颖，美观大方，且经得起雨淋、日晒，既不缩水、走样，又成本低廉，货真价实，毫不逊色于上海最有名的"马敦和帽子"。另一方面是扩大"夏幛"生意，他摸清无锡地方风俗，女儿出嫁后第一个夏天，女方娘家必须向男家送礼，称为"夏幛"，包括夏天穿着的衣服、手帕、扇子等夏令生活用具用品，以及彩胜、朱索、灵符和绒布做的龙虎等祈福禳灾的物品。男方家也要及时回送相应的礼品表达礼节。此项民间习俗礼品，每年端午节前后需求量特别大，常常供不应求。好在朱义生的从业人员均是沾亲带故的熟人,于是他发动工友自每年三月起加班加点制作,工资发双倍,激励大家优质高产。同时以自制与采购相结合,购进多种多样的花色品种,力求价廉物美,成套销售,从而做到一季销售所得解决半年的日常开销。

为此,朱义生又在城中迎祥桥塊书院弄口购进一处一间门面的店铺,设立城中分店,既面向大众又适应商人、乡绅、政客、中产阶层的需求,提供光鲜亮丽的鞋帽;同时集中供应独制的"夏幛"成套品种,方便预约订购。他终于成功

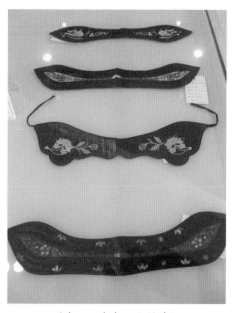

眉角——老年妇女绣花帽

打响两块牌子:"戴上朱义生的铜盆礼帽算得身价倍增";"买朱义生的新婚夏幛翘翘大拇指荣耀"。朱义生从此被誉为"无锡马敦和""夏幛朱义生"。

1937年,日军全面侵略中国,无锡沦陷,北门外北大街、北塘大街等繁华地段遭日寇焚毁,朱氏鞋帽店店房也被烧光,朱义生创下的事业遭受重大损失。多年离乱,朱义生经受不起打击,因年迈体弱,他将家业交给儿子朱育馨掌管。朱育馨受过高等教育,善于待人处世,与职工平等相处,团结大家共渡难关。他把城中幸存的朱义生鞋店的闲置店房出租给他人,以所得收入加上多年积蓄,在北塘小泗房弄口被毁店房的废墟上重造新房,恢复营业。抗战胜利后,朱义生鞋帽店因为日寇焚烧抢掠伤了元气,又因时代变迁,西式礼帽和瓜皮小帽逐步被淘汰,生意走向萎缩,只能勉强维持,苦苦支撑到1950年代前期,最终并入无锡帽厂。

鞋业：足下生辉，各美其美

在人类服饰史中，鞋文化先于衣文化出现，由此演绎并印证了人类文化的发展。4000年前先人的制履技能、3000年前的布鞋手艺、遍及亚洲的木屐……皆为世人所惊叹。精致的绣花鞋、舒适的草编鞋、传统的千层底……也是华夏民族对人类的一种贡献。在恶劣的史前环境中，人类依赖飞奔的速度与走兽追逐、格斗，健全的双脚成为史前人类生存的必要条件。漫长的农耕社会里，拉车、挑担在硬碴和泥泞中负重而行，鞋履的特殊功能更是得到凸现。

古人称靴、鞋为足衣、足服。穿鞋最重要的作用在于舒适，减少行走时足底与地面磕碰、摩擦的损伤和硌痛，同时也有保暖、防潮及装饰、美观的作用。根据考古和文献记载可知，中国传统的鞋由多种材料制作而成，包括草、麻、绸布、皮毛、木片等，并且各自有特定的名称，如履、屦、扉、舄、屐等。从北国到江南，最普遍的为传

大中华橡胶厂双钱牌跑鞋套鞋广告

统的百纳鞋。利用制作衣服裁剪下来的边角料,以及破旧衣物拆下的碎布,经整理、洗净、上浆,再一层层叠起来粘在木板上晒干。然后根据剪好的鞋样剪出鞋底模样,再用针和坚固而耐磨的上过蜡的麻线,一针一针紧密纳实,将叠在一起的数十层拼布衲成厚薄适中的布鞋底。再加上用硬衬和新布制作的鞋面,便能做成一双"千层百纳鞋"。这种工艺制作的鞋,结实耐磨,实用美观,舒适、保暖和透气性都比其他材质的鞋更强。如果在鞋头、鞋后帮纫上一小块皮张,在鞋掌、鞋跟钉上两块橡胶皮,则其耐久性更好。吴地妇女在百衲鞋的鞋面绣花,更赋予它无限娇艳美丽。

这种普通人穿着的鞋,很久以来都是在家中由家人或自己制作。只有绱鞋,也就是把鞋面与鞋底缝合在一起,需要一定的技术,才能缝得紧密、牢固,这才请专业的鞋匠来做。鞋匠又叫"皮匠",据说是因为他们由缝制羊皮衣服的匠人转化而来。皮匠除了绱鞋,还帮人修鞋、补鞋,包括翻新鞋面和鞋面贴皮、钉鞋掌、钉塔钉等,使家常布鞋更加坚固耐磨。皮匠与旧时的许多匠人一样,也是挑着担子,走街串巷兜揽生意。皮匠担的两头是两只木桶或木箱,里面放置他的一应营生工具——锤子、锥子、切皮的扁刀、钉鞋的高脚铁砧及大小不同的楦头等。近代的鞋匠也使用一些简单的机械,如叫作"磕头机"的手摇缝纫机,用以提高缝制效率,减轻劳动强度。但是皮匠游走街巷或者停歇街头,却从来不出声吆喝或使用响器吸引顾客。它是旧时三个"不语行当"之一,"上不语"洗官帽,"中不语"修杆秤,"下不语"即修鞋匠,以"不语"表示其高于其他匠人一等。

布鞋的家庭自制和鞋匠便捷而周到的修鞋服务,使得面向居民大众的鞋的商品性生产、经营很晚才出现。倒是农业生产中普遍使用且易于损耗的草鞋,自唐代起已在江南地区的集市形成交易和流通。《新唐书》《太平寰宇记》《元丰九域志》等书中,对常州、苏州一带的草鞋、草席编织和市场交易多有记载。正德《姑苏志》云:"蒲鞋,吴人以蒲为鞋,草为屦。"故杜荀鹤诗云:"草屦随船买"。这里说的是苏州地区,其实环太湖地区应该都有类似情形。这期间,草鞋编织又加入麻的成分,并且越做越精致,还进贡朝廷,品种有五朵草履子、百合草履子等。这一度引起朝廷的疑虑。唐文宗时右仆射王涯上奏称："又吴越之间，织造高头草履，纤如绫毂，前代所无，费日害功，颇为奢巧……"要求予以禁止。宪宗元和年间也确实发生过皇帝下令退回江南进贡麻鞋一万双的事情。明清时期，江南民间不单是草鞋，而且以布、帛制作的鞋子也更多进入交换流通，并且在家庭手工业的基础上，开始出现专业的编织作坊。当然其产品主要是为官员和富贵人家提供鞋子，所以这一时期专业制作的笋头履、云头履、丛头履等，都有高高直立的鞋头，以便将长衫或裙裾挡在鞋头之后，使它们不至于影响迈步行走。直到晚清时期，社会分工进一步深化，西方商品大量输入，各种鞋子的商品生产和经营才得到发展，开始形成专业行业。

绣花女鞋

绣花女鞋及手工织土布

值得一说的是，无锡东升里位于北塘小三里桥北堍大田岸中段，这里曾以柴行、皮匠行、草鞋行出名。从现在的吴桥北堍至惠商桥南堍之间有一条河浜，当年名为"草鞋浜"。浜的两岸曾经是荒僻的田野，沿河散落着一片片芦席棚、"滚地龙"，居民都是来自苏北的逃荒户。他们在这里买稻草、拾破布、搓绳、编织草鞋，白天走街串巷，背着草鞋叫卖，晚间、清早就在芦苇棚里赶着时间做草鞋。这就是"草鞋浜"的来历。以后这条浜上的逃荒人群由少到多，除了做草鞋，也有一些人转而以劈硬柴为业，把风干的树枝、树根劈成适合烧火的柴爿，加上收割秆棵杂草,提供给饮食业当燃料,以此维持生计。在编织和售卖草鞋的基础上,还有一些人做起了缝鞋的工作,他们白天挑着皮匠担摆地摊,卖鞋、绱鞋、修鞋,也代加工制鞋,逐步形成了一两个专业加工制鞋的作坊,于是在草鞋浜之外,这里又有了"皮匠弄""皮匠村"的称谓。随着自建房屋逐步取代"滚地龙",这里才正式得名"东升里"。

辛亥革命爆发,清朝的官服首先在改天换地的革命中被唾弃。那些穿着官服、皂服和靴子的官员、衙差纷纷脱去旧靴,换上新鞋。一些富家子弟也穿上了款式新颖、面料高档的布鞋。正是在此背景下,私人订制及售卖现货鞋的鞋店应运而生。

西天宝鞋帽店就开设在这一时期,店址在老北门外北水关桥东,店主钱炳仁本是苏州人,他在苏州学艺后,考虑到清王朝已经倒台,苏州也不再是府台所在地,而邻城无锡的工商业正在崛起,商机要比苏州来得好。于是他决定举家迁来无锡,筹措资金在无锡发展他的事业,并相中了闹猛的北门头上这块宝地。为了取一个吉利的店名,钱炳仁特地香汤沐浴后赶赴锡山山麓的于忠肃公(于谦)祠(无锡人称为"梦神殿"),去宿夜祈梦。据他自述,他在梦中见到,其鞋帽店所在地出现了手托宝塔的西天佛祖如来的宝相。为此,他将鞋帽店取名为"西天宝",用"宝塔"作为商标。

1912年,西天宝鞋帽店热热闹闹地开张了。钱炳仁凭着他在苏州习业获得的经验和理念,坚持质量至上。西天宝制作的鞋子,从选料到每一道制作工序都严格把关,无论是千层底布鞋还是普通布鞋,其鞋面、夹里、硬衬、绱底布,无一不是选用新布,从不掺旧掺杂。凡是手工纳的鞋底,也都认定专人发包,交纳验货要数每行有几个针眼,要看针线是否勒紧。别的鞋店会让顾客选择抱脚偏紧的鞋,而在西天宝,店员们会建议顾客买稍微宽松一些的鞋子,因为他们家的鞋是越穿越紧,直至抱脚为止。由于在制作工艺上采用了在鞋底周围涂上一层蜡,西天宝的布鞋不易沾水、不会走样,而且经久耐穿。当时西天宝特制直贡呢面料的老虎皮底男鞋,若是爱惜一点的话,穿个十年八年仍然能不松垮、不塌跟。

正因为有过硬的产品及广大顾客的信任，西天宝才敢在店堂里挂出"真不二价""货真价实、童叟无欺"牌子，这在旧时的商店也属少见。依靠雄厚的资本和诚信经营之道，加上质量过硬、顾客信赖，西天宝鞋帽店很快成为无锡鞋业中的第一名店。钱炳仁去世后，由儿子钱士元掌管店务。钱士元精心经营，大胆革新，不断创制鞋帽的新式样，使原本的老式圆口鞋逐步演变为大鸭舌的牛筋宽松鞋，鞋面也增加了毛料、灯芯绒等材料，使顾客穿着更为美观、舒适。在无锡民间，便有了"女鞋陆永和、男鞋西天宝"之说。

民国初年，社会上掀起轰轰烈烈的天足运动，许多开明人士在各地成立"不缠足会"，倡议废除女子缠足，都市妇女也开始改变自制鞋的习惯，转而到鞋铺和鞋店定制或购买鞋子。由此带来绣鞋业的较快发展，花色品种日益丰富，原来的蚌壳式布鞋演变为浅口、圆口、系带、搭襻等多种式样。再加上西式服装传入的影响，这一时期的女性服饰日趋华丽，为了配合上衣下裙、新式旗袍等着装，都市妇女逐渐流行穿皮鞋、皮靴、高跟鞋等新式鞋子。随之而来的是制作与销售女鞋的商家日益增多，为妇女们选购鞋子提供了广阔场所。

陆永和鞋帽店便是无锡以经营女鞋而为人称道的鞋帽店。陆永和于民国初年开设在无锡最繁华的地段——北大街，后来迁到北门吊桥塃。老板陆仲英病故后由妻子接管店务，这位老板娘精明强干，富有经营头脑，她审时度势，认为若沿袭陆永和过去的经营方式，不足以与其他鞋店竞争。当时已接近20世纪30年代，旧时代妇女缠足的陋习早已被废除，原本缠足的妇女也抛弃了包脚布，开始小脚放大，缠过的小脚有所放大，但仍有畸形，脚背多隆起，对穿鞋有特殊要求。为此，陆永和注意设计、制作放脚鞋，即适合"半大脚"的女鞋，加厚软底，改进鞋面，使之舒适而好看。那时的新潮青年女性，已不习惯穿传统的短袄、筒裙，开始选择穿旗袍。一袭新颖的旗袍，能很好凸显出女性的曲线美，再配上一双皮底白缎子绣花鞋面，更显示出东方女性的温柔之美。陆永和老板娘于是重点转向经营绣花女鞋。

上海小花园的女鞋是全国有名的品牌，款式新、外观好，于是陆永和老板娘亲自率领专业人员到上海向同行请教。她认为女鞋制作的材料，皮底固然要选材好，但鞋面上的绣花也非常关键，大红大绿过于庸俗，不适合上流社会。回无锡后，老板娘便与无锡名流王韵楼创办的振秀刺绣学校联系，由该校优秀学生绣制各色新颖花卉图案，用作鞋面装饰，配上进口皮底。这种质地优、款式新的绣花女鞋一上市，便吸引了大批中上层女性前来购买。一袭合身的旗袍，配上一双白缎子绣花女鞋，成为当年青年妇女最时尚的打扮。陆永和女鞋在无锡鞋业中的领先地位，一直维持到抗日战争前夜。

民国中期起，随着西装、中山装的流行，西式皮鞋越来越多地被人们所穿着，即使是身着长袍马褂头戴瓜皮帽，也不妨碍脚下蹬一双锃亮的皮鞋。皮鞋以牛皮、猪皮、羊皮等为主要材料，款式不知不觉融入传统制鞋的要素。女式皮鞋面料还流行金皮、银皮、京羊皮、漆皮、麂皮等，鞋面缀有以镶嵌、编结等手法制成的皮结、水钻、小铃铛等饰件，更显华丽时尚。1920年代末，无锡前店后坊专业制作、销售皮鞋的商店，有隆昌祥、五福、新美华、泰昌、朱顺兴等五家。其中隆昌祥是无锡第一家皮鞋店，由自己雇用的工人制作皮鞋，历史悠久、牌子最老。

隆昌祥皮鞋店在早年皮鞋刚流行时，开设在城内大街监弄口，老板姓费。费老板中年早逝，由老板娘张氏继承接管店务，她将店内一切经营、生产大权交托给姻亲过秉极（小名二宝）掌管。二宝是一位办事严谨、恪守商业道德的人。隆昌祥皮鞋作坊制作皮鞋的原材料乃是从英国进口的整张牛皮，特地陈列在店堂的玻璃柜内。顾客定做皮鞋量好尺寸后，可以当场从整张牛皮上开料。制鞋使用的蜡线、鞋钉等辅助材料也均为舶来品，作坊内的制鞋师傅则来自上海，有着丰富的经验。顾客定制皮鞋后要经过几次试样，直到满意为止。隆昌祥制作的皮鞋，皮不皱，底不裂，线不脱缝，鞋不走样。一双皮鞋保养得好，可以穿几十年不坏，擦上鞋油又如同一双新皮鞋。过二宝常自豪地宣称：我俚隆昌祥的皮鞋，可以穿到人坏鞋勿坏！这也许是一句玩笑话，但隆昌祥皮鞋过硬的质量，确实也得到顾客的普遍认可。

抗战胜利后，无锡皮鞋专业商店似雨后春笋般发展，一时间竟达到41家。皮鞋店增多了，店主们便要求从帽鞋业中划分出来独立组建革履业同业公

友谊旧货寄售商店

会。1948年的《无锡工商大集》在记录革履业同业公会成立时说该会"会员约四十家,多开设于中山路及新马路一带。革履业为新兴事业,因本轻利厚,胜利后纷纷开设。"新开设的朱义和、义和祥、圆圆等几家鞋帽店,既可以订货,也有现货可卖。其中最牛的当数鹤鸣皮鞋店。鹤鸣皮鞋店是上海皮鞋业的老牌名店,它有两句流传广泛的广告用语,其一是:"皮张之厚,无以复加";其二是:"天下第一厚皮",以此表示鹤鸣出品皮鞋用皮质地的优良。1946年,上海做鞋楦的高手王昌和田金风师徒,随同上海鹤鸣皮鞋店来到无锡开设分店,仍然沿用"天下第一厚皮"的广告语。无锡鹤鸣在坚持选料精良、出品优质的同时,紧跟上海消费时尚,不断推出新款新品,在无锡引领潮流风向,很快成为无锡城中首屈一指的皮鞋业大店。

近代以来,鞋子制作的材料不断增加,性能提高,各种样式层出不穷。但传统的千层纳底布鞋在很长时间里依然受到百姓的喜爱,只不过鞋面增加了多种布料、呢绒、毛皮等用料。民国年间的无锡女学生、青年女工脚穿黑布鞋,身着士林布套裙,一派文雅清秀的气象,曾引来人们羡慕的目光。传统的芦花蒲鞋,也在很长时间里依然被用来御寒。直到20世纪六七十年代,还有老人将它与厚布袜并用,在鞋底装上高跟木屐,以防止雨雪天气的道路泥泞湿滑。这也许不能用守旧来形容,而是守住一份往日时光的记忆。

估衣业：旧衣物的循环利用

估衣业是一个与典当行共生的行业。进入当铺典押借钱的货品，总有一定比例的货品在满期后没有被赎回，也就成为所谓的"满货"。典当行需要把这些满期当物通过一定的渠道销售出去，以回笼资金，满足资金周转，同时也实现其价值增值。提庄和估衣店就是典当销售满货衣物的基本渠道。

晚清至民国时期的无锡城区典当行，赎当期限通常为18个月，期满不赎即由典当没入。据估计，满期没入的当物，约60%为服装一类，其余为金银器、铜锡器、珠宝首饰、名人字画、文玩古董及钟表、唱机、自行车等。其中衣服鞋帽不仅数量多，而且颇有销路。一些普通市民可以从满当货物的处理中，以较低的价格买到成新还不错的衣物，堪称物超所值。所以，满当衣物的处理远比金银珠宝等的销售来得顺畅。这就催生了作为典当行下线的估衣店。

估衣店又叫提庄，一般都与大小典当行有一定的特约关系。典当行定期出当，会把名贵的裘皮衣服挑出来，单独标价，其余服装、鞋帽、床上用品等，按不同类别、不同成新加以搭配，集数十件或满百件，打成一个大包，统一标价，由提庄收买。除了从典当行成批购进外，提庄也派出收货人员，走街串巷到居民家中收购旧衣物，或者从被叫作"换糖佬佬"的废品收购人员手中进行收购（旧铜锡器、旧家具、玻璃器皿等的收购转卖另有渠道）。

无锡的估衣业，有记载可考的最早出现是在清光绪年间。光绪十二年

由估衣店联合组成的公私合营红星寄售商店（1950年代）

（1886），无锡城中已有鸿泰等多家提庄，并由廉茂卿等发起，成立衣庄业同业公所——锦章公所。此时的衣庄业包含了成衣业和估衣业，前者代客缝制并销售各式新衣，而后者则经营各个当铺没当下来的衣服，还有就是回收来自民间的旧衣服。民国年间，估衣业与成衣业分开，至1937年全面抗战前夕，无锡城中有估衣店17家，其中批发零售兼营、资本金在2000元以上的提庄，有余信泰、泰源丰、过裕和、益泰、恒隆等5家。

旧时无锡的估衣店大多分布在北塘沿河、北大街，以及城中大市桥、盛巷、南长街一带。这里是无锡城区的水陆要道，商业繁盛，人流如织。尤其是北塘沿河、北大街一带，估衣店相对集中，北塘有宝裕、协昌承记，北大街有恒隆协记等，这些都是两开间门面的资金雄厚的店号，开设时间大体在20世纪二三十年代。

估衣店从典当行批得和从居民家里收购的旧衣服，经过分类、分级整理，有的还要清洗，翻新领头袖口，然后进入销售。其销售方式有三种。一是"柜卖"，即在柜台陈列标价出售，这主要是各类皮袍、皮马褂，以及精工缝制丝绸服装，通常成色比较新。还有就是精纺呢绒的西服套装和厚呢大衣，特别是有名店贴牌的。柜卖商品的成新大多在八成以上，而售价往往只是新货的五六成。

二是"唱摊"，也称"喊摊"，即在店门前设摊售衣。估衣店前通常都设有一个摆满各式服装的摊头，摊前站着两位店员，当有逛街者在摊前驻足时，一个店员便从服装中取出一件衣服拿在手上展示，同时有腔有调地将衣服的质料、式样、特色、价码唱出来，另一个店员则在一旁帮腔应和，以引起围观顾客的注意。进估衣店的学徒首先要学会识别服装的布料、式样、成色、尺码等，还要学会认识顾客，了解他们的需求和消费心理；在"唱摊"时看准众多围观者中的潜在顾客，有针对性地介绍商品，促成交易；当顾客提出还价时，把握好老板交代的服装底价，尽量能卖个好价钱，同时也让顾客觉得捡了便宜。"唱摊"是估衣店店员的吃饭本领，"唱摊"水平高的店员唱起来声情并茂，能引得很多人停留观看，这才能拉住顾客、招来生意。

三是外出叫卖，俗称"背老牛"。店员将各种旧衣服打成一个大包，背着走街串巷叫卖，或者到各处庙会和四乡节场去摆摊叫卖。宝裕（老板陈仲濂）、恒隆协记（老板陈锦华）等估衣业的老店、大店，不仅货源充足，从裘皮绸缎、四季衣服，到被面床单、麻葛席帐，间或还有服装店折价处理的新货尾货，而且经营灵活，"喊摊""背老牛"都走得勤、出得快。

光顾估衣店购买服装的顾客，大多为城市贫民和来自四乡的农民。城市居民中经济条件好的，都是请裁缝上门量体裁衣，在家缝制，或是购买布料到裁缝店加工缝制。中等人家以勤俭持家为原则，家庭主妇大多能做一手好的针线活，孩子多的人家，基本上是自己动手缝制衣服。孩子们的穿衣都是"头穿新、二穿旧、三穿补"，或者将大人的旧衣服改短改小了给孩

绣花袄和绣花筒裙

子穿。绒线衫穿旧了、穿破了,也是拆了洗干净重新编织,当年的小孩子几乎都会帮着母亲绷绒线、绕线团。

而城市贫困居民和农村农民为了省钱,则会到估衣店选购价格便宜的合用旧衣物。来自外地的小商贩运货来无锡,也会顺便逛逛估衣店,看中了合身又合意的便会买了穿回去。旧时代有一种社会风气,就是"只重衣衫勿重人",特别是参加婚丧喜庆,如果没有一身像样的穿戴,常常会被人看不起。估衣店的旧货有时能以较小的代价化解穿着上的尴尬。当然,更多的估衣庄顾客还是出于务实考虑。举例来说,自己备料请裁缝店做一身棉袄棉裤,总共需要花费10元钱;当入当铺通常估价为3元,满当不赎的话,当铺会以4元的价格批给提庄;而贫民从估衣店购买,也就只需5—6元钱。

无锡估衣店销售不出的旧衣物,主要是成新较低的衣裤被褥,会分类打包,运往苏北、皖北市镇,由当地的提庄分头推销。还有部分不适合销售的破旧衣物,则低价出售给破布店。破布店是旧衣物这条产业链上后起的一个环节,无锡最早的一家破布店是1937年开设在西横街的韩裕兴破布店。破布店经营破衣服、破麻袋、旧棉胎等,货源除估衣店外,还来自居民的卖旧货、换糖担和城市拾荒者。破旧货购入后先进行整理挑选,部分破布销售给制鞋工场作坊,被用来糊制硬衬、制作鞋底;部分布条被用于制作拖把;余下的细碎布、麻袋片、废棉絮等,转卖给造纸厂打纸浆。至1949年,无锡地区共有估衣店58家、破布店11家,从事旧物换糖的摊贩300多人,加上寄售商店、旧木器店、铜锡器店、料瓶店及收旧货的流动船户等,构成一个废旧物品回收的完整网络。

这一时期后来居上的估衣店是大纶柏记衣庄,1938年创办于崇安寺公园路昇泉浴室隔壁。老板叫沈柏根,对旧衣物经营业务相当精通,据说每当典当行批发满当旧货时,他只需掀起布包一角看一看,再用手隔着包袱摸一摸,就能判断出这一包旧衣服的品质和价值,到手后拆包,按件验收定价,基本与他的判断没有多大出入。沈柏根的这一手本领得到同行的一致认可。沦陷时期,他看准机会经营日本东洋纺(化纤布),获得暴利,估衣店门面扩大至四开间,资本金积累至黄金700两,在无锡估衣业中首屈一指。

1948年，国统区经济崩溃，通货恶性膨胀，国民政府实行经济统制，强制冻结物价。大纶柏记正好从典当行进到一批满当货物，其中包括几百匹棉布，那是一家织布厂抵押给典当行而到期无力赎回的满期当货。但没过几天，国民党限价政策失败，不得不宣布放弃经济管制，市场物价大幅反弹，如脱缰野马般狂涨，大纶柏记手里的这笔棉布在转手之间就赚了一大笔钱。见经营棉布有如此厚利，沈柏根把四间店面一分为二，两间继续经营估衣，两间改开绸布店。因为当时中山路打铁桥堍有一家由蒋凤仪开设的大纶绸布店，沈柏根就把自己经营的绸布店叫作大纶柏记绸布店。大纶柏记因为有估衣庄经营的背景，经营不嫌细微，薄利多销。店中备有丝线、裤腰带、鞋面布、沿条扣等，供顾客在剪布时选配；有时还赠送竹制裁尺、羽纱板、牛皮纸鞋样等，为顾客提供方便，故而生意也是风生水起。

晚清至民国是中国三千年未有之大变局时期，也是服饰传统、规制、风格发生巨变的重要时期。1912年和1949年是时代变迁的两个重要转折点，也给服装业、鞋帽业、估衣业的兴衰带来深刻的影响。不过变化的情形则呈现出

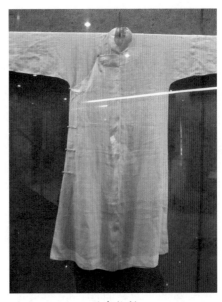

竹布长衫

绣花旗袍

不同的特征。辛亥革命使典当业受到冲击,一些官员下台、逃亡,无从还款、赎当;而估衣业却在这个过程中得到发展,这是因为就服饰而言,废除的只是清朝官服,民间服装式样、形制、材质等都没有太大的改变,在旧式衣物的继续使用和转手买卖中,一些明智的估衣店的经营越做越活。1949年新民主主义革命的胜利,明确废除一些旧的制度、体制,社会各方面除旧布新,服装式样发生根本性变化,旧式衣服的回收再利用失去了市场,最终的结果是典当业的取消和估衣业的衰落,废旧物资的回收转由国营公司和供销合作社经营、管理。

一个典型例子是人称"宁波阿德哥"红帮裁缝师傅,其人本名吴阿德,原先在上海从事西服制作。1941年,太平洋战争爆发,大批外国侨民撤离上海,西服业遭受重创,一批红帮裁缝转向周边地区谋求生存,吴阿德也来到无锡城中开设一家西服店。阿德哥相貌平平,个子矮小,身型偏瘦,活像一个瘪嘴老太婆。但他身手不凡,所制西服以精工细作著称。为顾客量身,常常要拿着卷尺横量竖量,仔细计算;缝制中则要多次试样,不断改进,关键部位做到一丝不苟;出品合身、挺括,各方面都无可挑剔。倘若是顾客自备毛料请他加工制作,他不仅不要顾客预付定金,反而拿出一根一两重的足赤金条(俗称"小黄鱼"),交给顾客作担保,以示诚信。正因为他手艺高超,信誉卓著,故而生意不是一般的兴隆。无锡解放后,极少有人再做西服,长衫也几近绝迹,成衣业、估衣业一片萧条。吴阿德却想出一个新招,那就是代客把长衫改为中山装。此举一出立即得到热烈回应,很多人拿出搁置不穿的长衫来请他改制中山装,生意依然兴隆。

这一变迁所折射出的人与衣关系的变化,并不只是衣服样式的改变,而是社会生活的困顿与更新,人群观念的冲突与协调,文化形态的解构与建构。服饰可以弃土趋洋,也可以返璞归真;可以删繁就简,也可以由素而艳;可以淡化尊卑等级,也可以强调多元包容……在不断求新中,原有的旧物回收已然不再,但资源的循环利用则将是永恒的命题。

百货业：
回翔于消费潮流

　　百货业的历史最早可以追溯到鸦片战争前的杂货店。杂货店的经营范围很广，主要由百货业、钟表眼镜业、笔墨业、图书文具业、纸箔业等五个自然行业组成。早期的杂货店，规模小，所经营的商品都是附近地区的手工业品和农副产品。鸦片战争期间，部分杂货店转而经营比较高档的商品，并发展成为京货店。战后随着经营洋货比重的不断增加，逐渐发展为京广杂货店和洋广杂货店。后来随着市场上洋广杂货的数量不断增多，小百货零售商业与东西洋庄、华洋杂货批发业开始分流，近代百货业由此初露端倪。当时的百货业确实是一个商品种类繁多并且不断拓展的商业领域，包括京广货、洋货、针织品、成衣、丝线、化妆品、陶瓷器、藤草制品、日用杂品等。

　　清咸丰年间，无锡的百货商号开始兴起。1833年，张澜洲在南门黄泥垛开设张彩盈杂货号，经营布线、日用杂品，是现在所知无锡最早的百货商号。该杂货铺毁于太平天国战乱。1864年，张彩盈杂货号复业，营业日盛。张澜洲晚年将店铺迁至城内中市桥，后因无人继业而终止。1869年，周翰昌夫妇在城内东大街自己家中开设周信昌杂货铺，后成为无锡经营零星日用百货商品的行业之首。清朝末期，先后开设较有名气的百货杂货店有：1880年，陆荣初昆仲在北门外江阴巷口开设的聚兴祥京货店；1885年，张子容在北塘开设的张同兴广货店；1893年，李蔼士在寺巷口开设的李增兴京广货号；1905年，朱福明与陆荣初兄弟在北大街开设的裕康祥广货号。就连一些经营鞋帽、铜

琳琅满目的百货商店柜台(1980年代)

锡器、陶瓷器等日用品的店铺,售卖针头线脑等小商品的零剪店,日用杂品的烟纸店,也都挂出了"销售京广货品"的招贴,以为招徕。

无锡地区早期的百货业经营形式实际上是两种类型,一种类型就是杂货铺、杂货店,大体在明代中后期就已出现综合经营纸张笔墨、胭脂香粉、头绳手帕、针线刀剪等的商铺店肆。以后增加了各式冠履、日用器皿、骨牌骰子、念珠手串等经营品种,清代前期增加的主要是眼镜、"京八寸"(带袋的旱烟杆)、鼻烟壶、假发髻、"茄三花"辫线等京货,清代后期较多的是座钟、火柴、香烟、肥皂、火油、矿烛等洋货,烟土、烟具除了专业店售卖外,也出现在了杂货店里。随着经营范围扩大,一些店铺的经营品种有所侧重,开始分化出京货号、广货铺和两者兼营的京广货店。

另一种类型为乡村庙会、节场,各路商贩趁着烧香祭神和时序节庆的机会,推送各类生产工具、农副业资料和日常生活用品,其中可以归为百货类的主要是棉丝制品、铜锡制品、竹木制品、藤草制品及搭膊、荷包之类。如江阴的观音会市、澄锡虞交界处的大士诞会,各路商贾"迎期而集,居民器用多便之"(嘉靖《江阴县志》),"自香烛外,凡家用耕织食玩各物及江湖卖技、奇兽珍禽,无货不赢,无物不有"(《杨舍堡城志稿》)。各种赛会、香会、灯会,或者由商人发起,或者是商人从中推动,《锡金识小录》称,无锡的神诞赛会"由北塘商贾所集,出钱易也"。一些商贩游走在各处庙会、赛会中,以货摊的形式开展经营。

　　1869年,周翰昌借得制钱60贯作为资本,在自己家里开设周信昌零剪店。周家原以缝制和出售搭膊为生,因其所制搭膊容量大、结实而深受行走江湖的商贾喜欢,称之为"通海搭膊"。零剪店以经营狭幅绫绢和土布零剪为主业,兼营丝棉线、头绳、编带、手袋、引线、针箍、镊子、簪钗、刨花等小商品。因为品种适合需求,备货齐全,以及周氏待人和气,服务周到,所以营业蒸蒸日上,每月营业额从纹银百余两增至300多两。邑人见此纷纷仿效,一时间开出多家零剪店,并且店名不是用"信"字就是带"昌"字。1895年前后,周信昌增加经营进口和国产仿制小商品,获利不菲,不仅清偿了创办时的借款,还买下东大街紧邻的房屋两间,一间扩大本店经营,一间出租给刘鸿兴糕团店。1911年,周翰昌年迈瘫痪,店铺交由长子周鲁卿经营。第一次世界大战期间,进口小商品价格暴涨,周信昌因为存有一批德国产人牌缝衣针而获得大利。恰逢东大街东段发生塌房事故,周家遂将店房翻建为两层楼房,在"信昌"字号旁打出一块醒目招牌:"零剪机线,五金鞋料,添配皮货,花线纽扣",并招收两名学徒,扩大营业。这一时期虽然新开零剪店、百货店、日用杂品店大量增加,大市桥一带的商铺相继迁往崇安寺,东大街市

东方红商场

无锡市第一百货商店

面趋于冷落，但周信昌靠着信誉卓著，以及善于利用边角零料，生意维持不减。1927年后，中山装和西装、皮鞋开始流行，周信昌经营的各色配料销售陡增，平均月营业额由之前的1000多银元增加至2000银元。

近代百货业的形成，与洋货的大量输入有密切的关系。五口通商，上海开埠，各种舶来品登陆中国，诸如洋装、洋袜、洋伞、洋钉、洋皂、洋灯、洋烟、洋火等，不胜枚举。即使是一根小小的"洋媒头"（火柴），也给日常生活带来莫大的方便。这让普通民众从生活细节中感受到时代的急骤变化。因此在一段时间里，商家把这些来自海外各国的洋货，统称为"五洋百货"，经营这些商品的店家，便被称为百货店。1908年，沪宁铁路全线通车后，洋货更多地深入内地，无锡作为一个水陆交通通畅和商业发达的城市，洋货店铺不断增加。周利显在周师弄开设周源盛洋货号，邓元利在北塘江尖口开设永华利洋号，李醉勋在北城门口开设李广大洋号，陈茂庆在青果巷开设中和兴洋货铺。此外，在北塘煤场弄口有周律甫的瑞康，财神弄口有徐云阶的协新；在清名桥有沈世裕的祥成丰、沈成书的祥丰裕、洪仁发的洪益茂、卜振祥的卜义昌等洋货号。1911年，同业成立公会，统称洋广业，与五金业、电料业成为新式商业的主力。1929年改称华洋杂货业，其时全城有洋广杂货店91家，不包括零剪店、化妆品店、纸箔店等，乡区还有各类杂货店铺242户。

当时北大街有一家实生公司，也是一家百货商店，它在无锡首创"真不二价"，明码标价，不加虚头，以示诚实无欺，带头革除当时一般商店盛行的暗码定价、讨价还价的经营作风。由于其带了头，促进无锡主要商业行业诚实守信、认真服务，在广大顾客中确立信誉。当时的百货店、绸布店都能做到顾客上门笑脸相迎，顾客出门鞠躬相送。有的商店还设座、端茶、敬烟，买的东西多，或者分量重、体积大，若为乡客，就代为送货上航船；如城客，就送货上门，让顾客满意而归。一些百货店还利用广告媒体向社会公众传播经营信息，通过橱窗陈列、霓虹灯广告，以及报纸、杂志、电台等媒介展开宣传，以达到促进商品销售、树立百货店形象的目的。

洋货充斥市场也刺激国人发展国货生产。无锡民族资本棉纺织工业快速发展,国产棉纱充足供应,一些中小商人投资开设小型针织厂,装备摇袜机、并线机等,自己制造袜子、毛巾、各类线团、内衣等针织用品。虽然人们习惯上仍然把袜子叫作"洋袜",但"茶花"等国货品牌也逐步深入人心。于是也有人开办销售国产品的商店,打出国货公司、国货店的牌子。李继曾在书院弄口创办六友国货公司,提倡国货,以专销国货为宗旨。北大街的百货业是仅次于绸布业的大行业,有裕康、永康、利康、实生、祥和、周信泰、福兴祥、同泰昌等8家大店。此时,各百货店出柜的商品已大多不是洋货而是国货了,无锡百货业尤其注重本地名牌,诸如福隆兴的皮鞋,聚福堂的缎花鞋,松茂祥的折扇、团扇,景凤春的香粉、香油,以及粤产牛皮鞋,沪产名牌衬衫、汗衫,无锡产毛巾、袜子等,国货商品品种已超过全部商品的90%。至1935年,无锡的华洋杂货业正式改名百货业。

裕康百货店开设在北大街小邾弄口,是北大街也是当时无锡最大的一家百货店,除不出售铜锡器之外,其他各类商品琳琅满目,涉及日常生活的各个方面。裕康有三间门面,共五进房屋,后面和楼上是仓库。前面两间是店面,每一间都是玻璃柜台陈列的各种商品,靠北一间经营香烟、雪茄烟、板烟丝和各种精致的烟斗,以及扑克牌、剃须刀和肥皂、矿烛等。靠南一间前面经营沪产名牌衬衫、汗衫、袜子等针织品,后面则销售各种橡胶套鞋、球鞋、洋伞等货品,中间柜台则经销各种品牌的被单、枕套等床上用品,还有蜜蜂牌、英雄牌、小囡牌等名牌纯羊毛绒线,热水瓶,各种铝制品,以及洗脸盆、痰盂等搪瓷产品,均设专柜陈列。在这里,几乎可以采办到嫁女儿办嫁妆的所有日用品,真是名副其实的百货商店。

北大街另有一家裕丰百货店,由吴文轩、陈仲良、张云亭三人合资经营。吴文轩是百货业的老前辈,抗战前在通运路上开设丰泰源商号,经营各种自制的丝纱线袜、毛巾、围巾,兼营西洋百货、呢帽、草帽、电筒、电池、纸烟、雪茄、火柴、肥皂等。他与张云亭是合伙多年的老搭档,张云亭老成持重,处事谨慎,吴文轩则是大刀阔斧,办事很有魄力。二人刚柔相济,一个对外搞业务,一个管理内部事务,合作经营,成功拓展业务,获利颇丰。抗日战争爆发,

无锡市第三百货商店（1950年代）

无锡市第二百货商店（1959年）

战火迫近无锡时，由张云亭负责将大部资财转移武汉，吴文轩则留守无锡。此后社会秩序稍一安定，吴文轩便抢先在北大街开出裕丰百货店，张云亭则将资金通过上海注入裕丰，张云亭本人也在1938年回到无锡。稍后，另一百货业老手陈仲良加入，所以裕丰百货店无论是批发业务还是门市零售，都在无锡百货业中占着领先的优势。

1937年，日本侵略军占领无锡，市内不少百货商号遭到焚毁，损失惨重。为了生计，后来一些业主陆续复业开张，疏散到四乡的货物物资也部分转回。1938年，无锡城内外开设了几家较有规模、并明确标明是经营百货的字号，如城中崇安寺公园路的松茂、均益、裕生，北大街的大德等。但因为日军广野部队插手市场，开设大丸洋行，经营五洋、百货、粮油，稍后汪伪当局又对日用品经营实行统制，造成物价飞涨，百货业和布、纱、粮油等业畸形繁荣，市场一片混乱。

抗日战争胜利后，百货业有所复兴，百货商号发展到132家。但美货大量倾销，百货店几乎成为美货的"玻璃世界"。伴随着恶性通货膨胀，百货业也兴起了囤积纱线、绒线、胶鞋等商品的投机之风，一些商家从中牟取暴利，一些商家虚盈实亏、损失惨重。到 1948 年,全城有百货商店 148 家,从业人员近千人,另外还有难以计数的从事小百货经营的大批摊贩。

其时,国民党军在各条战线节节败退,国民党政府濒临崩溃,裕丰百货店的吴文轩故伎重演,委派张云亭、陈仲良二人将大量资金转移到台湾,吴文轩则留守无锡、伺机而动。结果是,留在无锡的裕丰百货几经沉浮,最终公私合营,并入国营商业。去台湾的张云亭、陈仲良则在台北市开设建新百货公司,成为当时台北市最大的百货公司之一。

另一家名店周信昌零剪百货店,在沦陷时期货物遭劫,所幸房屋未有损毁,店主周鲁卿靠在家门口设摊经营维持生计。不久复店营业,靠着灵活进销逐步恢复,至 1949 年年初拥有流动资金达 5000 元(折合人民币新币)。1911 年周信昌分家时,次子周逸卿去老北门赵城里开设周信泰零剪店,虽然只有一间不大的店面,两只简单的柜台,但周逸卿和他的儿子周麟湘兢兢业业做好每一笔小生意,满足普通市民衣物鞋帽的缝制修补,与人们的日常生活相融合。之后,周信泰经公私合营并入手工业商场,最终与已经并入康乐百货总店的周信昌等一起,加入新组建的东方红商场,也就是现在的大东方百货集团。

近 200 年来,随着时代变迁,商业经济和消费文化潮起潮落。百货行业一方面不断满足人们的消费需求,另一方面又在不断地创造着新的时尚、新的流行。在这背后,是每一个普通人内心深处对美好生活的持久向往,永不消失。

脂粉业：
浓妆淡抹总相宜

　　爱美是人的天性。人类化妆的历史可追溯至原始社会,古往今来人们为了使自己能够拥有姣好的面容可说是煞费苦心,发明了各种各样化妆品。纵观中国古代社会,人们用于修饰面容的化妆品主要为"脂""香""粉""黛"四类。《韩非子》曾说:"故善毛嫱、西施之美,无益吾面;用脂泽粉黛,则倍其初。"这几种化妆品自古就有,美人使用它是为了更好地保持原本的美丽。从美的装扮到美的欣赏,可以说与一代又一代人终身相伴。历朝历代的女子用它们创造出各种各样的妆容,演绎着属于那个时代的美,塑造着属于那个时代的形象。但由于中国古代社会长期处于专制统治之下,社会经济以小农经济为主导,抑制商业的发展,各行业对于技术传播又严格限制,使得传统化妆品的发展十分缓慢。

　　后来随着生产消费的增加,化妆品经营也有了一定的发展。唐代时,宫廷女性和朝廷官员使用化妆品已非常普遍。据《唐书·百官志》载:"中尚署腊日献口脂、面脂、头膏及衣香囊,赐北门学士口脂,盛以碧缕牙筒。"除香囊用来熏衣外,各种脂膏都是为了冬天润泽皮肤和头发。到了五代和宋,化妆品的消费更扩散到了民间,古代诗词中关于"敷粉施黛"的描写俯拾即是。北宋出现了专门经营香品的店铺,《东京梦华录》记载皇宫外面街巷有"张戴花洗面药",这是具备专有配方的美容清洁用品的专营店。

　　明清时期,出现了专门制作、销售各种香粉的店铺,胭脂香粉经营形成行业并不断发展,尤以苏杭一带最为发达。无锡坐落于江南水乡,城区运河环绕,京杭大运河的贯通更延伸了河道水运通达的范围。到隋朝大业年间,城中商业日益繁盛,直河两岸渐成商市。运河进入城区的北水关桥附近,开设有一家专售传统胭脂香粉的商店,店名"老香室"。这是无锡最古老的化妆用品商店,据世居那一地段的老街坊称,太平天国前老香室就已存在。清咸丰十年(1860),战火烧毁了原店房屋,战后重建。1937年日寇占领无锡时,它又一次在劫难逃,店房再次烧成白地,但不久即重建复业。而当年在同一条街上的书院弄口,另外两家胭脂花粉店——时新昌花粉店和景凤春花粉店却消失在了战火中,没有能再恢复。老香室只有一间门面,店内二三只玻璃柜台中陈列的是扬州宫粉、苏州胭脂、北京的"鸭蛋粉"等,还有将嘴唇涂红的红纸片。靠墙放着一只桶,桶内盛放桂花香油,专供妇女梳头用。此外还有一只容器放着"刨花",即用刨刀刨下、薄如纸卷、木纹细密的梧桐木花,当年普通妇女用它泡水,后拿来梳头。用刨花水梳头可以使头发光亮鉴人、柔顺丝滑。这家古色古香的脂粉店,平时店堂内冷冷清清,看上去很少有顾客上门,但却凭着传统特色长期坚持,一直营业到20世纪50年代。

当年无锡还有两家专营刨花的商店,开设在北门外笆斗弄内。一家名叫正凤春,老板林庭生;另一家店名源发祥,老板朱福才。虽然是单一经营刨花,但两家刨花店在晚清时期生意还相当好,因为家家户户的妇女都用这梧桐木刨花浸出的稠液梳头。由此梳理的头发光滑顺溜,挽成的发髻不易散乱,且不伤头发和皮肤,缺点是容易粘尘纳污。进入20世纪20年代,城市妇女不再梳发髻,更有摩登女性开始进出理发店烫发,各种头膏、发蜡也相继面世,刨花生意只得不断收缩。到20世纪50年代初,城市里用刨花水梳头已基本绝迹,只有乡村的中老年妇女中还有人在使用这廉价的传统美发用品。不过,当刨花被淘汰时却也带来另一个缺憾,那就是各地方剧种在排演传统古装戏时,旦角所用的鬓角,戏剧行中叫作"贴片子",还少不了要用刨花水。所以在新型化妆品出现之前,一些剧团化妆师还要千方百计寻找并保存一点刨花以备用。

化妆品原为日本名词,专指妇女用物如脂粉、香水之类,而俗尚相沿,举凡肌肤保养和美观之修饰,可统称之为化妆品。近代国内化妆品生产经营,主要是指仿照国外产品所制的新式化妆品。1927年,国民政府财政部在制定化妆品印花特税暂行章程时,曾对化妆品的定义和范围作出明确规定。有人就其适用部位加以分类,凡有四:一曰毛发剂,一曰皮肤剂,一曰口齿剂,一曰香粉剂,将牙粉、牙膏、漱口香水等也列入其中。当时的上海不仅集中了国内最具影响力的化妆品企业,而且代表着化妆品消费的最新时尚。无锡紧靠上海,民族工商业有着雄厚基础,又具有除沪宁外唯一的化工原料生产基础,于是与上海的颜料、医药、化妆品和日用化工产业相配套,主要生产粗加工原料,组成优势互补的产业链,也为日后当地重化工和精细化工的发展奠定基础。

民国时期是现代化妆品行业崛起的时代。随着越来越多的普通女性对化妆和护肤的接受度提高,化妆品的市场需求相应增大。在市场刺激之下,国内一些有识之士开始模仿进口化妆品公司,建造厂房,购置机器,自行制造国货化妆品。1918年,著名鸳鸯蝴蝶派作家陈蝶仙,接受东吴大学理化科毕业生吴觉迷的建议,尝试自制防治冻伤的冻疮膏。随后与人筹资合股,在上海创建家庭工业社,正式投产无敌牌牙粉。此后一发而不可收,先后在太仓、无锡、镇江等地设厂,生产蝶霜雪花膏、薄荷脑、蚊香和用于这些产品包装的纸张,成为近代日用化工和轻工业的开拓者。无锡工商实业家薛明剑,创设允利化工公司和我华工业社,除了为家庭工业社的牙粉生产提供原料碳酸钙外,还生产药棉、纱布、漂白粉及蚊香等产品,也为"中华国产"填补了若干空白。

同一时期江阴的叶氏家族也在日用化工的国货生产中树起一面旗帜。也是在1918年,叶钟廷和他的弟弟叶翔廷以5000银元为资本,在上海老北门开设茂昌工业社,生产"月里嫦娥"牌纸袋牙粉等化妆品。随后叶钟廷又创立永和实业股份有限公司,改进技术设备,增产发蜡、唇膏、香粉、雪花膏等品种,均以"嫦娥"为商标。留学德国获化学博士学位的二弟叶吉廷负责技术工作,三弟叶翔廷主管生产,全家人食宿、作息全在工厂。虽然因为战事和社会动荡而屡遭挫折,但兄弟三人同心协力,先后到南京、汉口、重庆、杭州、无锡等地设立发行所,扩大销售。日寇侵华战争中,战火纷飞,民族工商企业遭受到巨大冲击。永和工厂被日商洋行强占,钟廷、吉廷悲愤交集,突发脑溢血去

百货商店柜台(1980年代)

世。叶氏第二代创业者叶仲若顶住内外部重重压力,另外租地建屋,恢复生产,不仅守住"嫦娥"化妆品信誉,还创出彩印油墨、橡胶制品等新的品牌。叶家整整两代人的努力,造就了近代国货化妆品的一段辉煌创业史。

与化妆品一起装扮人们日常生活的,还有珠宝首饰。传统首饰从金钗玉簪,到手镯指环,再到挂在头颈的项链组佩,都经历了千百年的演变发展。今天,从那些出土和传世的金珠宝贝上依然可以想象出,当年佩戴它的男女主人公的绰约风姿。近代无锡工商经济繁荣,城市居民有着相对较高的生活消费水平,珠宝首饰业与化妆品业一样,自有它在工商百业中的一席之地。自晚清到民国,无锡并未形成专业的珠宝商店,以金银为主体的饰品一般由银楼经营。银楼除出售金银首饰外,还代客加工制作、维修保养各类饰品,也回购首饰和黄金白银。

近代无锡银楼主要分布在老城中心崇安寺地区和北门一带,前者相对规模较大,而后者多为历史较长的老牌店铺。据1934年的《无锡工商名录》调查记录,无锡规模最大、最有名的银楼有三家:为首的为恒孚银楼,有员工30人;

其次为杨庆和银楼,从业人员24人;第三为新宝成银楼,员工也是24人。其余40多家一般为4—6名员工,少的仅1—3人,基本属于个体经营。

无锡恒孚银楼创设于1916年,业主程椿(字志范),是在苏州经营金银饰品的程氏徽商的第四代传人。恒孚在苏州也是第一大银楼,它与上海老凤祥、沈阳翠华、南京宝庆并称中国四大银楼。无锡恒孚位于北门内大街打铁桥堍,石库门,三开间门面,二进二层楼。其经营坚持诚信为本,以货真价实树立信誉。从采购金锭、熔炼提纯,到加工制作,都不惜工本,确保质地纯净。它为百姓用于保值储存制作的足金金条和戒指尤其受到人们信任。凡是恒孚出售的金银饰品、贵重珠宝,均可按市价回收。恒孚的注册商标是"地球上字",清朝官府见到加有恒孚"上"字标记的金条,一律免验成色。1917年,在无锡市场发现有宜兴银楼同业在首饰上假冒恒孚商标,程志范立即呈文官府予以惩处,同时另行申请在原商标上增加双狮图案,这成为后来名重一时的"双狮上字地球"商标。后人称颂恒孚是:足金铸就百年信誉。

老裕仁银楼广告

此外,如中山路的杨庆和银楼、北大街的宝丰裕银楼等,也都信守行业规则,以成色准足、价格实在取信于百姓。无论是金银饰品,还是成套金银餐具,以及婚庆寿喜的礼品银盾、银锭,都精工制作,保证质量,以诚信立足市场。

饰品、化妆品不能简单归之于奢侈品。它们融入人们的日常生活,在为美好生活提供丰富多彩选择的同时,也增强人们的自信、树立美好的信念。传统脂粉业、金银珠宝业的转型变迁,既呈现出多元性、时尚性、创新性的特点,也在某一个方面引领时尚生活的潮流,激发不断追求、不断进取的创造活力。

住行篇

砖瓦业：千年窑火暖万家

原始人类为避寒暑风雨，防虫蛇猛兽，住在山洞里或树上，这就是所谓的"穴居"和"巢居"。经过不断进化，古人开始利用各种自然材料来建造房屋，泥巴为墙，茅草盖顶，竹木支撑。直到3000多年前的商周时代，始有陶器构建的烧造和使用，最早是陶水管，其后是瓦，再后是砖。

"瓦"的本义是已烧的土坯。《说文解字》曰："瓦，土器已烧之总名。"段玉裁《说文解字注》："凡土器，未烧之素皆谓之坯，已烧皆谓之瓦。"后世则专指覆盖屋顶的瓦片。岐山遗址发现陶瓦遗存，判断在西周初年开始用于屋脊部分。春秋时期的遗址，较多发现板瓦、筒瓦、瓦当，可知屋面也开始覆瓦。方形和长方形砖的制作始于春秋战国时期。在秦都城咸阳宫殿建筑遗址，以及陕西临潼、凤翔等地，发现众多秦代画像砖和铺地青砖，用作踏步或砌于墙面的长方形空心砖等，表面大多刻有各种精美的图案，用量最多的是修筑长城。秦汉时期，制作砖瓦的技术和规模、质量和花色品种都有显著发展，世称"秦砖汉瓦"。

传说3000多年前泰伯奔吴，在距梅里约30里的南下塘，教会先民开河掘土制坯烧砖。而根据考古发现，无锡最早制造砖瓦是在2200多年前的秦汉时期。遗存最古的砖瓦窑是马山牛塘村乐山南麓的东汉龙窑。明朝洪武年间，无锡疏通运河，挖出淤泥皆弃置于南门以外，日渐堆积成高岗。有人便在此建窑取土，烧制砖瓦，效果甚佳。于是人们纷纷仿效，由此诞生大量土窑，俗

砖木结构的无锡民居

称"洪武窑"。"无锡制砖,时已称盛。"清康熙年间的《无锡县志》记载:"自吴门而外,唯锡有砖窑,故大江南北不远数百里取给于此,岁所贩鬻甚广。"到乾隆、嘉庆年间,南门外砖瓦窑达108家之多。同治年间,南门大窑砖瓦业盛极一时,产品畅销大江南北,来无锡装运砖瓦的舟船云集,促进了南门外商业的繁荣。进入民国以后,随着工商业发展,无锡城市外扩,大批厂房、店铺和住宅兴建,对建筑材料的需求快速增长。加上上海正在形成远东工商业都市,从无锡大量采办砖瓦。国民政府定都南京,大量兴建各类土木工程,也向无锡购买建筑材料。据统计,当时无锡南门外有大窑103座,年生产能力4000万块,但仍难以满足日益增长的市场需求。

　　传统的砖瓦生产,采用手工操作,以稻草、麦秸、芦柴、松枝、砻糠等为燃料,每座窑年周转仅3至3.5次,生产效率很难进一步提高。砖瓦生产供不应求的状况,促使业外工商人士投资兴办机器制坯、煤火烧制的新型砖瓦厂,以提高效率,增加生产。1915年3月,袁兆祥在周新镇独资创办炽昌砖瓦厂,有轧瓦机1台,工人30名。这是无锡第一家机制砖瓦厂,年产机制青、红砖瓦约80万块,火砖2万块,行销于上海一带。1920年,唐保谦投资3万元,在家乡严家桥创办利农砖瓦厂,建有26孔哈德门式轮窑一座,有德国西门子公司制砖机、压瓦机各1台,职工250人,日产红砖3万余块。这是南方地区首先使用连续式轮窑烧制砖瓦的新型工厂,也是当时无锡地区最具规模的机制砖瓦厂。其后相继有隆茂、公大、大成等机制砖瓦厂开设。到20世纪20年代末,无锡机制砖瓦年产量达到2500万块,其中约70%销往苏南和沿江各市县。而手工制砖一直延续至1969年才绝迹。

按同业公会来区分,无锡砖瓦业分为三块:(一)砖瓦窑业,又称大窑砖瓦业,即窑户;(二)石灰行业,营销石灰砖瓦的店户;(三)石灰贩运业,贩运石灰砖瓦的船户。三者各自成立同业公会,相互独立又相互联系。为维护各方利益,防止不正当竞争,窑业公会规定:"会员经营砖瓦,不得兼营或堆置非本会组所制成之砖瓦";石灰贩运业与石灰行业达成协议:"贩运客方,任何会员不得私自兜售建筑作场及用户之用灰,以维护行业之权益";"行业方面,任何会员店号,不得接受非会员客船,以利贩运业务进展"。1946年,石灰行业与石灰贩运业代表协商合并改组,成立石灰商业同业公会,共有会员65家。

大窑制砖以家庭为单位,自产自销,买卖交易通常在窑业公所进行。产品有方砖、青砖,用于砌墙、铺地、垒灶、雕刻、磨刀等;瓦片用于盖屋面、饰花窗、筑井壁等。大窑路上的窑业公所建于1911年,清水砖外墙,三开间二层楼房,民国建筑式样,每层140平方米左右。底层门厅,左右两厢由看管公所的盘根夫妇居住使用。门厅后有一天井,两边有走廊,天井后是大厅。楼上是办公场所,有大厅和前厅,以转盘楼前后贯通。前厅是窑业公所办公室,大厅里整齐地摆放着十来张八仙桌,酷似茶馆。这里既是聚会和活动场所,又是砖瓦交易所。每天上午,窑主们在此聊天喝茶,交流砖瓦、柴火、用工行情和业内关心的事。同时,客户也可在此与窑主预订砖瓦。窑主在此接到订单和预付款后,即着手开窑准备工作,进砖坯,进柴火,雇短工,准备就绪,即装窑升火开窑。

窑户销售砖瓦全靠船运。如果用户自己用船运货,按窑上规定,一定要雇窑上的搬运工,并支付"搬渡"费。如果叫窑上的船送货,除按照规定付"送力"费外,有时数量还会短缺。送货者玩花招做手脚,把断头砖混在整砖中以次充好,行话所谓"二八搭配",即800块整砖搭200块断头,折算起来整砖的价钱就贵了。相比之下,专做买卖的石灰砖瓦店更受用户信赖。

石灰是砖瓦垒砌的黏合剂和墙面防护材料。无锡城乡建筑所需石灰,大部分从宜兴、湖州等石灰主产地输入,砖瓦除南门大窑的产品外,嘉兴、沙洲等地也会到货无锡,所以经销石灰砖瓦的店户和贩运石灰砖瓦的船户较多。按刘裕茂砖瓦石灰行第四代掌门人刘绍裘的说法:刘裕茂出售砖瓦,不收或少收送力费,一块是一块,从不短缺,虽然单价比窑户大些,可是客户不吃暗亏,故而多数用户情愿向刘家购买。

刘裕茂砖瓦石灰行开设于清道光十年(1830)。刘绍裘的曾祖父在南门石铺头开设南山石灰大窑砖瓦店。传到祖父刘坤裕手里,起店号为刘裕茂砖瓦石灰行。1911年,祖父病故,17岁的父亲刘季初继承祖业,操理店务。因地处沿河,对面是班船码头,运输较为便利,当时是独家经营,生意兴盛,故邀其兄和侄儿协助,并用出店一人为附近送货。1941年,刘绍裘从正风中学辍学,回店管理业务。抗战胜利后,刘季初管理店务,刘绍裘负责对外业务。刘季初曾任砖瓦石灰业同业公会会长、理事等职,1946年以后由刘绍裘继任。

从1830开办到1956年公私合营,四代传承,百年不衰,刘裕茂自有其独到的生意经。

处理好与各方的关系。有客自远方来,这是最大的利。对贩运砖瓦石灰的船户,刘裕茂从不斤斤计较,船户确有亏损时,还能适当让利给他们,争取多做生意。对零星客户的生意,如遇某村某家拟建房造屋,一得信息,立即登门,帮助客户估算用料,谋划哪些方面还可以节省开支,赢得客户的信赖,直到愿意订货,到期将一应用料送货上门,从不敷衍了事。门市接到这种要货后,始与客户直接订货,先付若干定金,或每批结账,或一年结账。如因窑户购燃料或收坯时需预先借用订货款，则尽量帮助解决。在大宗建材方面，如当年周舜卿在周新镇建裕昌丝厂时，刘季初主动上门洽谈签约，亲自送货上门，及时结清借贷资金，从不拖沓，取得了该厂的信任，后来专门委托刘季初负责经办建筑材料。接着又有振艺、泰孚、鼎昌等丝厂的营建工程，都是向刘裕茂订货。与营造厂老板及大小包工头约期供货，不使承包者停工待料，影响工程进度。

仓储与资金的灵活运用。"以窑户为仓库，以用户预付为资金，以贩客为运输队"。要做到这一点，关键在于诚实无欺，抱"来日方长"之念办事。使卖、买、运三方各得其利而不生龃龉，不走极端。刘裕茂店堂小，不能成为中转仓库，就以产地窑户为仓库，接到业务才通知随装随运，直接堆卸于工地，省去了仓库堆栈的费用。窑上有专业运输船只，负责人每天在吉祥桥明月楼茶会上接洽，即可按期代运代送，以赚取水脚为收益。

根据不同用途合理搭配。就青砖生意来说，砖上有英文字母的"洋三号"一般产自浙江嘉兴、嘉善等地，品质虽较次，但价格较廉，适合建筑业主的胃口，大多用于建造厂房和洋式的清水墙。无锡大窑的青砖质量较好，适用于砌灶、铺地、盖屋面。板瓦、檐头、滴水、筒瓦等就用堠山、查桥等地的产品，既能满足客户需要，又可尽量节省费用，赢得客户满意。

坚守职业道德。"以勤立业，以诚取信，客来利至"。对上门顾客，一律视为衣食父母，不为一时贪图暴利而怠慢客户，而本着俭约谋生、多中求利的理念。在同业竞争时，不投机取巧，不急功近利，不通过压低行佣拉住货主，以此避免恶性竞争。

位于南门外大窑路沙巷的窑业公所旧址

大窑遗址

民国时期,城区居民的住房90%左右为传统的砖木结构:砖墙隔断,灰瓦盖顶,木柱、木梁支撑承重,青砖铺地,内部分隔或用砖或用木板。中产阶级以上的住宅,大多是三开间三进一备弄,头造中间是墙门间、两边是居室;中造是三间大厅,也有中间一间作厅室、两边是居室的;三造是辅房,即厨房、柴间之类。小户人家大多是一开间,头造八架,前四架沿街厅室,后四架卧室,后造蔽屋作辅室。坐南朝北的人家也有造起坐间(厅室)的,即进门就是屏门,屏门后朝南中间作厅室,两边作居室;有的还在对面又造一厅室两边居室,这种造法叫"和合厅"。大户人家,一般在三开间三进一备弄的基础上,在左侧或右侧加一间书房,为四开间三进一备弄。乡绅、官宦之家与大资产者也有五开间五进一备弄,三造四造建两层楼房,这算得上是豪华配置了。

随着国外建筑风格的传入,锡邑富商大户纷纷请上海营造公司设计建造西式或中西合璧的洋房。有标准英国式的前西溪薛氏,英国式略加民族装饰的新生路缪公馆;标准西班牙式的新生路口陶宅、汤巷的薛宅;标准法国式的道长巷杨宅;标准日本式的东鼓楼蔡宅、学佛路严宅、北泗路谈宅;标准美国式的时新巷王宅、石皮巷沈果巷口的唐宅等。中西合璧式的住宅,有中山路华宅、汤巷蒋宅、睦亲坊巷的荣宅、小娄巷钱宅、西门棉花巷陆宅、北禅寺巷的侯宅等。这些洋式建筑大多采用了水泥、钢筋、玻璃、瓷砖等进口货,但砖瓦还是基本的建筑材料。普通人家建房,也改变木构承重的传统结构,开始以砖石垒砌承重取而代之,砖瓦的作用更为突出。

除了建房造屋,砖瓦还是砌灶、筑井的主要材料。

旧时家家户户生火做饭都离不开柴火灶。灶用砖块砌成,以柴草为燃料。灶台高一米左右,呈半椭圆形,一端与墙相连,由高耸的烟囱分隔成上灶与下灶两个区间。上灶即灶台面,镶嵌一大一小两口铁锅,大的烧饭煮粥,小的炒菜烧汤。两口锅之间,挨着烟筒的部位嵌入一只小铁罐,利用烟道余热烧水。下灶即加柴烧火的炉膛口,放置柴草和风箱。烟囱与台面连接处开有小孔,方便上下灶联系,及时调节火候。烟囱上部砌有灶宫,又叫灶龛,半尺宽,一尺高左右,内供灶君神像,两边有对联,诸如"上天言好事,回宫降福祉"之类。旧俗农历八月廿四灶君生日,家家做新米团子祭灶君;十二月廿四送灶王爷上天(送灶)。除夕夜换上新的灶神像和新联,摆上贡品,把灶神爷接回来(接灶)。人们对灶王爷如此虔诚,一是因为那时都是三代、四代同堂,烧饭是妇女的责任,灶间是家中妇人聚集的地方,容易产生口角与冲突,影响家庭和睦;二是灶间最容易失火,一旦失火往往导致倾家荡产,所以要祈求灶神镇邪恶、保平安、降福祉。

无锡虽地处水乡,河道密布,但水井之设仍是民宅不可缺少的。由于井水水质优于河水,即使依河而居,有条件的也会在家中掘井取水,大户人家一般家家都有水井,街巷里弄的普通居民也有公用水井。据1946年11月统计,无锡城区有井907口,都是手汲老井,井壁有砖砌和瓦砌两种。砖井井壁用长方砖横立砌,用错缝斗角叠砌法。瓦井井壁甃以板瓦,竖放的青色板瓦一圈一圈叠至井口,瓦上的细孔能起到过滤作用。古井壁往往青苔满壁,有的还长着耐阴的蕨类植物。井水清洌甘醇、冬暖夏凉。夏天有的人家把饭菜放在井中过夜,犹如冰箱。有的把西瓜吊在井中半天后取出食用,不啻冰镇西瓜。

木商业：与自然山林相守

　　木材经营是一个古老的行业。不仅农人、匠人生产劳作的农具、工具以木为柄、为把、为支架；而且人们日常生活的大量用具，包括床榻、箱柜、桌椅、桶盆等，大多用木制作；更重要的是，古时的舟船、车辆皆为木制，古人的住屋也以砖木结构为主，木料起着承重、支撑作用。即便是去世之后，古人实行土葬，盛殓遗体的棺椁也是以木制成。可以说，木业与人们的衣食住行息息相关。

　　环太湖地区历来缺乏木材，需要依靠外地输入，木业因此而格外兴旺。南京西郊上新河是明清时期江南最大的木材市场，因为朝廷、官府用材奉令在这里采办，形成市口，吸引徽州木商集聚于此，赣湘楚川的竹木也随之在这里集散。汇集于此的木材，一路转输苏南常苏松地区，一路去往苏北淮扬一带。镇江地处江滨，又有运河贯通，所以"簰夫停泊亦多"，经南京上新河、扬州仙女镇转口的木排，从这里进入江南运河后南下苏常。相对而言，武进、无锡因四季粮船拥塞，木少运艰，很长时期内只有零售的木行、木铺。有时为了保证运河漕运畅通，县署还下令禁止木排停泊。粮商与木商常因粮船、木排的停靠、通行发生争端，乃至涉讼，这限制了木材市场的发育。倒是苏州，因为自长江中游来的西木和自杭州来的徽木、广木，一般都在齐门和枫桥会合，自晚明至清前期的苏州木材市场一度兴盛，"东西汇之木簰，云委山积"。

　　清中叶，情况发生了两个重大变化，一是镇江京口港至猪婆滩长达18里的运河咽喉部,年久失修,泥沙淤塞,木排运量缩减,造成苏常木材短缺;二是太平天国战乱,长江中下游商业运输被阻断,木材来源断绝,盛极一时的徽州、婺源木商大兴帮一蹶不振,从此走向衰落。战乱平息后,苏南城乡战后重建,木材需求量巨大,江西山客木商赣州帮、洪都帮、龙南帮兴起。加上丹徒、丹阳到奔牛的河道拓宽、浚深,大批木材运到,常州木行业迅速崛起。民国初年,常州木号发展至120余家,年营业额达300万银元,木业一跃而居当地木、豆、钱、典四业之首位,推动常州成为苏南木材集散中心。由此也带动无锡、江阴、常熟等地木商业的发展,各地木行渐臻发达,如道光《江阴县志》所称"大者接西客,小者在郡垣接本郡贩客,或在金陵接上河贩客",形成与山客、行商相对接的营销机制。

太平天国战后,无锡木业也逐渐恢复,第一家木行由徽州商人江峻明开办,设在北门外黄天荡亮坝上。这里是无锡造船业的几个集中地之一,多家船厂每年耗用大量木材。加上城市居民住宅复建,松、杉、楠、樟等原木板材俏销,江家木行获利丰厚。此后。无锡城中、城外围又有数家木行开出,亮坝上的木材集散开始形成与苏、常木材市场相抗衡之势。新开木行以北门城脚

停靠三里桥河边的木排、竹筏

下的凌聚兴规模较大。该行前门临街,后门傍河,五开间门面,一并兼营石灰、纸筋、黄沙、水泥(抗战后始经营)等建筑材料,生意兴隆。从创办到1950年代合作合营,它前后经营长达八九十年。其木材货源主要来自江西、安徽山区,也有部分是经鄱阳湖转运的湖南、贵州原木。民国初年,无锡民族工业兴起,厂房建筑需用跨度大、承重强、韧性好的木材,大量进口产于美国、加拿大的柳桉、洋松(时称花旗松),无锡木业日渐兴旺。至1937年全面抗战爆发前,无锡一地共有木行37家,资本额折合白米达5万石。

为了方便运输,来自山区产地的木材,均以截成一定长度的原木编成木排,顺溪河大江一路漂流而下。按业内人士的说法,长江水含有泥水,利于养木,浸放其中的原木能保持皮质的黄亮;太湖及内河水虽然清,木材浸泡在里面却皮色暗黑,日久易生青苔;而来自宜兴、溧阳和无锡西南的山间水,对木材的影响介于前两者之间。所以对于存放河浜中的原木,鉴别水流来源颇有讲究。当经江河漂流的木排到货时,木行会派出专业人员登上排筏,测量木材体积,检验木材质量,称作"复码""围木头"。对于木材存在的缺陷,需要一一检出,包括尖梢、短根、弯曲、粗糙、空心、腐烂、破头、鸟眼、鱼鳃等,再根据通行的办法,与客商或上家商行在结算时作让码处理,适当扣除价款。那时多数商家恪守信义,复码、让码均按规矩办理,极少发生纠纷及拖延货款结清的情况。

检验时,在木筏上测量的人以唱歌的腔调报出每一根木头的尺寸,在岸上的登记人一一做好记录,这称为"打码子"。旧时木行对木材的计量,采用十进制的两、钱、分为计量单位。以围径1尺的杉木为标准,定为3分;围径每大半寸,材积加5厘。因此只要量出圆木的围周长度,就可以算出这根木头的材积。具体的算法,根据木料在眉高处(编扎木排时,在圆木根端5尺处打眼,以便用木棍、藤条把多根木料绑在一起扎紧;在眼的上方"放三指",即把5.12尺处称为"眉高",统一以此作为测量围径的部位)的圆周长,将圆木分为4个等级:圆周3尺以上,长度4丈6尺以上的,为两码;圆周1尺5寸以上不足3尺,长3丈至4丈以上的,为钱码,其中又分为小钱码、中钱码、大钱码;圆周1

尺至1尺5寸,长2丈4尺以上的,为分码;圆周在1尺以下的,为不登码。然后根据口口相传的口诀,可以将圆木的围径换算成几两几钱几分的体积。这一木材计量方法,直到1954年国家实行统一的公制检尺后才停止使用。

至于木材的销售,一些上规模的木行设有加工作铺,聘请专业木工,根据用户、顾客的不同需求,将松、杉圆木锯开,分割成地板、隔板等不同

开设在中山路的旧木料行(1950年代)

类型、不同规格的板材,方便工匠和居民使用。无锡木行经营的大宗是杉木。杉木高大、挺直,木质轻而坚韧,是居民建造住房的主要用材。南方杉木主要分为两大类:一为西木,产于江西鄱阳湖周围山区,其长势高,成材期长,根部与梢部粗细较为均匀,适合于制作房屋的梁柱;另一类为徽杉,产于安徽山区,材长和木质不如西木,价格也低一点,较多用于制作门板、隔板等。仅次于杉木的为松木。松木又分为三类:本松、洋松、东北松。本松枝干细小,不适宜加工成板材,较多用于制作橱、柜等家具。洋松来自海外,产地除北美外还有南洋等地,价格贵,但木质优良,适合于制作承重梁柱和地板。东北松主要自上海,经苏州河,再转入运河运来无锡。松木数量多、体量大,通常被加工成长度为1丈2尺的段筒,俗称"丈二筒"。东北松丈二筒可以扎成排筏,顺河拖拉到无锡,也可以装船运输。船运成本稍高,但因为不受潮,容易干燥,避免翘裂变形,更方便加工使用,故而更受人欢迎。其他木材,还有如杨、槐、柏、榆、桐、樟、楠及硬木、杂木等木种,分别用于制作不同类型的家具、器物。其中柏木分赤、黄两种,是无锡船厂的必用木材,需求量特别大;硬木包括红

木、榉木等，质地坚硬，纹理优美，主要用于制作桌、椅、案、几等高档家具；樟木木质紧密，香气浓烈，制作箱柜可以避免虫蛀；楠木质地坚实，有优雅的清香，是制作寿器（棺木）的绝佳材料，据说可以千年不朽。优良树木以其千百年的山野生长而成材，又与人类的生活相处相伴千百年。

沦陷时期，侵华日军疯狂烧杀抢掠，无锡木行商人存放于河道和库房的木材存货均被抢走；城乡商铺、住屋遭焚毁，连百姓坟地周围的松柏、银杏也被强行伐去。加上战火纷飞，交通阻绝，通货贬值，产地木材无法运出，进口木材中断，以及代销、赊销的账款难以及时结清收回，木行业经营陷于困境。无锡郊外最具规模木行——河庄木行的老板杨渭卿，经过仔细的市场调研，觉得旧木料货源和销路两头都有，不妨尝试经营。他挑选本行得力骨干谢泉兴、史盘珍，又招收几位踏实肯干的助手、练习生，来到无锡城区南门外黄泥桥，于1941年开设了一家泰昌木行。这是当时无锡城区首家旧木料商行，杨渭卿亲自到浙江嘉兴、湖州等地组织收购旧木料货源，以被毁房屋的旧梁柱、旧板材、旧门窗为主。因为价格低廉、材料适用、节省加工制作工时，生意十分兴旺，很快就带动无锡城区木行业的复苏，其他木行也纷纷复业经营。两年间，无锡恢复木行10多家，仅南门头上就有大公桥的大公木行、癞团渚的彝昌隆木行、黄泥垰的协源慎木行等多家，营业额一路走高。旧木料的销售对象，一是避难归来的城乡居民，需要修复被毁家园；二是工厂、商号、作坊，为恢复生产经营，用来修理房屋、重置工具用具；三是船厂业陆续复业，选购旧木料用于船只的维修，以恢复短途运输；四是转售苏北地区，当时苏北来船所载以仔猪为多，也有少量其他农副产品，顺船带回物有所值的旧木料，木行业称之为"小猪客人"。无锡木业由此坚持到抗战胜利。

与此同时，沦陷时期的无锡木业商人也曾不避艰难险恶，冒险进到皖南山区开山采木，开发货源。1940年，无锡竹木商人胡子丹把自己一幢花园洋房——秋茄别墅售让出去，筹得资金，联合上海印刷业中的无锡同乡孙伯安、任士俊，组成竞成采木公司。同年，取道宜兴、溧阳，设法越过日军封锁线，走安徽边境的广德，经宁国，到屯溪。在当地林户朱森盛协助下，深入到休宁、婺源等地的坪坞山坑进行勘查，出价购买私有林木。林木的采伐、晾晒、出运有很强的季节性，胡子丹等人通过仔细核算，周密安排林木的蓄养、砍伐、刳皮、去丫、干燥、搬运堆集，然后组织人手编组木排，择时放排出运。皖南的林木，从山溪漂流而下，到达新安江，沿富春江运达杭州六和塔附近，这里是徽木的重要集散地。从皖南到浙北，要经过梅花洪、老虎滩、米滩三处险滩，水流

各种竹木农具（1960年代）

湍急，乱石错落，激流奔泻，飞瀑喷沫，稍有不慎就可能货毁人亡。采木公司依靠当地熟习水性的放筏工人，克服重重险阻，终于把一批又一批的原木运到浙江和苏南。这项开山伐木工程一直延续到1948年，无锡人参与投资经营的先后有竞成、亿中、永安3家木业公司。

木材交易市场与米市有一定相似之处。在屯溪这样的重要产地市场和杭州这样的重要转口市场，都有临河的木市茶会。每天上午，卖方（山客）、买方（水客）和中间人（掮客）都会来到茶馆，边喝茶，边交流行情，有对路的货色便看样、洽谈。木材一般是批量交易，码洋数额巨大，流转周期颇长，一般木商难以随时筹措巨额资金，所以明清时期的木行主要是代客买卖。木行按木客给定的价格（有一定幅度的上下浮动）销售，根据售卖进度按期结还货款。以后随着货源转紧，市场需求扩大，木行经营大体在清末民初由代客买卖转向自营购销。而木行业资本积累增厚，银钱业融资服务改善，也为自主经销创造条件。与此相对应，市民的建屋、匠作的造船是使用木料的大户，投入集中，往往导致资金不敷周转，所以木行从实际出发，相应调整营销策略，对市民、乡民建屋实行赊销办法，在落实担保的前提下，购买木料时只需支付半数

货款,其余半数可在两年内陆续付清。对长期客户的造船工场和木器作铺,在选购木料时可先付三成货款,其余在一年内结清,如果全额现款购货,则给予一定的折扣优惠。木行也正是在方便和优惠客户中建立信誉、扩大营销。

从木行木料到人们日常生活用具,还需要经过木匠和木作的加工制作。木匠有大木匠(泥水木匠)和小木匠(家具木匠)之分。前者主持造房起屋,有时还统领泥水匠,因而兼有房屋建筑师的职能;后者主要打制日用家具,需要有量材、划线、开料、制作的匠心和全套技艺。传统木匠的作业,由作头带头,一个或几个助手(小工、徒弟)组成团队,受主家雇请,上门承接项目,以包工或点工的方式完成建造工程或器具制作,按约定收取工钱。备料通常是在木工师傅参谋下,由主家自己采办。近代以后,泥水木作逐步发展为营造公司(事务所),采用近现代的方式承接工程,订立合同。分散的家具木匠也建立起专业作坊商铺,批量制作和经销木器家什,并分化形成家具作、硬木作、圆木作等细分的专业作坊。其中圆木作由传统的箍桶匠发展而来,主要加工制作各种式样和用途的木桶、木盆、木盘及圆形木盖。圆木器的特征是,用竖板围成圆筒形,外围以竹条或铁条箍紧。木板的拼缝必须做到严丝合缝,加上用油灰(以桐油拌合石膏而成)嵌缝,以及木材本身的胀性,可以达到不漏水、不渗水的要求。随着木工机械的应用,木器作坊中还发展出车木业,即利用旋转的车床加工圆柱形的木器和木器构件,如楼梯栏杆、桌椅圆脚等,因为使用动力机械,其产出效率明显提升。无锡有句老话:"起屋请了个箍桶匠",反映各木匠、木作在产品、工具、工艺上的巨大差别。其实,大小木匠各有所长,在技艺上并无高低之分。

竹商业：
不可居无竹

竹子，是一种古老的植物。早在3000多年前的周朝就有关于周穆王与竹子的传说。传说周穆王看到水患不仅伤害百姓，还导致人们流离失所，他就大力劝导人们多种竹子，一来用竹子可以迅速搭建遮风避雨的房屋，二来竹子可以利用起来，做成遮挡减缓洪水的有效屏障。为此，他还亲自写了一篇《黄竹歌》，以鼓励人们种植竹子。他用这种方法挽救了无数的生命，自己却因劳累过度而与世长辞。以至于后世的唐朝诗人李商隐还在《瑶池》中动情地写道：

> 瑶池阿母绮窗开，黄竹歌声动地哀。
>
> 八骏日行三万里，穆王何事不重来？

此后数千年，竹子作为"四君子"之一，在中国的历史上留下了自己的位置。而无锡作为一个后起的工商名城，与竹子也有相当深厚的渊源。老城北门有一个叫竹场巷的地方，听上去并不奇怪，它曾经刻录了无锡竹商业的兴衰起伏。

无锡及其周边地区的竹子种类繁多，其中以毛竹最为常见。毛竹是无锡地区用竹的代表品种之一，它的茎干直径较大，壁厚，质地坚硬。毛竹用途广泛，在以前，由于钢材有限，没有钢管脚手架，毛竹便成了造房起屋时搭建施工脚手架的主要原料。而由于木料价格不菲，一些平民住屋的柱子、房梁、桁架都是用竹子制作，甚至房屋的四壁也是用竹制的篱笆再涂上石灰纸筋而做成。除了在建筑上使用广泛外,在日常生产生活中,人们对竹制品的需求也非常大,许多农具均是用竹子制成,如扁担、桶夹、苗篮。即便是作为无锡重要产业之一的丝茧业,平时也离不开竹匾、竹箩筐、竹茧架。还有如今已经见不到的撑船用的竹篙,在当时也是一种非常重要的日常消耗品。据说当时无锡的竹行之所以要开在沿河边,除了运输方便外,还有一个考虑,就是为了方便船户购买竹篙。

竹行是竹市场和竹商业的经营主体。无锡的竹行最早出现在16世纪的清朝雍正年间。早期的竹行(竹号)分布在近城地区和集镇,以门市零售为主,提供竹材用来制作竹制农具、家具,以及搭建棚屋、编制篱笆,对象以当地及附近农村为限。后来才发展为批零兼营,一方面转销江阴,用来制作长江捕捞的渔具;另一方面随运粮来无锡的船只销往苏北、安徽,供民房建筑之用。

无锡市场上的竹子主要来自于苏浙皖三省产竹区,自太湖向西向南为东西天目山区,这里层峦叠嶂,连片竹林,遮天蔽日,遥望如绿色的海洋。由于山路崎岖,人力运输不便,山民采伐竹子一般会用家养的驴子作为运输工具,将毛竹扎成小束捆绑在毛驴身体两侧,顺着山涧两旁的山道拖拉下山,再雇用驴车、马车运往收购处。产地竹商分别在宜兴张渚、大浦和安吉孝丰等镇

前竹场巷竹行

设立收购点,收购点通常在沿江河两岸或者湖泊边,等收购的毛竹达到一定数量后,就扎成竹筏从水路运出。运往无锡的航道分为两路,一路穿越太湖,从吴塘门、大渲口进入梁溪河,经梁溪河到达城区,去往苏州的则从城南运河

绕城而过;另一路在宜兴的漕桥分水墩附近撑起,经周铁桥进邑西的运河支流,过陆区桥、胡埭、张舍、稍塘桥、藕塘桥而达钱桥,运往常州和江阴的竹筏也走这一运河航道。靠人力撑行的竹筏在河中缓缓而行,从宜兴到无锡差不多要十多二十天时间。

竹材属于"抛货",运输途中占据较大河面,上岸堆放则占沿岸滩地,所以竹行的开设大多在河面和河岸都比较开阔的地段。在无锡,南区主要是耕读桥河和清名桥下塘街,先后有陆裕隆及邵姓、许姓等开设的竹行;西区在迎龙桥旁有彭顺隆竹行,另有纪善福、纪善云兄弟分开两家,统称纪家竹行;北区则以竹场巷最负盛名。北塘及北大街历来是无锡的商业密集区,竹商考虑场地开敞便选择在邻近的莲蓉桥东侧设店号,这里门前有运河,可停泊船只,也可停放竹筏,沿河的空地还能堆放竹子。无锡的竹行最早在此地开设,又集中了几家最大的竹行,人们就把这里叫作竹场巷。整个竹场巷分为前后两部分,前面的叫前竹场巷,后面的叫后竹场巷,既有从事毛竹批发的竹行,也有面向城乡居民的零售竹器店,批零结合,生意越做越大,这里也就成了无锡主要的毛竹和竹器市场。

最早在竹场巷开设竹行的是李养吾、李沛仁兄弟。李家自清代中期就开始在无锡经营竹行生意,可算是无锡竹行业的开山鼻祖之一。到了民国时期,李家的竹行生意传到李宗汉手里,所经营的竹行名为李宏盛,是当时无锡地区最有影响力的竹行。李宗汉继承先辈遗风,悉心钻研本行业务,丝毫没有纨绔子弟的习气。他先跟着父亲到山区的竹子原产地组织采运原竹,跑遍了江浙皖大部分产竹区,对其所经营的淡竹、毛竹、篙竹、杂竹等品种的质地、价格都做到了如指掌。随着父亲渐趋年迈,他开始自己跑销售市场,虽然已有祖辈铺垫好的关系,但他在维护好既有生意门路的同时,也立足于拓展新的销售渠道。他在实际经营中始终牢记父亲的教诲:只要广开销路,仁义待人,自然会财上加财。由于他的积极拓展,李宏盛的生意水涨船高,一天比一天好。

随着近代无锡经济的发展日益加快,竹业市场整体扩容,而各竹行之间的竞争随之加剧。作为李宏盛竹行的劲敌之一,达到规模经营的王源隆竹行抢先一步,率先搬离日益局促的竹场巷,迁到河面更为宽阔的三里桥附近,并将原来的一家竹行变为大房、二房、三房三家竹行,经营规模进一步扩张,生意也越做越大。李宗汉一看,顿时感到时不我待,立即行动起来。他一方面采取稳扎稳打的方式,悉心维护竹场巷老店面,稳住老客户;另一方面也向三里桥开拓进取,随即在那里买下一块地,设立德盛竹行,与王源隆展开正面竞争,以争夺新客源。整个竹行业在竞争中壮大,在抗战前形成以李、王、张、纪、邵五大家族为主,其他各类小竹行数十家为辅的格局。至1948年,无锡有竹行34家,资本总额超过5亿元(旧币)。在这个过程中,虽几经时局变化,李宏盛始终是无锡竹行业中的老大,其职工人数占全行业的15%,资本额占18%。李宗汉也成为行业中的一棵"常青树",直到1952年成立竹商联购处,1956年全行业走上合作化之路。

与其他商业行业一样,无锡竹商业也分为竹材批发(竹行)和竹器制作及零售(竹器店)两个层面。早年的竹制农具、家具一般由农民自制,或者作为农村家庭副业自产自销,相互调剂。当时无锡最有名的竹器制作地叫双河村,该村地处无锡西北乡,这里的村民除了以养蚕为副业外,还靠手工制作竹器增加收入。他们制作的大多是竹碗橱、竹凳、竹床、小孩的坐车、摇篮、淘箩、笤箕、畚箕及各式竹篮。这些竹制家具大半是卖给周边农户人家,而制作精致的各式竹篮和淘米的笤箕,除在本县城中及各乡镇售卖外,还会被运到外埠城乡去出售。双河上的淘米笤箕最出名,因为家家都要用到它,它的竹篾精细光滑,坚固耐用,所以双河村又被称为"饭箩村"。

无锡最早的竹器店,是1800年开设在接官亭弄西的冷顺兴竹器店。随着人口的增加和人们对竹器用具的需求增长,竹器制作逐步由农村家庭副业变为城市手工业,业务更加兴旺。到民国初年,无锡城里有竹器店13户,生产的竹器产品大致可分为圆竹类和扁竹类两个大类。圆竹类是指以竹筒为骨架和支撑的竹器,产品有竹床、竹台、竹凳、竹椅、竹马、竹橱、竹梯等竹制家具;扁竹类是指以竹条、竹片、竹篾为材料制作的竹器,产品有筛、匾、栈条、酱帽、油箍、油篓、煤箩、簸箕、虾笼、鸟笼、寿生笼、竹针、竹筷、竹帘、蒸笼、苗篮等。

随着工商业发展，特别是粮行、堆栈、米厂、丝厂等企业兴起，一些竹器制品成为工厂、商号生产经营所必需的用具，竹器具需求量剧增。这时的手工竹器业也从常规制作向

宜兴山区出产的竹制品（1980年代）

经营和综合服务延伸，根据经营的性质分成内场和外场两大类。一些原来只在夏、秋季为大户人家在天井内搭盖凉棚遮阳的店号，因工厂的兴建，增加了制作脚手架、竹篱笆、临时工棚的建造工程，而且规模逐渐增大。从事这项工作的工人，统称为"外场工人"。

新增的"内场"，几乎都是为工厂配套服务的器具制作。如油厂做豆饼用的饼箍，又称油箍，最早无锡只有一家，远远满足不了需求，所缺油箍都要去苏北泰兴采购。泰兴人发现无锡对油箍的需求量大，索性来无锡设店自产自销，先后有孙恒源、孙恒泰等5家竹器作坊来无锡北塘等地开店，被称为"泰兴帮"。还有竹箩筐也是类似情况。由于纺织工业、堆栈业用箩筐作为盛具，尤其是建筑工地上广泛用于搬运黄砂、石子，一年耗用数量巨大，编制竹箩筐一度发展迅速。竹箩筐的制作为宁波人所独擅，很快从上海发展到无锡，许多宁波人来无锡开设制作竹箩的店号，全盛时期数量多达15家，大都集中在北塘，有名的如俞宝兴、俞永兴、俞德兴，人称"俞氏三宝"，几乎垄断了当时无锡的竹箩筐生意。

沦陷时期，侵华日军大量搜刮竹材，用于建筑封锁篱笆，又在无锡周边重重设卡，严格限制人员、物资流动，致使竹商货源断绝，经营陷于绝境。一些竹行、竹器店只能靠兼营草席、油麻、杂品维持生计。抗战胜利后，各业复兴，

上漆的竹编挂篮

竹器产品销路日广,无锡竹器店增加到120户,继续为工商各业发展服务,也为民众生活提供器物用具。由于木制家具价格较贵,而竹制家具轻巧灵便、价格低廉,使用范围日益广泛。例如苗篮,为种菜农民和卖菜小贩所必备,也是蚕农、茧行、丝厂的用具,竹器店便通过外发加工或上门收购,委托北乡双河尖、季湾里的农民编制。又如蒸笼,为点心店、单位食堂蒸馒头所用,居民家庭也有购置作备用的,一度销路颇畅。再如灯笼,原先只在大户人家门前张挂,以后为一些商家所采用,加上民间举办香会、灯会,以及婚丧喜庆用于礼仪和装饰,灯笼不仅没有被时代很快淘汰,而且材料加工和制作工艺越来越讲究,更多地融入人们的文化生活之中。

随着国民经济的不断发展,工农业生产和人们生活中的许多竹器相继被塑料、钢材等更坚固、更廉价的材料所替代。20世纪60年代以后,随着社会的发展变化,许多竹行、竹器店在归并中消亡,从此消失在历史的长河中,成为过去时代的一个回忆;也有一些转型为现代企业,成为建筑材料和农用物资的经营单位,继续为经济建设做出自己的贡献。但竹子的开发利用并没有从此消失,新生代的手艺人依然在传承着竹编、竹刻等古老的技艺,以家具、用具、盛器、容器、陈设器为载体的竹制工艺品层出不穷。竹材依然是重要的物质资源,竹器制作则超出单纯的手工制作,而成为文化艺术的一部分。千年前,苏东坡所说的"宁可食无肉,不可居无竹。无肉令人瘦,无竹令人俗",正实现它的时代升华。号称"君子之木"的竹子,可望焕发出它更为绚丽多彩的文化属性。

桐油、生漆、火油业：
当年的国漆与洋油

自有文字记载的时候起,人类便开始从植物中提取油脂,用于照明和涂料。油料植物主要有油橄榄、棕榈、亚麻、蓖麻、油桐、薄荷、油菜、大豆等。油菜原产欧洲,中世纪的欧洲一般使用菜籽油照明。大豆在中国和美国产量最高,点灯以豆油为多。桐油主要产自中国,西南部分地区很长时间里曾以桐油作为燃料。有人考证,人们常挂在嘴边的"加油"一词,源出清朝官员张锳"添灯油劝学"的故事。清道光年间,贵州兴义府(今贵州省安龙县)知府张锳非常注重教育事业,每天午夜交更时分,便派出两个差役,一个提着灯笼,一个挑着桐油。他们见哪家亮着灯光传出读书声,便停下脚步站在门前高唱一声:"府台大人给相公添油啰!"读书人开门后,差役便把一勺桐油舀进读书人的灯盏里,临走还要说:"府台大人祝相公用功读书,早取功名。"随即又向另一户亮着灯光、有读书声的人家走去。所以,加油、加油,加的就是桐油。张锳在兴义府为官14年,兴义府学风日盛,人才辈出,先后考取进士3人、举人30人、贡生157人。他的儿子就是晚清四大名臣之一的张之洞。

中国的桐树有多种,果实可榨油的为油桐。油桐亦名罂子桐,因其子实像罂子。榨取的油脂又名木油,它是从油桐树的种子中提炼得到的淡黄色、有刺激性臭气的干性油。桐油为中国特产,以产地来分,主要有川油、襄油、南油三种。川油品质最高,产于四川和川黔边界;襄油品质较次,产自汉水(襄河)上游的陕鄂边界地区;南油产自湘西,品质介于川、襄之间。川油、南油中的秀油（出重庆秀山）和洪油（出湖南洪江），油浓质黏，冬不凝冻，称为上品。

点燃照明只是桐油最原始的功能。在居民日常生活中，除点灯外还用于制作用于防雨防水的油布，涂刷木制家具及布伞、纸伞等。由于它具有迅速干燥、耐高温、耐腐蚀等特点，因而被广泛用于建筑、机械、兵器、车船、渔具、电器的防水、防腐、防锈涂料。无锡素有"江南造船第一码头"之称，经营桐油、苎麻、绳索等造船用品的油麻店众多。1920年时，城区有15家（油、麻兼营），各乡镇22家（以经营麻及麻线为主），其桐油主要是来自湘西的洪油。日本侵华战争中，洪油货源断绝，只能改营产自湖北、浙江的白桐油。白桐油为淡黄色或淡褐色，相对稀薄，一些商家将白桐油再次熬制，改进性能，添加色素，以此抵充洪油。

抗战胜利后，城区油麻店发展至36家，其中经营较好的有恒泰祥、西泰祥、万泰昌三家。恒泰祥桐油苎麻号于清光绪年间由邑人华菊泉独资开设，地址在老北门外大桥（莲蓉桥）下北堍，两间门面，两造进深，自设麻丝工场并自行熬制桐油。进货渠道主要是湖北、四川等产地。销售对象是本地造船业和油漆业，还销往苏北各地。门市零售，量多可以优惠，整桶享受批发价并可再让利。老客户看样赊销并送货上门，按约或逢节结算。由于信誉卓著，如果有人暂时短缺资金，可用贴上恒泰祥招牌纸的自制桐油向典当行抵押，典当行公认它货真价实，决不压低当价，足见其经营名声之好。

桐油也是制造油漆的主要原料。旧时木结构房屋梁柱、门窗、家具上用的广漆，就是在上等生漆中加入50%的熟桐油配制而成。生漆也是

广漆被头桶

中国原产,俗称"土漆""大漆"。相传"舜造漆器……三代盛王相继,以为器皿,以示制度,盖备物致用,圣人之事也",故又称"国漆"。漆是从漆树上采割的一种乳白色纯天然液体涂料,接触空气后逐步转为褐色。生漆主要产于云贵川陕高原少数民族地区,在中原和沿海地区也有着悠久的使用历史。无锡最早的两家生漆店开设于清道光三十年(1850),安徽人鲍氏在北门打铁桥南开设鲍义盛漆号,尤氏在城中水獭桥开设万和漆庄。在这之前是由安徽、山西商人直接将油漆售给各油漆作坊。以后有安徽人陆续开设方祥记、复兴、恒润、同兴、义大祥、义大等漆号,形成安徽帮。1912年,山西梁姓六人在打铁桥堍开设德兴漆店。以后,山西人又陆续开设义兴、德泰盛、德源、大顺、益源长等漆号,形成山西帮。差不多同时,也有无锡人开设周茂顺、广源等漆号,称无锡帮或本帮,但规模实力远较安徽、山西两帮为小,店主大多原是安徽、山西两帮漆店店员。

漆业不同于一般转手买卖的行业,是包含一种比较复杂的加工程序的行业。生漆来货都是毛货,必须经过试小样挑选、合理配方、细致加工的过程,加工中要经过过滤、晒、露、烘、焙等一系列环节,方能成为合格产品。这种纯生漆可以直接刷于红木家具和工艺品上,也可以加入桐油调制成广漆。生漆加工千百年来一直沿用手工操作,成品质量取决于选料、配方和加工过程中每一环节对时间、温度等因素的把控,行内的说法是各家都有"祖传秘方"。值得称道的是安徽帮的万和漆号,经历尤氏、俞氏、程氏三任店主,规模虽不大,但质量在锡邑堪称佼佼者,深得地方士绅、富商大户青睐,如日新绸庄的蒋谷人、全昌槽坊的周荫庭、李同丰参药号的李才昌等均是其老主顾。1946年春,荣德生亲临万和,为荣氏老宅维修及两具寿器的油漆做安排,引起全邑同业瞩目。

山西帮中实力最强的是德兴漆庄,经理蒋寿松,脑子活络,手段精明,除了坚持诚信为本、货真价实宗旨外,在经营上还采取一些有效措施:一是做活生意,为顾客现场配色,标定色泽,让顾客满意;二是拉住客户,采取让利、促销等多种方法;三是实行奖励,顾客可以将漆桶、漆罐上的商标、标贴揭下来,漆号凭此给用户、漆作、漆工兑付现金奖励;四是采用批零结合的方式,按购买量分档减价让利;五是免费送货上门,与漆作订立长期供货合同,记账赊销定期结算。因为经营得法,加上注重笼络零售店小同业共同扩展营销,成立漆业同业公会时,蒋寿松被一致推选担任会长。

无锡漆店的生漆货源大部分向上海的漆庄批购,也有部分实力较强的漆号向汉口订货,甚至直接到川陕云贵产地采办。自1913年起,一些漆号开始兼营西洋颜料,也就是进口的人工合成染料。1917年,一家名叫振源裕记的五金号着手兼营人造漆(化学漆),部分从国外进口,部分为沪产国货。至1930年,无锡县城有漆号22家,仅有3家兼营人造漆。从使用来看,传统生漆、广漆的使用相当不容易,需要高超的手工工艺和繁复的操作程序,当然其漆面光亮,耐水、耐曝晒、耐磨损效果非常好,并且耐久,这是化学漆远远比不上的。但化学漆及后来的化学涂料,使用方便,适用面广,色彩调配可望形成先前所无法想象的多样和美观。至抗战胜利前后,无锡的大小油漆店增至40多家,大多兼营化学油漆和颜料,还有更多五金店、颜料店兼营包括化学漆在内的多种化学原材料。

与"洋漆"等化学原材料引进相关联的,还有"洋油"。"洋油"即火油,又称煤油或矿油,是一种通过对石油进行分馏后获得的碳氢化合物,根据用途可分为动力煤油和照明煤油,最早全部从国外进口,所以俗称"洋油"。1859年,美国宾夕法尼亚首次钻出石油后,第一个重要用途是作为照明用燃料取代传统灯油,以后才逐步应用于燃烧制热和作为机械运行的动力。

中国古时的照明,无论是用菜油还是豆油或是桐油,在19世纪末叶以前,用油和点亮的方式基本没有什么改变。而美孚公司(全称美国纽约州标准石油公司)的火油,于清光绪六年(1880)进入中国市场,则带来了一种颠覆性的变化。在当时中国广大城市和农村,夜里照明用的都是油盏和蜡烛。油盏用棉纱或灯芯草做灯芯,点燃后灯火如豆,摇曳不定,烟气大,易被风吹灭。蜡烛比较明亮,燃烧也比较清洁,但成本大,一般人家消费不起。相比之下,火油灯光照明亮,油烟小,价格便宜,理应受到中国居民的欢迎。可面对中国的传统生活习惯,以及混乱的度量衡和落后的交通设施,美孚公司开始时的生意颇感棘手。就在这时,有一位在中国市场扑腾多年的洋商向美孚公司推荐了叶澄衷,建议委托他组织经销。

叶澄衷(1840—1899),浙江慈溪人,清末宁波商帮的领袖人物。1862年在上海虹口开设顺记五金洋杂货店,并承办外轮所需船舶五金,时称"五金大王"。明白了美孚公司的处境和来意后,叶澄衷给出了自己的方案。一是经销条件,每销售1加仑火油的佣金从20%提高至25%,结账时间延长至90天,享有独家代理权10年。二是营销策略,包括设计制造新型"美孚灯",灯的储油罐改铁皮为玻璃瓶,具有体积小、省油、方便、美观等优点;改进火油箱包装,每一听为30斤,正好是普通家庭一年的耗用量,买一听火油附送一盏火油灯——美孚灯。美孚公司欣然接受。

油漆提桶

经销之初,叶澄衷将重点转向上海以外的其他通商口岸,避开已有外商公司的地区竞争。很快,他在宁波、温州、镇江、芜湖、九江、汉口、天津、烟台、营口、广州等地设立分店或连锁店,免费送出数以百万计的廉价煤油灯,火油生意很快在大江南北推广开来。上海城内店铺皆改蜡烛为煤油灯,渐而乡镇大户、会计之房、读书之案,无不灿列玻璃之器。美孚灯除保留中国灯的元素之外,也对灯的功能与部件进行多项改善。半个多世纪里,无论寻常人家还是深宅大院,都少不了它的身影。美孚灯几乎成了煤油灯的代名词,并被称为"点燃亚洲光明之灯"。当然,赠送美孚灯的真正目的是推销火油。1894年,叶澄衷独家代理权到期后,美孚公司正式在中国设立分公司,采用设行营销、委托代销和特约经销等方式扩大推销,一举成为中国市场最大的火油供应商。

无锡的火油经销始于1913年。其时,咪地洋行委托无锡裕康、聚兴祥、邓元利、老元利等百货号和源大、正源长等商号代销煤油。1916起,美孚洋行委托各大酱园槽坊和广昌煤铁号等代销鹰牌煤油,美商德士古洋行与周裕昌煤铁号建立煤油代销关系,上海亚细亚公司与邵祥泰煤铁号谈妥,设立无锡经销处,委托它特约经销美孚火油。此后,光明火油、德士古火油也纷纷委托经销。在电灯普及前,火油销量大,获利可观,无锡各业纷纷开办油品专营商号,酱园业陆右丰、陈瑞兴、协大昌等合资创办大矿油号,专营美孚油品;中华袜厂、老元利、裕康、聚兴祥、邓元和等商号相继集资创设源大矿油号和德大矿油号,专营美孚、亚细亚、德士古3家外商洋行的油品。1933年,严养和等集资开设裕华矿油号,专销华商光华火油公司油品。

美孚灯的广泛使用,刺激火油需求日益增长,经销外商油品的商家获利丰厚。如陆右丰酱园店,于1924年开始经销火油,又于1935年取得美孚公司在无锡的经销权,到1948年,仅销售火油一项,盈余黄金700根大条子(俗称“大黄鱼”,每根重10两),批发业务扩展至宜兴、溧阳、靖江、泰兴、丹阳、武进、江阴、常熟等地。如此高额的投资回报,催生了无锡炼油业的兴起。1932年,商人华士达等人集资在西门外筹建兆丰炼油厂,用柴油桶代替蒸馏釜、皂化釜,用陶瓷缸作为储油罐蒸馏轻质柴油,生产照明用煤油及少量润滑油。因制取的煤油比进口货便宜,产品畅销苏锡常地区。此后两年多时间内,本地炼油厂家数量激增,一些经营矿油的商号纷纷开设小型炼油厂,1934年时达到40多家,年产值不下60万元,大多集中在通汇桥、莲蓉桥沿河一带,采用前店后工场作坊式生产。但为时不久,进口的美英德洋油采取降价竞销的对策,小炼油厂终因资本实力不足、产品质次价高,难以与之竞争而败落下来。

民国时期,无锡城区普通家庭照明大多使用煤油灯,煤油成为每个家庭的生活必需品。有需求就有市场,许多街巷里弄的小杂货店也纷纷代销零售火油。据民国老人方永施回忆,旧时南市桥巷巷口有几家杂货店,售卖油、盐、酱、醋、糖、火柴、肥皂、草纸等,但附近居民到杂货店买得最多的是煤油,每天点煤油灯,为数不少。那时一般家庭,都使唤孩童去买家用杂货,其中一家店的老板娘很会做生意,凡到她店里购物,多半可以得到一张孩童们特别喜爱的香烟画片。所以,不少儿童会抢着帮母亲去那家杂货店买煤油、打酱油。

陶器业：货物环流江尖渚

　　当外地的游客乘坐游船游览无锡古运河时，行至北塘附近必定会看到一座金字塔状的缸塔巍然耸立在迎向运河的江尖公园广场上。与运河两岸的秀美风光相比，这座由109只大缸堆叠而成高约7米的缸塔显得有点突兀和与众不同。那么，是何原因要以堆积的陶缸来营造这一处景点呢？

　　中国是陶器的故乡。从已有考古发现来看，早在8000多年以前，黄河流域就已出现器形简约而纹饰奇异的彩陶。而在长江流域，原始制陶也很早就已得到发展。1973年，浙江余姚河姆渡村首次出土陶器，为夹炭黑陶；继之而起的马家浜文化，陶器以夹砂红陶为主，并有部分灰陶及少量黑陶，距今约有6000—7000年。早期陶器的成型基本采用手制，部分器物经慢轮整修；稍晚的灰陶出现轮制，器表磨光，纹饰有弦纹、绳纹、划纹，附加堆纹和镂孔等。原始社会，陶器被人们用来贮藏五谷，盛装食物和饮水，其形制多种多样，外表纹饰日益精美，成为人们不可或缺的生活用品。

宜兴龙窑遗址

在陶器制作的漫长实践中,古人的陶器成型和烧制工艺日益成熟。1975年对古窑址普查,在如今宜兴归径的骆驼墩和唐南村,以及周墅的元帆村等处,发现许多石制农具、工具及陶器残片,证实远在5000多年前,生活在这里的先民,就在从事稻作生产的同时,开始烧制原始陶器。到了汉代,宜兴制陶业进一步发展,目前已经考古发现多处汉代窑场,有窑炉16座之多,大部分汉窑分布在绵延4公里的南山北麓。说明在2000年前的东汉时期,宜兴的窑业已具备相当规模。汉代南山群窑中的代表性陶瓷产品为釉陶器,器形以壶、罐、瓮为主,纹饰包括方格纹、窗棂纹、蕉叶纹、水波纹等。大多数瓮罐类产品采用手工打片成型法,说明当时陶工的成型技术日趋熟练,烧制陶器已成为一项专门的手工业。

宋代,是中国陶瓷业发展史上的一个繁荣时期,五大名窑产品创造了新的美学境界,不仅重视器物造型,而且追求釉色之美和釉的质地之美,形成凝重深沉的质感。这时期宜兴地区的陶瓷制造业发展迅速。宋代的宜兴陶窑主要分布在两个地区,一是以丁蜀镇为中心,主要烧制缸、钵、坛之类的日用陶;一是以西渚五圣庙为中心,主要烧制小型"韩瓶"。丁蜀镇的象牙山、蜀山、南山龙窑群及青龙山缸窑群,其陶坯胎体的原料不像以前那样采用表层黏土,而是使用山坡腹地中开挖出来的甲泥和嫩泥进行混合配比,成型陶器形制之大也超过了前代。在瓷器方面,起源于魏晋南朝的均山窑,至宋代时,产品施釉和烧制也有新的突破,部分产品还为其他名窑,诸如河南禹州的均窑和河南临汝的汝窑所仿制。更为重要的是,作为宜兴一个重要陶器门类的紫砂陶,也在北宋开始登上陶瓷业的舞台,并逐渐发展成以后宜兴重要的支柱产业。

到了明清时期,宜兴日用陶器的生产制作已形成专业分工,各行均明确制定有行规。明万历年间,宜兴一地有陶缸业龙窑四五十座,仅窑场所用窑工、缸匠即有千人之多,烧造产业极盛,推动宜兴成为中国日用陶器重镇。

任何产品,有产自然要有销。宜兴出产这么多的陶器制品,是如何销往各地的呢?这就要说到无锡运河的江尖了。江尖即江尖渚,古称蓬莱庄,原

宜兴河边待装运的陶缸

是芙蓉湖中的一个小岛，由于其状如三角尖，所以又名"蓉湖尖"。芙蓉湖围湖成圩和江南运河定型后，它地处运河中，河水到此分道，一支流向莲蓉桥、通汇桥，另一支流向西门桥、太保墩，成为运河流入无锡城区的分水岭。并且随着水势缩小，岛渚上民居渐多，有百来户人家。江尖四面环水，河道四通八达，交通极为便捷。明代中后期起，邻近的运河北塘开始成为江南重要的稻米集散地，运粮至此的船只卸货后总要再装货返回，避免空载。宜兴所产日用陶器就是合适的特产货品，一则市场适销，易损易耗有较大的销路；二则陶器为笨重货物，需要大型货船装运。而江尖堆场空旷，码头装卸方便，于是一些陶器店陆续在此开设。

至清代，渚上陶器店连片成市，缸甏堆叠成垛，人们称此为"缸尖渚"，无锡话"缸""江"同音。这里所贩卖的大量陶器缸甏主要来自宜兴。自宜兴驶来的货船，船舱装载缸甏罐钵，甲板上堆放山区所产松、杉、青杠、栗木等木柴木炭及栗、榛、银杏、百合等山货。柴货和山货分别运到北塘柴码头、山地货码头后，就将船只移至江尖渚卸货陶器，再去北塘近城地段采办棉花、棉布、铜铁器具等,一路运回宜兴。江尖渚上集中了无锡主要的陶器批发商号,批零兼营各种陶货,而以面向长江中下游地区和苏北、皖北的客商为主,构成日用陶器、土布土丝与稻米粮食相周转的另一个商品货物环流。江尖渚也由此成为无锡乃至苏南地区独一无二的陶码头。

最早在江尖渚开设的陶器商行为邹姓的邹裕泰,稍后有蒋、袁、陈等几家,均以陶器为主业,但经营最成功的还是蒋氏的蒋仁茂和蒋义茂。其中蒋仁茂规模最大,常年周转资金2万银元,从业人员30人,场地库房近3000平方米。其店屋是一座两开间两层的中西合璧楼房,店面正对大运河,出门有堆放大件陶器的宽敞场地,屋后有分流河码头,进货、出货十分方便。民国前期时,老板是蒋履柏,他善于把握商机,注重与客户建立信任合作的良好关系。他看准无锡酱园、槽坊扩张发展对于陶器的需求,主动上门走访,了解其要求,组织并提供适合其作业的酱缸、酒坛,拉住了大宗客户。同时前往宜兴丁山、蜀山,在那里开设窑货行,包销窑户产品,控制其制作、烧造质量,牢牢掌握优质货源。由此蒋仁茂一家占到全城陶器店营业额的较大份额。

无锡地区的日用杂品大致分为10类,陶器和瓷器是其中排在前列的两个大类。民国前期,陶器业除江尖渚上9家陶器货栈外,城区尚有10多家陶器零售商店,面向居民销售日用陶器,货源以宜兴陶器为主。瓷器店也有18家之多,抗战后发展为27家,如陆允盛、邓裕顺、严祥发等数家规模稍大,其货源主要来自江西景德镇、湖南醴陵和广东汕头。其中陆允盛的最早业主是陆荣祖,太平天国战争中从江西景德镇逃难来锡,后在北门莲蓉桥堍落脚开设瓷器商铺。因为资本殷实,货源充足,经营本分诚信,生意越做越大,至民国初已成独霸锡城之势。日本侵华战争中,店铺遭日军焚毁,房屋存货荡然无存。后陆荣祖之孙陆国斌,清理废墟,原地重建,继续经营,凭着多年积存的资力和人脉关系,很快重振门庭。1945年在北门内大街建成两开间门面、两造进深的两层楼房,店名改为陆斌记,并在门面板上请漆匠写上一个大大的"碗"字,远远望去十分醒目。时人评说:"未见店内陈设,已觉气派非凡。"

无锡陶瓷业经营主要为日用陶器、日用瓷器,与人们的居家生活须臾不可分离。瓷器中的碗、盆、碟、杯、汤勺自不必说,陶器中的罐、钵、砂锅、茶壶也是日常使用的炊具、餐具和盛器,在玻璃器皿广泛应用之前,一般百姓家的糖罐、盐钵、油壶多为陶器。陶器中大至七石大缸,小至案头油盏,乃至男子便溺的夜壶(虎子),各应所用。特别是精制上釉的陶器,内壁光滑,不朽不霉不烂,价格显著低于木器、瓷器、玻璃器,所以格外受欢迎。例如缸,早年没有自来水,居民用水都从河中或井上汲取,因此家家都备有贮水的水缸,有的存贮米、面、食品也用陶缸。又如瓮或坛,酿造作坊、店铺用以制作和存放酒、酱、醋,居民则用来腌制咸菜,每年秋冬时节,大青菜、雪里蕻上市,许多人家都会批量买进,去掉败叶根须,洗净晾干,用粗盐揉搓拌匀,装入坛瓮中密封,无论是水腌还是干腌,都能获得鲜美可口的家常咸菜。腌萝卜、制酱黄瓜方法要复杂一点,但使用陶瓷陶罐则是一样的。再如砂锅,居民用以煮肉、烧汤,其美味是铁锅、搪瓷烧锅、不锈钢锅无法比拟的;而中药的煎熬,更是非砂

宜兴陶瓷市场一角(1980年代)

锅莫属。至于种花草的花盆，养金鱼的陶缸，以及大户人家庭院中的陶桌、陶凳，实用之外还有一定的观赏价值，其堆花、绘花、刻花也形成一定的制作工艺，丰富了制陶艺术。正是在居民的日常使用中，宜兴陶瓷器的设计、成型、施釉、烧制不断改进，精益求精，形成紫砂、均陶、精陶、彩陶、青瓷等系列精品，号称"五朵金花"。

江尖渚作为富于地方特色的专业市场，除抗战时期以外，百年间长盛不衰。岛渚上开设的陶器店越来越多，堆放待售的各种陶制品琳琅满目，陶商为了充分利用店面场地，特意把缸甏堆成上尖下大的宝塔形，并且将缸甏堆得高作为其经营实力的象征。因此，从北面经运河进入无锡城的航船都能看到这道奇特的风景。

据历史记载，明代时每年农历二月，苏州、松江二府的信众去武当山烧香的船只，会约定在无锡北塘集中出发，最多的时候这里聚集的香船可达数百艘。这些香船从桅杆到船舷挂满各式各样的灯笼，至晚间点亮，灯光辉映河面，如贯珠、如星桥，晶光闪烁，十分壮观。引来周边地区民众驾船前来观看灯会，看灯的船也点亮朵朵花灯，相互争奇斗艳，在北塘河中形成重重灯影，称为北塘香灯。

从清代乾隆时期开始，每年农历七月，运河沿河人家在门前檐下张挂"神灯"（俗称"大老爷灯"），并在河面点灯漂流，叫作"放水灯"。这一说是为纪念唐代抗击安禄山叛乱、保护江南免遭乱兵荼毒的英雄张巡；一说是纪念元末起义的张士诚，感恩他驻守苏常一带时对民生的护持；一说是庆地藏王菩萨生日，为溺水而死的亡灵作超度。不管何种说法，都是要表达祈求祥和平安的良好愿望，因此同时在挂神灯的门框上张贴五色纸的吉语对联，在灯上书写"收灾降福"等字样。

与北塘香会和点神灯相配合，江尖渚也会举办"灯棚"盛会。放水灯所用的灯座就是各陶器店积存的残次陶碗、毛底缸盆。各店又将缸甏叠成数丈高的宝塔形，缸内储油，入夜点灯，通宵不灭，称为"宝塔灯"。每逢灯会，城区居民会结伴前往江尖渚看"灯棚"和"灯塔"，届时北塘沿河人头攒动，笑声、歌声、丝弦管竹声,热闹非凡。民国初,无锡诗人秦颂石有诗曰:"浮屠七级叠银缸,万火齐明照十方。"记录了民间娱乐的盛况,也反映了江尖渚陶业发达的繁华。

随着时代变迁、城市更新,江尖渚的陶器市场连同相关的商业形态、居民旧俗,都已消失在了历史的长河之中。如今的江尖已经变身为一处美丽的公园,只保留了几处当年工商业的历史遗迹,而那矗立着的109只大陶缸,也正是过去岁月留下的一个记忆。

铸冶业：从吴钩、锡注到苏锅

最早定都梅里的古吴国,曾以擅长青铜铸造而著称于世,并以此深刻影响吴地后世的手工制造业。吴国早期的青铜冶铸,尤以兵器为强。所铸剑、矛、戈、戟、镞,不仅材质的合金配比合理,而且器型设计讲究,锋、刃、脊、铤的宽窄厚薄收放有度,其坚韧锐利,在其他各诸侯国兵器之上。故《战国策·赵策》云:"夫吴干之剑,肉试则断牛、马,金试则断盘、匜。"《庄子·刻意篇》也说:"夫干越之剑者,柙而藏之,不敢用也,宝之圣也。"湖北江陵、河南新郑、山西万荣等地出土的吴王剑、戈、矛,埋藏土中 2000 多年,至今依然锋利异常,菱形、米字形格纹和错金银工艺焕然如新,令人叹为观止。

其实不只是兵器,用于农业生产和居民生活的青铜农具、青铜器皿,在吴地也颇多领先之处,不仅数量不少,而且种类多样,形制富于特点。如青铜镰、耨、铚等,其刃口作锯齿形,适用于吴地的稻作农业。又如古吴墓出土的青铜盘、匜,为典型的春秋晚期薄胎刻纹铜器。这类铜器胎薄如纸,铸造工艺精湛纯熟,其刻画纹饰线条流畅,细如发丝,生动描绘贵族族群狩猎、宴飨的场景。薄胎刻纹铜器多数出土于吴地墓葬,可以认定,吴国是这一青铜冶铸新工艺的发明地。

吴地还是中国最早冶铁和使用铁器的地区。据历史文献记载,历史上铁兵器的铸造也以吴越为领先。《吴越春秋·阖闾内传》载:干将铸剑"采五山之铁精"。《越绝书·外传·记宝剑》亦云:楚王"令风胡子之吴,见欧冶子、干将,使人作铁剑。"吴国至迟在春秋晚期已有铸铁、锻铁,这有六合程桥等地古吴国遗址出土的铁块、锻铁条可以证明。虽然没有吴越铁剑的实物出土,但经研究,吴国部分青铜剑剑柄含有铁质。溧阳等地出土的春秋铜甬钟、铜钲,也镶嵌有铸铁芯。特别是皖南铜陵、贵池等地多次出土上古铜锭——冰铜锭,含有磁性,经金相分析和光谱测定,其含铁量高达30%左右。硫化铜的开发和冰铜锭的铸成年代可上溯至西周时期,这证明吴地先民对于铜铁混合铸冶工艺的探索远早于中原地区。也正因为此,吴地青铜器上能刻有精美细致的纹饰,以"吴钩"为名的青铜兵器能独享盛名,被后人反复吟咏。

苏南和无锡不是产铜地区,但历代铜器制作相当兴盛,与铜器的广泛应用密不可分。唐宋时期,江南铸钱、铸镜、铸钟的重镇之一是润州(今镇江),所谓伏牛山铜器是进贡朝廷之品,而吴地一带也开始出现商业性铸铜作坊,但只是浇铸民间日用铜器。唐开成时,宰相李珏曾说:"今江淮已南,铜器成肆,市井逐利者,销钱一缗,可为数器,售利三四倍。"也就是民间铜器店以熔销铜钱作为原料,制作日用器皿,可以获利数倍。同时又以铅锡私铸钱币,"以铜荡外",冒充铜钱。因为盗铸者藏身"陂湖、巨海、深山之中,波涛险峻,人迹罕到,州县莫能禁约。"在这一过程中,民间冶炼、铁锡的技术不断有所进步。至明代,不产锡的无锡在锡器制作上得到发展,产品有壶、罐、祭祀用器等,用以取代原料价格较贵的铜器。其中锡壶作为酒器、茶器,也称锡注,其造型周正雅致,器面光洁如银,与宜兴紫砂壶(时称砂罐)相齐名。明张岱《陶庵梦忆》称:"锡注以王元吉为上,归懋德次之",而"一罐一注,价五六金,则是砂与锡与银,其轻重正相等焉……直跻之商彝、周鼎之列而毫无惭色,则是其品地也"。

明代无锡铜铁铸造的代表性作坊是曹三房冶坊。当时的冶坊有大炉、小炉之别,大炉为官冶,小炉为民业。小炉专事冶铸民间日用器,又称花色炉。曹氏冶坊共有曹大房、曹二房、曹三房3家。其中曹三房以铸造鼎炉钟磬为主,这需要得到官府的特许。据说清初时,曹三房坊主曹渊带领同业"随营铸造",为朝廷剿灭三藩割据,铸造红衣大炮和其他火器、刀枪,立下军功,于是由省、府颁下告示,准予无锡许、曹两姓从事寺庙法器的开炉铸造。曹三房铸器重在把好设计、制模、浇铸三道重要环节。设计中善于把传统绘画、书法、篆刻和雕塑融汇于铸造之中,做到造型挺拔而图纹隽美。制模用泥板反复摹刻,无论图案还是文字,都力求在准确、细致、光洁度上达到极致。浇铸则根据不同器型、功能,合理调节用材配比,严格掌握浇铸的时间和温度。其所铸鼎炉器型端庄,纹饰典雅;所铸钟磬音质浑厚,余音悠长,在各大寺庙享有盛誉。在今天的宁波天童寺、苏州东山紫金庵等名山宝刹,都还能看到有曹三房落款的铜钟铁鼎。

铸冶业是以民用器具为主的制作经营单位,大多为个体和家庭经营的小作坊,一般并不雇工,至多带一个徒弟。逐步壮大形成规模并且历经百年长盛不衰的,为驰名大江南北的王源吉冶坊。王源吉由杨窑湾(后写作羊腰湾)的吴永昌和北大街的王源聚两家冶坊合并而成。其中吴永昌坊主为镇江人,接手岳丈晋商查氏的冶坊,而查氏冶坊的创立可追溯到明天启年间。后吴永昌资金短绌,周转不灵,当时的掌门人吴宏三与王源聚坊主兄弟三人协商,共同出资合伙经营,遂改名为"王源吉",此时为清道光十七年(1837)。太平天国时期,战火蔓延,王源吉在北大街的分号遭焚毁,杨窑湾的总号匆匆避难靖江十圩,开设森和冶坊,稍后又在南通刘家镇开设分号。直到战乱平息,才迁回无锡北乡堰桥,不久又在北塘桃枣沿河建房,设立营业窗口。直到1940年代初期,才又回到羊腰湾旧址重建房屋、重开冶炉。

与曹三房(此时已演变为全记、金记两家冶坊)以铸造寺庙法器为主业,以及许宁记以铸造农具、日用器具为主业不同,王源吉以铸锅为主业。中国传统铁锅制造有三个主要的地域商帮,即粤锅、津锅和苏锅,成三足鼎立之势。其中苏锅壁薄而坚韧,锅壁细腻光滑,质地致密,经久耐用。无锡王源吉正是苏锅的代表。王源吉铁锅的锅体断面呈灰色,为典型的灰口铁,而其铁、碳、硅等元素的结合,形成片状石墨与钢结晶体紧密结合的基体结构。古人虽然没有金相分析和材料配比的科学计算,但基于实践经验的古法工艺规程,达到了现代科技的某些要求。王源吉铁锅的制模,采用深层无污染的黏土进行晾晒筛分,与太湖稻稻壳相混合,加入焦子,再在石磨中加水搅拌,经长时间浸润,反复阴干、烘干,才能用来制作锅模。其脱模剂为天然松烟,为此王源吉还在福建武夷山建立了一个松烟制作基地。专门挖取深山里百年以上自然死亡的松树,放在山洞里小火闷烧,让油烟在洞里石壁上凝结,铲下来的松烟纯天然无毒无害。王源吉用来在模具上刷松烟的刷子,也是用特殊的海草制作而成。加上铁水温度和浇铸节奏的把控,化解了其中的部分杂质,最终制作而成的铁锅平滑光亮,坚韧适度,使用寿命是其他铁锅的5倍以上。

　　王源吉的成功经营,不仅在于在实践中开发了包括63道工序的全套铸锅工艺技术,而且以诚信经营和创立品牌积极开拓市场。王源吉铁锅以优质耐久打开销路后,各地冶坊纷纷仿冒,因为没有王源吉那样的工艺技术,又以粗制滥造、压低成本而牟取暴利,给王源吉经营带来很大冲击。面对挑战,王源吉没有放弃质量,走低价竞销的路子,而是采用在铁锅上加盖本号红印戳记的办法,对抗仿冒,维护品牌荣誉。这一红印牌号有着商标萌芽的意义。但红印戳记后来也遭到不法商人的假冒,对此,光绪年间主持冶坊的王宗銮担当起了反假冒的重任。他接连上书无锡、武进、靖江、通州的地方官署,要求对冒盖戳记、混售劣质铁锅的行径严加追究,以维护正当商人经营和百姓用户的利益。此举引起了清末新政中成立不久的江南商务总局的重视,商务总局会同江宁、江苏布政使司和苏松太道会衔出谕示禁,明令:"自示之后,倘有奸商以伪货假冒该坊牌号出售渔利,一经该职查知,许即扭送就近地方官严究,不稍宽贷。"尽管当时清政府尚未

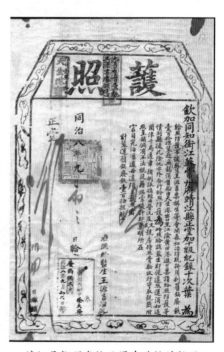

靖江县衙颁发给王源吉冶坊的护照

颁布相关法规实施商标注册管理,但这一事例还是可以看作是中国商标保护的滥觞。

自此之后,王源吉致力于创立"喆"字牌商标(又称"双吉牌"),在融入现代科技、不断优化冶铸工艺技术的基础上,加强产品质量经验,除了观察、测量、小锤敲击听声外,还对成品进行破坏性试验。即在青砖侧立铺成的砖地上,由检测人员抓住锅耳,旋转着抛出,落地不破不裂,有金石之声,才能作为正品出售。就这样,王源吉年产年销铁锅达百万只,不仅名闻国内市场,而且行销日本、南洋和欧美等地10多个国家。而由王源吉带出的铸冶业工匠,不仅充实到无锡、南通的铁工厂成为技术骨干,而且进入开埠的上海开办铁行、铁厂,一时间上海滩上的无锡铸铁匠号称有十万之众,不少人成为后来冶金、机械工业的专业人才。王源吉由此赢得中国近代铁锅业的王者桂冠。

王源吉冶铸机械厂生产车间(1959年)

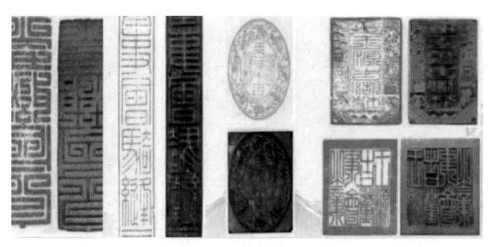

王元吉冶坊防止仿冒使用的红印戳记

　　金属器具的制作需要一定的原料供给，消耗大量高能燃料，所以上古至中古，铜铁主要用来制作刀枪、甲胄、战车，也有部分用作锻铸农具、工具，至于人们的日常用具，则主要是陶瓷器、竹木器。直到明清时期，云南的铜、锡得到大规模开发，四川的铁经长江运往江南地区，福延之铁也"无日不走分水岭及浦城小关，下吴越如流水"，铜铁器具在民间制造和民用普及才逐步推开。大体自明中后期起，无锡的一般人家开始较多用上铜盆、铜勺、铲刀和铁锅。因为铜器用旧用坏之后可以重新熔化再铸，实现资源的循环利用，而且较铁器有更好的延展性，不易锈蚀，所以更多被用作日常用具。日用品中的洗脸盆、烧水壶、痰盂、帐钩、锁具、手炉、脚炉、汤婆子等，大多用黄铜（铜锌合金）制作，以其硬度较高、色泽金黄、耐磨耐腐蚀而见长；少数用紫铜（纯铜）、白铜（铜镍合金）制作，特别是兼有观赏、把玩特性的铜器，如水烟筒、墨盒、铜尺等，白铜尤显精美，而紫铜古色古香。

　　铜器中还有一类叫作响器或响铜，也就是铜制的打击乐器，包括镗锣、铙钹、小锣、铜磬、手铃等，其材料的配比和器型的设计关系到乐器的音量和音色。无锡江南丝竹和道教音乐中的打击乐独具特色，"十番锣鼓"等民间鼓乐

无锡锅厂厂区鸟瞰（1977年航测图）

的创作演奏，一定程度上也有响器制作精准到位的一份功劳。锡器中有一类叫作点铜，就是在锡器的制作中熔入少量的铜，起到增强硬度、提高性能、改善色调的作用。因为锡的熔点比较低，在制作香炉蜡扦时，为了适应祭祀点香燃烛的要求，增强器具的外观效果，就采用点铜工艺。旧时江南风俗，女儿出嫁，除箱笼盆桶外，还要以铜锡器作为陪嫁，有四铜四锡、六铜六锡乃至十铜十锡等名目，排在妆奁行列里，随花轿一路游行。其锡器采用点铜工艺，再加上双龙戏珠、凤穿牡丹、玉堂富贵等图案纹样，更显精光闪烁、富丽堂皇。

　　进入近代以后，随着工业的兴起，冶金业和材料工业把金属、非金属的开发利用拓展到无限广阔的领域；而生产方式、生活方式的演进，也使人们居家生活的用具用品发生了颠覆性的巨大变化。人们一向使用的铜铁、陶瓷、竹木的容器、炊具、餐具，逐步让位于搪瓷、塑料、铝合金和不锈钢制品，乃至各种复合材料。虽然这一演变前后经历了两三代人的时间，但相对于以往数千年而言，还是给人以翻天覆地之感。与此相关联的，是铸冶业的业种、业态发生了变化，随着材料和器物用途的改变，一些行业没落以至于消亡，例如被称为三种苦行当之一的人工打铁业，还有走街串巷的铜匠、小炉匠；一些行业转向新材料的加工制作，例如从纯铁铸锅到复合材料冲压成型，多种多样的铝合金、不锈钢型材及其广泛应用；传统铜锡铁业演变为现代五金商业，并且行业越分越细，例如日用五金、电料五金、工具五金、装潢五金等，分别成为独立的行业；传统铸冶手工业演变为金属压延加工制造业，包括模具制造、装备制造、修配运维和综合服务等各成系统。无锡历史上的铜锡作、铜锡器店、铁匠铺和铁行，经过联合、兼并，从多家翻砂厂、铁工厂、铸铜厂、金属压延厂等，相继转型为五金工具厂、锁厂、衡器厂、搪瓷厂、电线电缆厂、家用电器厂、专业机械设备制造厂等，在机器大工业中打开发展的新天地。

供电业：
耀明震华，光射四方

　　人类对黑暗的恐惧与生俱来，即使身处熟悉的环境，也会觉得黑暗中可能潜藏着某种危险。为了驱除黑暗，人类在远古时代就已懂得取火照明，后来又发明了烛和灯。"烛"是"燭"的简体字，最早出现在商周时，本义是以手执持的火炬，用苇麻等易燃材料捆扎、外涂油脂而成，后来才发展出用蜡或柏油制作定型的蜡烛。"灯"是"燈"的简体字，最早出现在战国时期，青铜制作，写作"镫"，本义是插烛用以照明的器具。《说文解字》云："镫，锭也。"徐铉注："锭中置烛，故谓之镫。"现在出土的战国至秦汉的铜镫，上有盘，用以盛放熔化的蜡，盘中央有钉柱，以便插烛，下有底座。出土于河北平山的中山王墓青铜枝形灯，共有15个灯盘，枝上攀缘的猴和歇脚的鸟，栩栩如生，底座为衔环兽首纹饰，造型瑰丽异常。这告诉人们，人类曾经在蜡烛或油灯发出的微弱火光中，度过了数千载的漫长黑夜。

　　1879年10月21日，美国人爱迪生发明了电灯，为人类带来了持久的光明。后来，美国把这一天定为"电灯发明日"。其实电灯的发明另有其人，国外有人统计过，早于爱迪生发明电灯的至少有20人。最初是英国化学家戴维，他在1815年发明了电弧灯，采用2000节电池和两根炭棒产生的电弧发光。19世纪50到70年代，欧洲的一些车站、广场、剧院开始使用电弧灯。电弧灯的缺点是造价高，耗电大，使用不方便，而且电弧的亮度太刺眼，不适合家用。1860年，英国科学家斯万试制成功碳丝白炽灯，即在真空玻璃灯泡内

耀明电灯公司

通过电流把灯丝加热到白炽状态而发光,并获得专利。爱迪生最大的贡献是在前人的基础上,对白炽灯进行改进,造出了更实用的白炽灯并大批量生产,从此电灯开始进入千家万户。

在中国,使用电灯最早的是1861年英国驻汉口领事官邸。后英国商人集资兴办汉口电灯公司,火力发电,专供租界使用。20年后,英商上海电光公司所属电灯厂开始发电,从外滩到虹口招商局码头及南京路商业街等处的15盏弧光灯第一次通电。夜幕下,炫人眼目的弧光灯吸引了成百上千的市民翘首围观,第二天的报纸报道了这空前一幕,称电灯为"奇异的自来月"。

在中国电气工业发展的进程中,有一个无锡人功不可没,他就是实业家祝兰舫(大椿)。祝氏从自己投资兴办碾米厂、面粉厂、缫丝厂的经历中看到电气照明和电力工业的前景,对开办电厂产生浓厚兴趣。辛亥革命前后,他相继投资创办苏州振兴、扬州振明、溧阳振亨、常州振生和南通振通等多家电灯公司,发电供应城市居民及街道路灯照明。1914年,祝大椿设在上海的缫丝厂公事房里来了一位年轻人,声称打算开办一家制造家用电器的工厂,因缺乏资金,希望得到祝先生的支持。祝大椿听明白来意后,没有拒绝也没有贸然答应,而是要求年轻人制作出电器样品给他看。经过半年多的努力,这位叫杨济川的年轻人做成两台电风扇样品,祝大椿看了十分振奋,立即拍板投资开办电器厂。唯一的附加条件是,请杨济川帮助设计制作电流限量表,以制止当时颇为棘手的搭线窃电。杨也不负所望,借鉴国外电流表的设计原理,很快设计出这一功能电表并投入制造,为两人的合作铺平道路。1916年,由祝大椿投资、杨济川主持的华生电器制造厂建成投产,所产华生电扇此后数十年风靡国内各大中城市。两年后,祝大椿以华商公团成员的身份赴日本参加世界电气博览会,此时的他已荣膺中国"电气大王"的桂冠。

无锡始有电灯是在1909年。士绅出身的朱晋良,早年在上海生活,经常接触来自西方的声光电化,对电器情有独钟。返回无锡后,从上海购买一台小型发电机及电灯器具,安装在西门外棉花巷住宅内,开无锡电灯照明之先河。同年6月,邑绅孙鹤卿、薛南溟、单绍闻等集资6万元,在北门外太平巷东侧购地6亩余,创办耀明电灯公司。发电间建于护城河边,机房对面建二层办公楼,楼正中悬挂"明远楼"匾额,含"光射四方"之意。当年11月,经清政府农工商部注册批准,获县城附廓十里内售电专利,这个专利实际上是特许经营权。1910年8月,向禅臣洋行购买的2台50千瓦直流发电机装竣发电,在汉昌路立木电杆安装25支光路灯约40盏,同时向城区商用民用的2000多盏16支光电灯送电。至辛亥无锡光复时,耀明的发电设备和局域供电网络全部竣工,正式营业。

10年间,耀明公司陆续购置的德国、美国造发电设备有:50千瓦直流发电机4台(新旧各半)、120千瓦直流发电机1台、180千瓦交流发电机1台,总容量500千瓦。设有变电所8处、供电线路19条,大多为裸线,供电质量较低。平均每晚供电7.5小时,收费采用包灯制和包表制。包灯制以16支光计算,每盏灯头每天5分;包表制分每月10元和12元(1917年分别加价2元)两种,超过限制度数,按每度0.15元实算。这种用电与不用电一样收费的办法,把电价（每盏灯头的收费价）拉得较高，一般居民负担不起。1923年冬，全市仅有电灯1.8万盏左右，主要供政府机关、工商企业、公用事业及达官贵人家使用。1924年年初，荣宗敬、荣德生兄弟与人合资组建开原电灯公司，推举荣棣辉

无锡电话公司交换室（1910年）

为公司董事长。为避免自办发电发生亏损，开原公司成立之初即确定实行购电经营。为避免与耀明公司相冲突，其营业范围在城西自迎龙桥、沿梁溪河、至锡山脚一带。至20年代中期，无锡城乡先后有大明、烨烨等6家小型电灯公司创办，其中有小型火力发电厂，也有购电转售的供电公司。多家公司的平行发展，在竞争中促进了居民照明用电的扩容。

耀明公司创办时，注册资本10万元，实际仅募得股金6万余元，不够买地、建房、购设备的支出，只得向钱庄借贷。由于经营不当，又缺乏技术人员，设备陈旧，机器损坏后无法修理；加上发电成本高，供电损耗大，窃电多，收费走漏不少；营业收入除去开支，不够偿付钱庄欠款和西门子洋行贷款利息，企业年年亏蚀。到1923年止，积欠钱庄借款17万余元，拖欠西门子洋行贷款规银8万余两。1923年12月13日，董事会议决，向震华厂购电营业，将公司营业权和不动产租与董事蒋哲卿营业，租期5年（1924—1928），年租金6.5万元。

蒋哲卿承租后，联合孙映高、陈尔同、王孟迪、吴士枚等集资5万元，组成耀明新记电灯公司，设址汉昌路长康里。经理蒋哲卿，副经理吴士枚，工程师顾维精、顾谷同，营业主任沈锡君。1924年元旦开张营业，并且制定了新的管理制度和收费标准：（一）取消包灯包表制，用户一律安装电表，按实际用电数收费，每度电价0.20—0.24元；（二）停止自发电，与震华厂签订为期5年的趸

购电合同;(三)增聘工程师、裁减冗员等。由于措施得当,加上趸购电价低廉,营业不断发展,获利大增。

震华电气公司由施肇曾发起,与德国西门子洋行合作创办,股本150万元。1921年建发电厂于常州戚墅堰镇,以无锡、武进两县为营业区域而重头在无锡。1924年6月9日,首次向无锡供电。7月10日,西门、崇安寺两变电所开始白天供电,无锡第一次实现昼夜供电。震华厂有3200千瓦汽轮发电机3座,总发电量9600千瓦,可以负荷上海以外当时沪宁线各城照明和生产全部用电,但营业范围受无锡耀明、常州振生电灯公司开拓不力的限制,负荷严重不足。为了鼓励耀明多用电,震华对趸购电价格采取累减制,即随着用电量的逐级增加,售价逐级递减,最低一级每度电价仅0.0375元。

激励之下,耀明公司通过增设杆线、计量收费、指定特约安装维修店等一系列举措,改进经营管理,提高服务质量,很快吸引小型机器厂和碾米厂等动力电用户纷纷申请接电,照明电用户也大为增加,送电最高峰从一年前不满400千瓦增加到1000千瓦左右,增幅达1.5倍。由于用电量增加,购电价半数进入最低一级,而它对用户收费,灯电每度0.24元,力电每度0.07—0.09元,价差2至6.5倍,每年盈利10余万元。耀明公司于是呈请交通部批准,要求将营业区域由附廓十里改为全县专利。

这一举措无疑触碰了震华厂的利益。震华公司以耀明破约为由,先是要求提高电价,接着又于1926年起在无锡城乡部分地区植杆架线,跳过耀明公司,扩大直接供电的范围。这就与耀明发生了营业纠纷,双方各登广告,竞相降低电价,招揽用户。甚至出现一街竖起两排电线杆的怪现象,并发展到互殴、诉讼。后经调解,两公司曾拟合并组建永兴电气公司,因震华股东反对,遂演成罢工停电之工潮。无锡、武进两县灯电用户对震华、耀明纠纷十分不满,联合呈文民国政府建设委员会,要求将电气事业收归国有。1928年10月,建委宣布将震华和耀明两公司收归国有,改名为戚墅堰电厂,厂长由建委委任,统一供应无锡、常州及邻近农村用电。1929年3月,戚墅堰电厂在无锡设立总事务所,常州设办事处,原震华电厂改名戚墅堰发电所,为戚墅堰电厂的直属发电车间。1932年,戚电厂杆线所到之处,无锡县的小型电灯公司或停歇,或购电转供,或被戚电厂收购。借助技术改造和联合兼并,苏南电力工业于20世纪30年代初走向集中,形成戚墅堰电厂这一区域性"中心电厂"。这标志着无锡的工业化、城市化踏上了现代化的第一级台阶。

1929年,无锡城区居民开始安装电灯。电灯取代传统的蜡烛和油灯,逐步成为日常生活的必需品。1934年出版的《无锡乡土教材》对此有专门记述:"要装电灯,先要租电表,五安培的电表,保证金十元,租费二角,接线费一元,每月最少用十度,每月电费每度一角八分。到家里装灯接线,要请电料公所里的人来装置。"至于出门夜行,则"每距二百四十五尺的一段路上,就有一盏路灯,走路的人方便多了。每日灯费在大洋三角,是市民出了钱请电厂里装的。无锡全市的路灯,据十八年八月(1929年8月)调查,共有一千三百二十七盏"。抗战前夕,城区路灯增至1700盏,线路总长68公里。日军侵占无锡初期,路灯损毁严重,加上用电控制,仅在主要街道及巷口使用。1945年年初,日军为防止美机空袭,街巷路灯一度以"菜油灯"替代,由保长指定专人点灯灭灯。1948年,城区路灯复明1682盏,线路总长70公里。路灯管理均由戚墅堰电厂代办。

戚墅堰电厂发电所

无锡变压所

供电业的发展,电力的普遍应用,给市民生活带来全新的体验和极大的便利,也带动了其他各行各业的发展。1930年代,无线电收音机、电吹风、电熨斗、电风扇等家用电器应用渐广,教育学院及各电料公司安装有无线电播音机。布绸呢绒业的时和与世泰盛,先后自设电台,播放商业广告和文艺节目,时和还在新建的5层大楼内安装了电梯。吉士照相馆(后改名湖光)开设电光摄影场,自设电台播放广告,一些影剧明星慕名到馆摄影留念,一时间在沪宁沿线引起轰动。中南大戏院建有影剧两用的大型电动旋转舞台,适合放映电影和上演当时盛行的京剧机关布景连台本戏。无锡理发店和皇后理发店等引进当时较先进的电轧剪和电烫设备,无锡城中居民开始开启前所未有的电气生活。

从用电器具的日益增加中,有人敏锐地看到了商机,为之提供服务的电料业很快应运而生。无锡第一家专业电料商店——慎昌电料号,开设于1926年,店址在与火车站相近、新式商业密集的汉昌路,经销各种电料电器商品,货源主要来自上海电料行、西门子洋行等。店主毛增奎有一定的电气知识,销售上与耀明电灯厂和戚墅堰电厂挂钩,在店堂陈列当时少见的电器实物,吹吹打打大做广告。又派人跑工厂、商号和大户人家,上门推销,代客安装、维修,主要是电灯、开关、插座及电风扇、电吹风、电熨斗之类。开业3年,生意兴隆,获利不菲,让人看得眼馋,于是纷纷跟进。无锡的电料店很快增至19家,部分店还兼承接安装维修和制造电料器具的业务。1948年,电料业成立同业公会,会员57家,不久便增至90余家。

这一时期的家用电器家什,已发展出电子管收音机,少数有条件的上层人家可以通过无线电收音机收听新闻广播和戏曲音乐节目。一些前卫的青少年也可自己动手装配矿石收音机,虽然音质很差,但还是能通过扯在竹竿上的蛛网形天线接收遥远的无线电信号。

造船业和航船业：
江河湖海乘风行

　　《礼记·中庸》曰："舟车所至，人力所通。"强调舟船、车辆交通是对于天道的顺应。"刳木为舟，剡木为楫"（《周易·系辞下》），古人将粗大的树干从中间剖开，再凿出一个空槽，做成独木舟，同时把木头削成桨，用以划水，借舟楫之利，以济不通。汉扬雄《方言》说："舟，自关而西谓之船，自关而东或谓之舟，或谓之航。"扬雄认为称舟或船是方言的差别。而清段玉裁在《说文解字注》中则说："古人言舟，汉人言船。"意思是因为年代先后而说法不同。至于舟楫

通运桥客运码头

为何人发明,说法众多,有说是黄帝的臣子共鼓(《世本》),有说是舜之子虞姁(《吕氏春秋》),也有说是大禹(《山海经》)等,莫衷一是。事实上,舟船不太可能是个人的发明。

无锡地处江南水乡,南临太湖,北枕长江,境内河网密布,湖泊众多,自古就得舟楫之利。20世纪后半期,武进、宜兴等地曾先后出土4艘独木舟,距今3000年左右。至春秋末期,吴国的造船已达到相当高的水平,作为阖闾、夫差都城的无锡、苏州地区都有规模不小的石塘,是为吴国造船的"船宫""舟室",所造战船有大翼、小翼、突冒、楼船等多个类型。从东吴到南朝,苏南地区造船的体量增大,载重可达万斛;航速提高,有"千里船"之称,相传为祖冲之发明。隋唐以降,江南鱼米之乡是朝廷税赋的重要来源,供应朝廷京城的漕粮在这里集中发运,每年达数百万石,扬子船场建造的歇艎支江船就是漕运专用船。明清江南的棉布、丝绸等物产丰富,物资交流、商贾贸易扩大,促进了船舶修造和运输发展。在明代兴起的官营造船厂衰落的同时,清代民间造船业相应崛起。特别是江南四府一州漕粮全部招募商船承运,加上对造船工匠匠籍的放宽,民间造船得到快速发展,用于装运大宗商货的米船、沙船,每年下水数以千艘计。清代出海航船号称"南京船"者,其实大多出自常州、苏州、松江诸港。

无锡的造船业虽然源远流长,但形成规模始自17世纪初叶,由杨、蒋、尤、徐、邵五姓首先创业。这五姓造船世家,原来居住在盛产大米、木材的洞庭湖畔,于明朝末年相继迁来无锡。其中邵氏到无锡时,原在水上流动修船并带做其他木作营生,清初顺治年间在南门羊腰湾代客修船,有一天在吃

泗堡桥大厂里造船工场

饭洗碗时,不慎将饭碗落于河中,迁锡祖邵懿认为这是神示:"饭碗就在此处。"于是定居羊腰湾。这五姓修造船家定居无锡南北,逐渐形成无锡造船业的最初雏形。

清乾隆二十四年(1759),朝廷为清剿海盗湖匪,组建水师,下令征集工匠打造战船。无锡五姓当时已分成十三家,每家出子弟一名,前往江宁、京口、岳州等地应差,建造营船、沙唬炮船30艘。为提高炮船质量,特地在船身内傍着脚梁和船板的部位添加两根平行的木楞,将船攀牵,称之为龙骨挺,可以让炮的后坐力均衡地分散到整个船身,减少局部剧烈震动对船体的损害。此举得到皇帝的赞扬,据说传下御批:"无锡五姓,有功朝廷,经营船业,衙门照应。"业内称此为"龙批",五姓十三家由此获得无锡地区造船业的垄断权。直到清王朝被推翻,五姓的垄断地位才逐渐被打破,不过20世纪中叶时无锡的私营造船业主绝大多数仍为五姓后裔。

近代造船业的生产方式以家庭为单位,拖带学徒作为帮工,也雇佣临时散工。操作场地就在家门前的露天广场,广场与河岸呈10—15度倾斜。在吨位大的船只起吊、下水时,也临时邀请亲戚或同业人员参加协作。因为没有图纸,造船全凭经验,所以造船技术也是独门秘技、独家传授。相传羊腰湾有一位造船匠人是哑巴,技术很好,因不能说话,他制作了各类船的模型,供客户看样定做。邵姓的造船技术主要由他传授下来,因此晚辈尊称他"亚伯公"。

船厂主的经营方式有两种:代客造船和造船出租,并以租船为主。无锡地区建造的船只为农船、戽水船、渔船、游船(丝网船)、运输船等五大类。五姓十三家每户都有自己的主打产品,也就是所谓看家本事。

杨、蒋、尤三姓以修造农船、戽水船为主要产品。其中杨姓居于城外黄天荡(即泗堡桥一带),尤、蒋二姓则在亮坝桥两头。农船又称敞船,用于罱河泥、运粪肥、运稻麦等。戽水船俗称"打水洋龙",诞生于民国初年,由木船改造而成,装有水泵,用柴油机驱动,用于稻田抽水灌溉,农闲时还能回米(加工稻谷)。到抗战前夕,无锡已有戽水船1000多条。

城边吉祥桥河里的篷船(1930年代)

邵姓在羊腰湾,以修造渔船称佳。渔船横梁大于6尺为大船,4—6尺为中船,均有搁板、船棚和存放活鱼的暗舱。一户一船,渔民吃住都在船上。横梁小于4尺的小船无棚,灵活轻巧,便于放虾笼、下吊钩之用。建造时可以根据各地渔民捕捞作业的习惯,使船体、船型和附属装置尽量适合渔民的要求,因此苏、锡、常、虞、澄等地的渔民都喜欢到羊腰湾定造新船。

徐姓在丁垰里,以修造运输船(木帆船)为主,船只的体型吨位最大,且数量最多,用于米粮和散装货物的运输。因为漕粮运送要跨长江走运河,水路迢迢数千里,因此对船体的要求非常高,既要装载量大,又要灵活性好便于操作,途中翻坝过闸,还要坚固耐用。

造船业的发展带动了相关行业的发展。近代无锡竹木商业兴起,由原来的地方性分销市场,转为与苏州、常州木材市场相并列的集散市场,与造船业的扩张密不可分。无锡的铸冶业有良好基础,近代随同造船业、航运业的发展,船具五金业得到快速扩充。从莲蓉桥到三里桥原称北塘沿河,这一带的木行、竹号、桐油麻丝店、五金铁铺等与修造船相关的商铺比肩联袂,甚至连地名也以船用商品命名,譬如茅篷沿河,就是专营船篷的地方。运送粮棉杂货的船户来到北塘,总要顺便采购一点生活用品或船用零配件回去,促进了这里的相关商业行业一片繁荣。

与造船相衔接而又与百姓日常生活息息相关的是航船业(客运业)。江南自古水路便捷,一般人的出行都以舟行为主。先前有经济实力和社会地位的人都雇船出行,一般人则搭乘定期开行的航班。锡城周边每个乡镇都有开往城里的班船。最初人们称这种船为篙驳,船员叫撑篙驳的,在有轮船之前,班船的行驶全靠人力橹摇篙撑。因为航船行驶缓慢,搭乘航班的乘客便在船上闲聊,讲述城里乡间的新闻旧事,班船也就成为一个信息交流的场所。当然也有人借此机会休息或读书,数学家华蘅芳年轻时常乘船往来于县城和家乡荡口之间,总是在人声嘈杂中手不释卷、静心读书,或者掩卷默想,沉浸于他的数学演算之中。在他的感知世界,即使是周遭漆黑的夜航船,眼前也会有一片通透的光明。

无锡位于苏南水网中心,到苏州、常熟、常州、上海等地也有长途班船往来,以篷帆行驶,客货兼运,沿途停靠。班船有大小之分,小船容量为200至300石,可载客20—30人;大船容量为400至600石,可载客50—60人。因为是长途客运,还要提供一定的食宿服务。无锡最早到上海去"学生意"的一批人,包括荣氏兄弟的父亲、周舜卿、祝大椿等,都是搭乘挂帆的班船前往上海,顺风顺水单程3天,如遇逆风逆水则要走5—7天。班船之外也有一种快船,船身较小,船尾双橹,船头双桨,再加顺风张帆,故航速加快,其船费也高于班船,年节时更是加倍收费。快船仅开若干要紧的线路,开船前常以鸣锣招徕和催促乘客。

随着西方机械传入,国内自19世纪后半期起有了轮船运输,或者由轮船拖带木船,大大缩短往返时间,改善人们

停靠于惠山龙头下杨家祠堂的汽艇

的出行状况。1905年,无锡地区第一条以轮船为客运载体的航线开通,这是由公茂轮船公司经营的自无锡经苏州至上海的航线,客货兼运。随后,轮船招商局、大东轮局、戴生昌轮局相继开辟无锡至溧阳、无锡至江阴、无锡至苏州3条班轮航线。自民国元年起,无锡新设中华、利澄等轮局,向周边地区辐射的各主要航线,例如东线至常熟、杨厍,北线至华墅、周庄、北漍,西线至宜兴、张渚、杨巷、雪堰桥等,也都陆续由轮船替代了木帆船。因为多个轮局并起,经营同一条航线,常常引发激烈竞争。招商局行驶锡溧线之初,无意中得罪了溧阳人洪某。洪曾任道员,是溧阳地界上有名的官僚地主,有"洪半城"之称。为了与招商局斗气,他特意打造轮船,开出轮船公司,由儿子洪仲芳任经理,开辟锡溧线"别班"。这个"别"既为"另外"一说,更有"胜过"之意。结果双方勾心斗角,互不相让,洪仲芳甚至唆使地方恶势力,连续扣留对方13艘轮船,致使招商局经营大受打击,不得不请人疏通,赔礼和解。洪氏也因左右腾挪,难以为继,也就趁势落篷,自告收歇结束。

沪宁铁路建成通车,使原先的一些航线渐为萎缩,例如无锡至苏州、上海。于是一些轮局转而向铁路无法通达的水乡深处延伸,例如锡城至东亭、荡口、严家桥、前洲、玉祁等航线不断有开出,无锡穿越太湖至湖州的航线也在这一时期开通。清王朝被推翻,原先官办和有官股的轮局面临改组。招商局无锡分局由钱味青、章剑门招集商股承办,戴生昌改为商股,大东改名泰昌,更有源兴、新商、恒裕、锡湖等一批民营轮船公司先后成立。建造大型客轮,开辟贯穿太湖的客运航线,这是当时内河轮船客运的一项创举。锡湖轮船公司由南浔丝绸巨商集资创办,公司设在无锡,经理为新世界旅社经理张德钦。建造的太湖号大客轮长125尺,宽20尺,拥有250匹马力、500个客位,堪称当时内河客运的巨无霸。可惜的是,因为体量大,不能驶进运河,无锡游客登船需要用万利号小轮接驳,到达湖州也是用小轮接至轮埠。更重要的是,轮船每趟往返只有二三十名乘客,仅为满员的5%。公司在巨额亏损中维持了4年多,最后只得宣告停航。

1927年至1937年,无锡客运轮局在调整整合中进入一个新的发展时期。

当然，密集发展难免带来营业竞争，以"别班"为名义的冲撞和压制时有发生。例如锡宜线、锡溧线，已有招商、中华、永固、新商4局，1930年又有宜兴人周复三开设阳羡轮局，引发"别班"纠纷。开始时各局以减价揽客，减无可减时索性免费，免费之外再赠送毛巾，闹腾一年有余，最终通过订立协议，建立联合办事处，实行联营。其他如锡澄线、周庄、华墅线，北漍、东莱线等，也曾矛盾重重，最终也是通过分早晚班、相互轮开，或者统一售票、共同结算，才使纠纷得以平息。

梅园游艇

与木航船码头分散各处不同，轮船码头相对集中。无锡的轮运班船终点最终定位于工运桥西边的轮船码头，这里与汽车站、火车站近在咫尺，首尾相连，相互间方便换乘。与近代民族工商业的繁荣发展相对应，无锡的货运业格外兴盛，自1920年代起各轮船公司在客货兼运的同时，纷纷增开货班。这又加剧与货运航业之间的竞争，各公司为招徕货源而竞相降价时有发生。以后由航业同业公会多次集议磋商，议决整顿办法，加强联系和合作，才不断缓解其间的矛盾。客货运输业内和业间的竞争合作，以及转运、联运业的发展，促使无锡形成为江南地区最为便利的铁公水综合型交通枢纽。至1936年，无锡共有货运轮局7家，轮船29艘，1545马力，以及数以百艘计的拖船船队；客运轮局28家，轮船58艘，1744马力，航线总里程1656公里。交通的便捷，促进无锡工商经济的快速发展和城乡居民的出行便利。

车行业：
轿与车种种

　　近20年间，城市私家轿车普及之迅速令人惊异。无锡城区以居民家庭计算的汽车拥有率当在80%以上。要知道，差不多100年前，城市里人们的交通出行还是步行加乘轿，与今日汽车首尾相接乃至时常堵车的情景，差别如同霄壤。而在轿舆与轿车之间，还间隔着一个以人力车为交通工具的时代。

　　古人乘轿由来已久，《史记》曰："陆行载车，水行载舟，泥行蹈毳，山行即桥。"这里的"毳"实为"橇"字，"桥"则通"轿"。集解引徐广解："桥一作辇，辇，直辕车也。"明张自烈《正字通》注："桥即轿也，盖今之肩舆，谓其平如桥也。"轿或辇原本是车杠平直的车，行走于陆路，遇有道路崎岖不平，便卸去车轮，以人扛抬而行，最后演变为轿舆。轿子作为定型的陆行乘具，最早专供后宫嫔妃和上朝官员使用。因为要使用人力，所以有诸多禁令，规定官员要有一定的品级才能乘坐。直到南宋年间才放宽限制，"旧制舆檐有禁，中兴东征西伐，以道路险阻，诏许百官乘轿，王公以下通乘之"（《宋史·舆服志》）。这里说的"中兴"，指的是南宋立朝。到明代，洪武六年下令："妇女许坐轿，官民老疾者亦得乘之。"（《明史·舆服志》）此时民间坐轿逐渐放开。但后来对公侯、勋臣、在职官员乘轿仍有限制，主要还是防止对人力的滥用。

　　无锡的轿乘盛行于明清时期，除明末一度有禁止外，总体是数量不断增加，式样有所改进。特别是年老体弱的老年人及缠小脚妇女，不便行走，出门访亲、诊病求医、庙宇进香，一般都需乘轿。轿子的轿架通常用质地较轻而又坚韧承重的杉木制作，轿厢、轿栅、轿顶用坚致而富于弹性的水竹篾丝编织而成，以竹竿、竹条为梃柱，并用铁圈、铁钩、铁钉加固。轿内设木板座位，可加放棉垫或席垫，并有活络的扶手挡板，以防上下桥或快速赶路突遇

当年的黄包车

障碍而发生倾跌。轿厢两侧和门帘上部分别设有绿纱窗，乘轿者可通过挂起窗帘观看轿外景物动静。轿身外左右两根壮实的轿杠，连着轿夫的杠棒纤襻，是轿舆的承重部位。民间的轿子分为小轿、中轿、花轿三种。小轿即便轿，两人肩舆，一人乘坐，乃日常普遍使用的乘具。中轿为四人帷轿，由四人扛抬，主要作礼仪用，喜事用彩帷，丧事用蓝呢罩。花轿专指婚事接送新娘的轿子，因为装饰锦缎、绢花而名为花轿，有的还披挂织锦龙凤轿衣，在轿顶装置牡丹灯、荷花灯、麒麟送子灯等，尤显富丽堂皇。

　　清朝末年，无锡城区约有300顶轿子，共有轿行18家半，每家轿行通常拥有10—20顶小轿，2—4顶中轿和花轿。轿行按地段分设，各行在县衙划定的区域内营业，轿行也轮流派出轿夫到县衙值差，义务服务，偶尔也因当差周到而得到官吏及家属的赏钱或赏酒饭。所谓"半家"轿行的惠山轿行，是因辖区范围较小和轿子数较少，不必义务出公差。轿行之外，也有一些富商豪绅和开业医士自己置备轿子，雇佣专职轿夫，如同后来的自备轿车，聘用专职司机开车。例如名中医龚锡春就有两顶轿子，常年雇佣轿夫，作为出诊的代步。轿夫的待遇，通常是由医生家供给膳宿，但不给工资，其工资在出诊时由病家计付。龚锡春去世后，其子龚士英接替其衣钵，但不再用轿子，而改用人力包车了。

旧时轿夫多数为脚班(即后来的扛重业)兼职,很多人体格壮健,力量过人。相传城中苏家弄箬叶巷口有一棵高大粗壮的杨树,枝叶茂盛,树荫遮天蔽日。在城区狭窄的小巷口有这么一棵大树,无疑会影响到交通。当时肩舆行中有一种说法,轿夫抬轿经过此处,如果一声不吭低头疾走,自能顺利通过;如果一时犹豫,迟疑不决,还口出怨言,轿子则会被树丫枝挡住进退两难。太平天国战乱中,杨树遭火焚毁,战后,树根被掘起,地面留下一个大坑洞,给路人行走留下了隐患。有脚夫顾二,人称"顾二模模",身短而壮实,膂力出众。一次,他去城南水仙庙看戏,因为人矮挤不到台前,就绕到人群后面,站到一块三尺多高的大石上观看。不一会儿又有众多市民涌来,见他遮挡别人视线,便出声咒骂,又鼓动10多个青壮年假装挤轧,想把他挤下石台。但顾二站立石上,任凭众人挤撞,却是纹丝不动。后面有人高喊:"你这杀坯!你要立煞石头上啊,有本事把石头搬回家去!"顾二待庙戏散场后,果然蹲下身子,一发力将数百斤重的大石抱在怀中,从容不迫走出庙门,经南长街进南城门,走二下塘到苏家弄,负重行走五六华里,面不改色气不喘,最后把大石填到了大杨树根的坑洞里。顾二的神力由此传遍了轿行业和脚行业。

辛亥革命后,随着王朝被推翻,官僚特权受到冲击,人权平等不受奴役的观念开始为更多人所认同,这也影响到轿行业的经营。更重要的是,金属车架、拉杆和铁木轮的人力车,自19世纪末由日本传入中国,不久即在大中城市应用成为人们重要的代步工具,并很快挤压轿行业的营业空间。在无锡,最早的"东洋车"出现于1905年。1911年,人力车同业组织成立。1913年,人力车有了钢丝轮辐、滚珠轴承和充气轮胎,不几年就完成了轮胎车的全行业改造。车子不再叫"洋车"而被叫作"黄包车"。完成改造的1917年,无锡有人力车730辆,1929年猛增至1770辆。1930年代初更增至2214辆,另有私家自用包车452辆,从业人员达到5000来人,成为城市一大行业。因为人力车对道路设施的要求高于轿子,人力车的普及也在一定程度上带动城市的局部改造。1912年至1929年,无锡城厢内外有37条马路修建拓宽,由石板路改为弹石路面,部分桥梁也由石台阶改为坡道,城市交通得到点滴改善。

往昔租用轿子,轿钱并无明确规定,通常由顾客与轿行根据时间、地点和行程协商而定。也可计日包租,民国初年,每天租金在1元5角上下。轿钱交付轿行,由轿行按四六分拆,轿行得六份,另四份由两名轿夫平分。但顾客还需另付酒钱给抬轿人,酒钱也称"平稳钱",如果不付,坐轿人可能会遭遇故意的折腾颠簸。遇到婚丧喜庆用轿,无锡人俗称"干正经""干事体",则不用事先谈价格,而是事后统一结算。一般人家可能为此而多出账,也有一些大户人家聘请临时账房,这些账房熟知人情世故和市面行情,轿行未必能够多赚一票。人力车则有所不同。人力车夫大多数向车行租车,少数为自备车且挂靠车行营业。车夫租车要按期向车行交付租金,挂靠车行营业也需交纳月捐。民国初年,月捐大体为每月银洋一元,尔后随着经济起落和币制变化,车租和月捐时有调整。1933年8月,无锡全县的人力车工人总罢工,就是因车行提高车租、车夫反对车行盘剥而发起。因为人力车夫人数众多,且直接关系百姓日常生活,其影响在无锡仅次于丝业工人大罢工。

人力车的车资,通常由同业组织(车行业公会和人力车行业工会)协商确定,统一明码标价,并且以配套的业规行约加以约束。这既防止车夫坐地起价欺负顾客,也便于调节车行与车夫的利益分配,防止同业间的不当竞争。民国初年,自崇安寺山门口为起点,至火车站24文,至大洋桥20文,至南门20文,至清名桥45文,至亭子桥20文,至西门16文,至书院弄12文,至大河池20文,至梨花庄25文,其他去向依此类推。倘有急事需要赶时间,也可以要求车夫快跑,那要另加赏钱。因为每车一车夫,较抬轿减少人工成本;加上招手上车、招呼停车,方便快捷,黄包车很

用板车运送嫁妆(1980年代)

快实现大众化普及。

黄包车有长长的车杠,这便于车夫掌握车的重心,灵活掌控转向。车座设有柔软的坐垫和靠背,可以并排乘坐两位客人,较坐轿方便、舒适。车的扶手和后背部位安装可折叠的车篷,必要时撑起,可以遮阳挡雨;撑起的车篷前面有悬挂的胶布车帘,既遮风避雨,也起到保持私密性的作用。稍后较为新式的车子是在轮轴与车身之间加装避震钢板,不仅坐车更平稳,拉车也更轻巧。车夫拉车上桥固然要费力一些,但下桥时有经验的车夫可将车杠抬起,全身重量吊在车杠上,利用下坡的冲势,脚尖以蜻蜓点水的方式大跨步飞奔,既省力速度又快,同时口中大喊:"靠!靠!"提醒过往行人小心避让。

1928年11月,正是清秋时节,文学家郁达夫乘火车自上海经苏州来无锡观光,留下一段难忘的记忆。郁达夫乘坐的是正午12时到无锡的一班特别快车,但此时正是人力车夫吃饭、缴车、换班的时间,所以当郁氏走出车站时竟叫不到车。听说要到太湖风景区去,站前候客的一辆黄包车居然开口索价一块大洋。他只得步行走过大洋桥,来到桥堍的无锡饭店门前乘车,叫了一辆黄包车前往迎龙桥,在那里转乘驶往梅园的公共汽车。好在荣氏开办的这一路公交车相当便利,每20分钟或半个小时便有一班车开出。虽然其时无锡已有了最早的出租汽车,但可以通行汽车的道路很少,收费也不是一般平民百姓可以承受,因而黄包车和公交车还是比较合适的选择。郁达夫与同车的几位上海旅客对沿途"自然的和平清景"发出由衷的赞美。而开原路这条宽敞的乡间大道上,"游人如织,有步行者,有坐人力车者,结对成行",正体现了一座新兴城市的动感和活力。

黄包车的盛行并没有完全取代轿子。出于传统习俗,人们在操办婚事和丧事时仍用轿子接送重要人士。尽管后来轿行已不景气,但轿子直到1949年后才完全被淘汰,退出人们的出行。而在黄包车兴起的同时,一些新式的轮车也得到广泛应用。例如载货的板车,又叫榻车,也是胶胎双轮,双杠把手,以竹木为车身,人力拖拉,也在很长时间里作为人们载运货物的工具。又如自行车,当时叫作自由车,1930年代引入无锡,均为舶来品,有美国的三枪、海

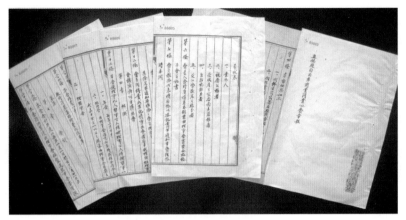

自由车商业同业公会章程

格力斯和日本的旭光等品牌,骑行者大多为富家子弟,因为最高档的进口自行车,大体是"一两黄金一辆车",不亚于当今的名牌豪车。与人力车有车行一样,自由车也有车行,主要是提供租车服务,一些没有自备车的骑行者,可以短期或长期向车行租车,只要能提供担保并支付租金。

1949年后,人力车服务出现收缩。这是因为,一方面城市公共汽车逐步发展,一些偏远的国营厂企单位对工人上下班实行车船接送;另一方面,国产自行车工业起步发展,部分员工有了自备自行车,城市通勤和人们的出行方式发生巨大变化。与此相关的另一个重要变化是,脚踏的人力三轮车出现,黄包车开始让位于更为省力的载客三轮车。就连拉货的板车(榻车),也部分地被人力三轮货车所替代。但总体而言,城市交通出行是一个此消彼长的变迁过程。如果说黄包车最终取代轿子用了30多年时间,那么,公交车、机动三轮车取代黄包车、人力三轮车,前后也有30多年。直到1980年代后期,最后一辆载客的人力三轮车才被送进博物馆。至于私家汽车的兴起,那是新世纪开启的新的发展阶段。而城市公共交通的技术进步、服务改良,也将与自行车、助力车、摩托车出行相并行,在不太遥远的将来,迎来今天人们所意想不到的新的转变。

旅馆业：
温柔乡抑或安乐宫

人们远途出行，难免在外住宿，就要有临时居住之所，古人称之为"旅寓""逆旅"。孔颖达说："旅者，客寄之名，羁旅之称。失其本居而寄他方，谓之为旅。"这里有两层意思，一是人们外出，离开家居，寄住在别处，称为旅；二是旅有众的意思，旅寓不同于家居，是众人居住之所。古代外出旅行者，主要是长途贸易的商贾。所以晋潘岳在《上客舍议》中说："逆旅久矣，其所由来，行者赖以顿止，居者薄收其直，交易贸迁，各得其所。"当然官府之人也要远途出行，相对应的是，早在周代就有了官方办的馆舍，《周礼》称："凡国野之道，十里有庐，庐有饮食。三十里有宿，宿有路室，路室有委。五十里有市，市有候馆，候馆有积。"庐仅提供饮食，路室可提供休息，而候馆则既有食又有宿。旅馆之"馆"，突出为"官"，以与民间的旅舍相区别。不过，后来民间的客舍也逐渐统称为旅馆了。

在无锡，旅馆又称为客栈、栈房，简称"栈"。虽然客栈与货栈都叫作栈，实际生活中区分还是很清楚的。除官办的驿站外，无锡作为商贾往来之地，应该早就有旅店、客栈营业，只是缺少可考的历史记载。而有确切记录的无锡近代第一家商业性旅馆，名为"万安栈"。1909年，无锡县东大街的图董（也叫图正，地方基层管理人员）陈均和，筹资在离县衙不远的东大街开设万安栈。这家客栈两开间，三造进深，二层楼，设施简陋，客房均为着地大通铺。稍后又在金匮县衙旁开设天丰栈，屋舍及配置与此相仿佛。二者都是为进城

通运桥堍的新世界旅社

缴纳田赋税捐,以及告状打官司的农民提供住宿。其收费标准也相当低,住宿一夜收取5至7个铜钱。

无锡商业兴盛,往来客商除投宿商家或朋友家之外,也有茶馆晚间关张后,把两张茶桌拼合一起,铺上被褥即可接待客人住宿。万安、天丰两栈之后,面向商旅的客栈相继开出。值得一说的是,无锡旅馆业从传统客栈到具备近代设施和服务功能的新式旅馆的演进,只用了短短不到10年时间,这与接受来自上海的新事物、新风尚,以及无锡新式商业的迅速发展密不可分。

无锡早期的旅馆,主要分布在火车站和轮船码头附近,以及商号林立的北塘、北大街一带。自1911年至1914年,无锡接连涌现出10多家旅馆。1914年开设的永兴栈,坐落于通运路中段,沿街石库门门面,二层楼房。其房间宽敞,空气清新,有户外阳台,住店客人可以在阳台观看商市街景。客房为炼砖墙壁,西式铁床,西式桌椅,被面帐幔采用绸缎绉纱,还安装有不久前刚在无锡面世的电话机。差不多同时出现的启泰栈,由顾达三创设于北门外黄泥桥堍。这里是多条河道交汇的竹场巷,与北大街相去不远,又紧靠去往西、北乡的班船码头。更重要的是,往来上海和苏州的"土"船(土即烟土)、银钱船也在这里卸船出货。地处交通要冲的启泰栈,面向往来申、苏的豪绅、富商,不仅设施和服务趋向于近代化,而且开出全新的服务项目——快艇旅游。1914年9月28日的《新无锡报》首次刊出启泰栈的一则广告:"本栈之'瑞溪'汽船,目下停泊码头……如欲往惠山、太湖,所定船租,格外从廉。"乘坐汽船观赏湖光山色,这在无锡旅馆业中属于首创之举。

沪宁铁路通车,无锡火车站成为新的客流中心,航船客运码头也从竹场巷转移到通运桥北堍的亮坝上,带动了通运路一带的商业繁盛。顾达三灵敏地察觉到这一变化,果断决定把启泰栈迁至通运路、汉昌路的转角处,前面的门面对着熙来攘往的通运路,后院朝向通往光复门的光复路。至20年代末,通运路及其内街共有饭店21家,旅馆20家,约占全城总数的80%。加上万前路的风味小吃一条街,通运路至太平巷的10多家茶馆店成为无锡后起的一处商业服务街区。不仅往来商贩、旅客,还有进城办事购物的农民,车站、码头的搬运工人、人力车夫,都在这里游走、歇息,呈现出与城中崇安寺、城北北大街不相上下的繁华景象,这无疑是旅馆业发展的有利条件。

为了吸引旅客入住,也为了增加营业收入,旧时的无锡旅馆个个想方设法伸展触角,琢磨新招:

——兼营茶室。一些旅店辟出沿街、门面空间,面向外来旅客和本地居民设置茶座。例如创办于抗战中的京沪饭店,在大堂一侧开设仙乐茶室,卖茶的同时也供应各色饮料。并引进艺人在茶室演唱弹词开篇,茶客边品茗边听书。别出心裁举办"群芳会",请来女艺人演唱平剧(即京剧),任由茶客点唱,引来一些白相人(方言,无所事事的人)捧场打赏。抗战胜利后,茶室增设歌厅,有乐队伴奏,演唱时尚流行歌曲。不久又改为滑稽戏表演,沪地说唱加独脚戏,颇得茶客欢喜。这一些都带来旅店生意兴隆。至1949年,京沪饭店计有客房95间,是当时无锡规模最大的旅馆。

——开设酒家。一些上规模的旅馆相继开办酒家,不仅为住店客人,更为城乡居民提供餐饮服务,包括喜宴寿酒。旅馆也因此有了"饭店""酒店"的称谓。抗战后在原来被烧毁的启泰栈旧址兴建的中国饭店,是无锡旅馆酒家中的翘楚。它由毛仲寅等人创办于1947年，从设计、建造到开办、营业，一直以酒家部与旅馆部相并举。饭店为钢筋水泥四层大厦，旅馆部完全美式装备，浴缸、喷淋、抽水马桶一应俱全。而酒家部则由从法国归来的金大千主理，装饰、菜肴、服务是一派典型的巴黎风尚，尤以中西大菜驰名沪宁沿线。

——承办婚嫁喜事。早在1914年，位于通运路的苏台旅馆率先扩充改造，添筑高大洋房，设立大餐厅、会客厅、走马花台，承办婚礼宴席。同时为新人家眷提供客房服务，以房间明亮、装潢华丽、被褥整洁、服务周到而广受欢迎。当时的旅馆还没有在客房内配备卫浴，住客需要浴水、洗脚水，均由旅馆的娘姨送来，需要另外收费。继苏台之后，一些上规模、上档次的旅馆，都把开办婚庆酒宴、租借喜事房间作为增设服务项目。

——租船旅游。启泰栈的瑞溪汽船开无锡旅馆业组织观光游览的先河，但并非所有的旅馆都有自备游艇，一些旅馆即以租船、包船开办游惠山、游太湖项目，借助山水风光和园林景色提升整体经营效益。位于通运桥堍的惠中旅社，由宁波人陈香耕开设于1913年，1945年改造重建，门头采用宫殿式，门前两根大红庭柱，门楣飞檐翘角，覆盖竹节琉璃瓦，古色古香，别具一格。房间内置有滑轮铁床、棕绷垫，单双铺房间还配有沙发，电灯、电话安装齐全。旅社设有小型游乐场，并代客租船游览，主要面向过往客商和各路白相人，每逢假日、周末，其房间爆满，一房难求。

——增设舞厅。旧时的无锡旅店有三家办有舞厅，即京沪饭店、中国饭店和泰山饭店，而以泰山饭店的太湖厅最为著名。泰山饭店由号称"娱乐大王"的陈庸泉集股战后法币6.15亿元建造，位于火车站南面、轮船码头北侧，地理位置堪称独一无二。开办时拥有90间设施上乘的客房，房间内有打蜡地板、大床、沙发、挂衣橱，豪华气派。当时还没有空调设备，但设置冷热水汀，冬天供暖尤为舒适。饭店配置3门总机，大部分房间设有电话分机，这在无锡旅馆业也属领先之举。饭店朝南面向运河轮船码头，即为太湖厅，主要供应中西茶点，曾特聘太湖游船的几名大师傅制作太湖船菜船点应市，一时间遐迩闻名。同时在屋顶开设露天舞厅，也名为"太湖厅"，这在当时无锡歌舞厅

中人气最旺、最具浪漫风情。泰山饭店也因此赢得"无锡第一流休憩之处"的
美誉。

　　——开办游乐场。上海大世界走红，无锡即有人跃跃欲试打起开设游乐
场的主意。1916年3月，由后来建办泰山饭店的陈庸泉筹资开办新世界旅社，
选址在通运桥南塽，是为无锡第一家综合性娱乐场所。因为坐落于道路拐角
处，旅馆外立面呈折角状，两侧主体建筑三层，转角拔高为五层，仿佛一座桥
头堡，隔运河与火车站两两相望。新世界的旅馆部与马路对面的无锡饭店同
为当时无锡规模最大的旅馆。不同的是，新世界一楼开设书场，以及照相馆、
弹子房、购物部、小吃部，配置完善而新潮。二、三楼则设有12个小剧场，常年
请来沪、江、浙的京剧班到此献艺，其间也穿插常锡文戏（锡剧）、苏滩（弹词）、
申曲（沪剧）、滑稽戏、魔术等，非常受人欢迎。每晚6时放映电影，虽然都为黑
白片，广告则以"五彩活动电影戏"作招徕。四楼、五楼和三楼屋顶平台开办
屋顶花园，可以喝茶、喝酒、喝咖啡，观赏四周街景，也可以轻歌曼舞，尽享华

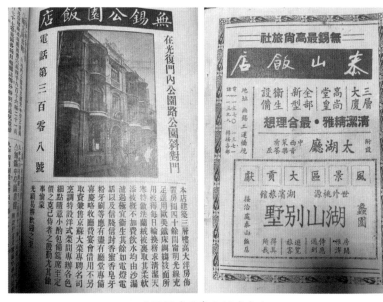

公园饭店及泰山饭店广告

贵雅致的环境。每当夜幕降临，华灯初上，新世界的霓虹灯大放异彩，犹如一座金碧辉煌的水晶宫。屋顶花园人头攒动，各演艺厅顾客盈门，新世界俨然成为无锡文化娱乐的一处新地标。因为率先传导"十里洋场"的海派风情，新世界旅社的兴起，使得无锡"小上海"的知名度显著升高。

如同一些茶馆被人用来打牌、搓麻将玩成赌博，也有一档旅馆为了拉住和扩大生意而滑向色情服务。当时通运路及其背街里弄是无锡的"红灯区"。三四十年代这里有数十家向导社，即公开挂牌的色情服务单位，以介绍女招待的名义，由跑街拿着年轻姑娘的名册到旅馆兜揽。被旅客点到的向导（俗称"玻璃杯"），可根据客人的需要陪同看戏、玩牌、跳舞、喝酒，按钟点计费，收入由向导社老板、跑街、姑娘及旅馆茶房四方分拆。内街里弄还有多家书寓（俗称"长三堂子"），即一定档次的妓院，以及为数不少的私娼。她们通过旅馆的茶房与旅客勾搭，进入客房陪侍（称为"夜厢"）。客人则以红包或小费的方式，给茶房以适当的酬劳。与此相伴随的酒醉烟毒，也同时在旅馆滋生蔓延。直到1950年代，在人民政府的严格治理下，这些丑恶现象才得到清除。

当然，旧时无锡的多数旅馆还是坚持正当经营。随着风景区开发、旅游业兴起，不少文人墨客来到无锡游览观光，许多聚会和会议放在无锡举行，一些电影摄制组也选择在无锡采景拍片，旅馆也就成为文化活动、文化交流的场所。1930年9月，中国经济学社在无锡举行年会，到会的上百名经济学家、银行家、实业家，分乘16艘机动船鱼贯而行，"白旗招展，碧波荡漾，汽笛相应"，从梁溪河驶往梅园，入住荣氏开设在梅园的太湖饭店。1933年3月和10月，应无锡国专校长唐文治邀请，国学大师章太炎两次赴无锡讲学，同行者有著名学者陈衍、陈柱、蒙文通等，以及一众章门弟子。他们自苏州乘火车抵达无锡，除章太炎住在唐文治家中外，同行之人均下榻紧邻城中公园白水荡的公园饭店。此时的无锡旅馆已经具备接待上规模和高层次学术文化活动的能力。

"金嗓子"周璇在无锡旅馆的机智脱险，则是另一种特殊情形。1943年6月，黄梅时节，上海联华电影公司《渔家女》剧组到无锡太湖拍摄外景，住在锦树里的花园饭店。然而天公不作美,连日阴雨霏霏,拍摄不得不推迟等待天晴。演员们就在旅馆里下棋、打扑克,消遣时光。周璇则在房间里练习影片插曲《疯狂世界》。这一天,旅馆里突然来了日本宪兵队的5个特务,指名要找周璇。正巧这一天导演卜万苍带了大家去游惠山,旅馆职员虚与委蛇,才把特务应付过去,但他们留下话说是晚上再来。剧组返回得知信息顿时就蒙了,周璇更是被吓哭。晚上9时,宪兵队特务再次闯入,逼着茶房打开周璇的房门,但见床上一人蒙被而睡,上前揭开被子一看,却是男演员韩兰根。韩演戏以滑稽诙谐著称,他一面与敌寇周旋,一面做出各种滑稽怪相,逗得特务们忍俊不禁。无可奈何之下,来人找到卜万苍责问,卜一口咬定周璇已返回上海。加上旅馆配合掩饰,特务们一无所获,只得悻悻而去。第二天一早,周璇女扮男装,在男主角顾也鲁等人保护下,匆匆乘车转移苏州。随后,卜万苍率其他人员也悄悄转往苏州。《渔家女》这部控诉沦陷区黑暗现实的电影,最终放弃了在无锡吴塘门的拍摄计划,改成了苏州木渎的太湖外景。

相比较而言,1947年春的《丽人行》到无锡演出,才是一场轰动一时的喜剧。当年名扬海内的演剧九队,在田汉、洪深带领下,搭台于城中公园的无锡大戏院,上演精彩话剧《丽人行》。海报一经贴出,再加报纸刊发剧评,不仅无锡城中人们奔走相告,苏常等地戏迷也纷纷赶来无锡看戏,争睹明星风采。崇安寺及周边饭店客满,旅馆加铺,公花园里人流如潮,草地都被踩平,热闹情形胜过节日香灯庙会。著名剧作家、戏剧史家周贻白,也特地从四川赶来无锡,与多年的老友田、洪二人相会。中国戏剧界的三位扛鼎人物在公园相见,烹茶温酒,畅叙艺坛人事,把晤为快。周贻白曾留下一组《无锡景物竹枝词》,其中几句记下了他客居无锡、枕河而眠的真切感受,至今为人传诵:

九支羽箭一张弓,十道河流八路通。

是处楼台皆近水,无边风月橹声中。

服务篇

理发业：
从栉沐到美容

栉风沐雨，常被人们用来形容奔波操劳、历经艰辛的样子。《史记》称大禹致力于治水，栉风沐雨，即以风当篦，以雨为淋，洗梳头发。

《说文解字》曰："栉，梳枇总名也。"《释名》则将其作了区分："梳，言其齿疏也；枇，言细相比也。"也就是说，梳子的齿相对较为疏朗，而枇子是密密排列的细齿。木梳相传由炎帝发明。明徐矩明《事物原始》云："赫胥氏造梳，以木为之，二十四齿，取疏通之义。"据《庄子》及其注疏，赫胥氏乃上古帝王，"云有赫然之德，使民胥附，故曰赫胥，盖炎帝也。"当然这只是一种传说，不过在新石器时期的良渚文化遗址中，已不止一次发现玉（石）背象牙梳，可见梳子发明时代之早。枇，现在通常写作"篦"，以竹制成，与木制的梳相区别，南方人称为"篦箕"。篦箕相传春秋时期由延陵（今常州）监狱中一名叫陈七子的犯人所发明，距今也已有2000多年的历史。而常州特产梳篦至今犹盛名于大江南北。

事实上，古人对梳理头发相当讲究。早在周代，洗梳用的工具、材料已有多种适用性。《礼记·玉藻》称："日五盥，沐稷而靧粱，栉用樿栉，发晞用象栉。"这是说，洗头要用淘洗谷子的水，洗脸则用淘洗小米的水；梳理湿滑的头发用樿木做的梳子，而梳理干涩的头发则用象牙为齿的梳子。值得注意的是，周代王宫中已有"栉人"之官（《周礼·考工记》），"栉人"也就是主管宫中洗沐之事的专职人员。

国人自古信奉"身体发肤受诸父母,不可毁损"之理,男子及冠、女子及笄成人之后,一般不能剪断头发,只能洗梳修饰,挽成发髻盘于头顶。从出土陶俑和画像砖看,汉代人们的盘发、束髻已形成多种发型。发髻有单环、双环、三环等式样,并用簪钗、雉羽等加以装饰。而在马王堆等汉墓,也多有木质、角质梳篦出土。至唐代,贵族发型精致奢华,有百合髻、乐游髻、盘桓髻、惊鸿髻等数十种名目,宫女、贵妇更是以高髻为美。唐诗中不乏描绘高髻的诗句:"插花向高髻"(万楚),"峨髻愁暮云"(李贺),"高髻若黄鹂"(欧阳詹),"髻鬟峨峨高一尺"(元稹)……大体到宋代时,京师等百业繁盛的城市已有为人提供洗梳服务的专业人员,称为"鬓师眉匠",主要服务对象当然是贵族、富豪、官僚、倡优之类。与花髻云鬟相配,其时已有多种发饰,其中插篦与簪、钗、胜、步摇、金钿、珠花、勒子并称古代仕女八大发饰。唐宋词中的精彩描述可作印证:"莲冠稳簪钿篦横,飘飘罗袖碧云轻"(顾夐:《虞美人·晓莺啼破相思梦》);"罗衫玉带最风流,斜插银篦慢裹头"(花蕊夫人:《宫词》);"求仙去也,翠钿金篦尽舍"(薛昭蕴:《女冠子》)。

元明时开始出现走街串巷的理发匠。百姓人家除居家沐浴洗理之外,也请理发匠帮着梳理头发、修面美容,女子则请专门的"洗头婆"上门洗发盘髻。

位于中山路的白玫瑰理发店(1965年)

清军入主中原,颁布剃发令,强制按照满族风俗剃发留辫,规定男子必须剃去前半部的头发,保留后脑部分头发,编成辫子垂在背后。前额要保持光溜就必须经常剃刮,于是以理发为职业者增多,并被称作剃头匠。游走于城乡的剃头师傅挑一副剃头担,担子一头是凳子,凳下有抽屉,里面放置理发工具和辅助用品;一头为面盆架,放置洗脸盆和毛巾,架子下有煤炉或炭炉,用于加热洗头水。这就有了"剃头挑子——一头热"的俗谚。早年的剃头担,面盆架竖有一根木柱,用来挂刁斗、幡子,其样式可能承袭了满族人骑射征战的某种标志,内容则为"奉旨剃发"的文诰。后来刁斗演变为放肥皂的盒子,而幡子也变成了一块用以刮擦剃刀的批刀布。

剃头匠为招徕顾客,使用一种响器代替吆喝,这响器叫作"唤头"。唤头状如音叉,也称"锿子",是一个开叉的金属物。用金属棒或手指拨动锿子,发出"爽嘟……爽嘟……"的声响,可传出很远,让人知道有剃头师傅来了。元代僧人雪岩有诗云:"一声锿子噪秋蝉,门内老僧惊昼眠。"剃头匠也就有了"刀锿工"的雅称。1775年随同马戛尔尼访华的英国人,回国后所写《英使访华录》中曾记载唤头使用的情形:"为了显示这行行业(指理发行业)的特点,他们(指理发匠)手携大铁叉,用手指拨开叉口让它相当剧烈地碰合时,就发出一种尖锐的声音,可以传布到很可观的距离,从而招徕生意。"据说旧时的剃头匠在使用唤头时练出了多种技巧,能弹拨出多种动听的音调,名为"金鸡报晓""黄莺调舌"等。

历史进入民国,男子剪去辫子,一时间发式发样千差万别,在无锡除散发披头外,有梳成牛角者,有剃为鳖盖者,有覆鼎式者声称代表"三权分立",还有梳成五条细辫者自诩为"五族共和",不一而足。对此,江苏巡按使公署于1914年7月发出公告,对各种稀奇古怪的发型大加申斥:"大则有辱国体,小则关碍风化。"命令"一律剃作秃头,或作正式分头样,限十日内一律整齐。如有不遵,故违愚顽,定按违警处分,决不宽贷。"以省一级政府的名义,通令居民统一头发式样,这在中国近现代史上也可算是一枝奇葩。不过自此之后,汉人成年男子的发型逐步趋向短发,从光头、平头到分头、背头、青年式、西装头,虽然也有多种花样,却极少见到披肩发和编辫子了。

相对而言,这一时期女子的发型却日趋多样。清代平民女子一般都在脑后束髻,称为"乌髻头"。民国年间,南方年轻女子开始转向剪短发,这与北方姑娘较多梳长辫显然不同。随着电影、照相在城市流行,新式发型的模仿成为时尚,烫发技艺也很快从上海传入无锡,越来越多的女子把烫发作为一种时髦追求。在无锡,不仅富家太太、小姐讲究化妆、美容,一些中产人家的妇女、青年女工和女学生也相应烫起了卷发,菊花头、大波浪、满头鬈……各式各样。

正是在这一时代转折中,无锡地区的理发业逐渐兴起,剃头担落脚固定店面,剃头匠成为了理发师。至1920年,无锡理发店超过100家,从业人员达到500多人,主要分布在老城区。当时的理发店,少数为独资或合股开店,雇佣理发师及招收学徒从事营业,员工通常在5人以上;多数为个体开业,即所谓"连家店""夫妻店",个人从业或夫妻搭档、家人帮手,规模较小,设施也相对简易。旧时无锡的理发从业人员,除本地师傅外,主要来自扬州、镇江、丹阳,各自以地缘相结托,人称理发业"四大帮"。其中尤以扬州帮人数多、势力大。1931年,理发业联合成立同业公会,会所设在城中八儿巷。每逢旧历七月廿三日,同业在这里集会,祭祀行业祖师爷罗朝奉,共同商议业内重大事项。

抗战前,无锡上规模、有声誉的理发店,首屈一指的为美蓉轩理发店。创办人是陶国增,年轻时从事理发,精通洗理烫染技艺。1925年,他拿出多年积蓄,在崇安寺开办美蓉轩,虽然只有一间门面,但配置了14张理发

位于德源路的德源理发店

理发业公会同仁合影（1940年）

椅。店内装备精当,水门汀地坪,瓷砖墙面,在当时堪称新颖别致。进店的21名理发师和职工,招聘时由陶国增亲自面试,都算得上是同行中技术好、业务精的尖子。美蓉轩以管理严谨、技艺考究、保证质量、讲求信誉而著称。陶国增还经常到上海的美发厅观摩学习,研究发型的变化和技艺的改进,使本店的发式和服务跟上时代潮流,也带动无锡理发业的进步。美蓉轩由此而在沪宁线上扬名一时。

抗战胜利后,无锡名气最响的理发店则推皇后理发店。其创办人管志卿,祖籍扬州。早在清光绪末年,其父管金和从扬州来到无锡、溧阳等地,在大伯父管金元开的理发店里当学徒、做帮工,并于1930年代初在崇安寺昇泉浴室旁开设了和源理发店。和源因为较早开设女宾烫发,其效益明显好于一般理发店,所以短短几年间就发展到10张椅子和10多名员工,改名大华理发店,成为可与美蓉轩相颉颃的佼佼者。但沦陷时期被一个日伪翻译官看中,倚仗日本人势力将店面强行夺走,管金和只得在钟楼图书馆前摆个理发摊谋生。等到他两个儿子管志卿、管志坚出道,才在老北门北水关桥旁租得一间

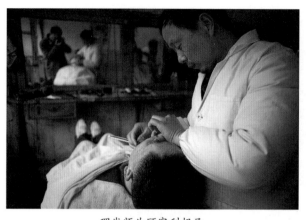

理发师为顾客刮胡子

不足10平方米的房子,用两张旧藤椅、两块不规则的玻璃镜,开设一家名为"民冬"的小小理发店,靠为青少年学生理发立稳脚跟。好在管氏兄弟技艺高超,又有一定文化修养,店客关系融洽,那批中小学生入职工商企业后成为民冬的基本顾客,支撑着这家小理发店不断壮大。抗战胜利后,管志卿将店迁至紧靠皇后电影院的书院弄口,正式改名为"皇后理发店"。不久,中山路上的元元鞋帽店因故歇业,管志卿抓住机遇,筹资将这处两开间两层楼的店面租下,按最时尚的式样高标准装修。门前是玻璃大橱窗,店堂内铺着平坦漂亮的磨矶石地面,并配置管道热水系统,都是当时无锡理发行业前所未见的。新开业的皇后店,一楼为男宾部,二楼为女宾部,全店职工50余人,大多为业内好手。管志卿以顾客至上为经营方针,经常与师傅、顾客探讨发型设计,还邀请香港、上海等地的理发名师来店演示交流,不断有所改进,因而深得顾客好评。1950年代,理发业按甲、乙、丙分等定级,皇后理发店被评为无锡第一家特级理发店。

20世纪前半期,无锡理发店的设施设备大多比较简陋。一般都是木质座椅,部分加配硬皮质坐垫,只有少数大店才有铁制转椅,配沙发式软垫。通常以老式锅灶烧水,用盆、勺舀水洗头,只有个别大店采用烧煤小锅炉,以管道放水。照镜由小变大,爽身粉、化妆品由少变多,逐步提高质量级别。冬天靠火炉取暖,夏天没有电风扇,而用悬挂在梁上的布帘扇风散热,由一位老年职工或年轻学徒,拉动穿过滑轮的绳子,使布帘来回摆动,产生徐徐凉风。电动的理发工具主要是电轧剪、电吹风和电烫发机。这在多数理发店得到普及使用,但电烫发也曾因事故而引发风波。20世纪30年代初,女子烫发传到无锡,但电烫设备相当简陋,理发师也对安全用电缺乏足够认识。1935年8月,一家理发店因电热发夹漏电发生触电事故，令一位顾客当场身亡，社会舆论哗然。地方警局下令全城理发店停止烫发，电烫器具悉数封存。之后随着设备安全性能提高，用电常识普及，电烫发才又陆续恢复。

与设备的不断改良不同，理发业的服务项目却是逐渐退化。从传统剃头担到近代理发店，理发师傅都有一些兼带的服务项目，譬如敲背、捏筋、修指甲、掏耳朵、拔落枕，乃至治烂耳朵（炎症化脓）、去除眼睑异物等。其中一些项目，要求理发师掌握中医配药、穴位按摩的医理和技能。一些档次较高的理发店，如美蓉轩等，还为女宾修眉、画眉、化淡妆、护理皮肤等。但随着医疗、护理走向专业化，这些辅助服务项目慢慢淡出了理发店。一个典型例子是剃头匠丁保。

旧时代无锡社会上有几个富于传奇色彩的畸零人物，统称"无锡八怪"。其中之一便是丁保——因为瘸腿被称为"折脚丁保"。此人在东河头巷口开一个小理发店，剃头、修面的手艺超群，并且擅长敲背捏骨、舒筋活络，还身怀秘方，能配制多种膏药，治疗热疖毒疮、皮炎湿疹、骨伤骱痛，往往能治好一些久治不愈的疑难杂症。加上他为人忠厚谦和，且有义肝侠胆，乐于济贫扶困，颇受人称道。有一次因为救起一位自寻短见的少妇，救难中免不了对口吹气、按压胸腹，事后遭到当事人家属的兴师问罪。后来由当地图董徐耀先出面调解，方才促成双方和解。但有一股舆论却依然不依不饶，站在"男女授受不亲"的道德制高点，对丁保的救人之举横加指责。这引起从德国学成归来、同样是腿有残疾的西医博士周伦的愤慨。周博士特地登门向丁保致以慰问，并在《锡报》发文反击群儒，激起社会的正义反响，成为当时地方的一桩热点事件。而事情平复后，丁保不再理发，而是改行行医。无锡从此多了一位颇有名气的骨伤科医师，而理发店的医护服务项目则渐渐归于消亡。

浴室业：商民咸宜话『混堂』

清同治三年(1864)，在江南一带与太平军作战的淮军将领刘铭传率军攻占常州，进驻护王府内。这天午夜，刘铭传正在灯下读书，万籁俱寂中窗外传来清脆悦耳的金属撞击声。他拔剑秉烛到屋后巡视，发现是坐骑骏马的嚼口铁环磕碰马槽发出的声响。马槽通常是石制或木质，何以会发出金属之声呢？再仔细看去，见这马槽形制硕大，槽口在夜色中发出深沉的幽光。伸手轻叩，其发声清朗悠远，顿时明白此物绝非寻常之器。第二天一早，刘铭传命随从卸下马槽，洗刷干净。但见此槽为青铜质，长约五尺，宽三尺，高一尺有余，重达400余斤。其直口方唇，矩形足，兽首衔环耳，造型奇伟，纹饰华贵，底部内壁铸有长篇铭文，这就是国宝文物西周虢季子白盘。它本身虽然是一件征战纪功的铜器，但造型模拟的却是古人洗浴用的器皿。

个人清洁卫生的改善是人类文明进步的重要环节之一。古人称洗手为"盥"，洗脸为"靧"，洗头为"沐"，洗全身为"浴"。《说文解字》曰："沐，濯发也。浴，洒身也。"古文字中也很早就有了"洁""净"(瀞)的概念。制作精美的青铜大盘，正是古人生活状况的一个印证。

无锡人称洗浴为"潝浴"。这是日常起居行为，又具有一定的私密性，所以主要在家中进行。潝浴时，以浴盆或大号脚盆作为盛水器具，用锅灶加热清水，注入盆中。浴盆、脚盆以木片拼合而成，用铁环箍牢，表面涂刷油漆或桐油，以防水防朽烂。旧时一般人家家中都有大小不等的各种圆木家什，这些都是为传统的家用洁具。为了保温防寒,有条件的人家可以辟建相对密闭的浴室。一般人家则在灶间、柴间放置浴盆,洗浴者就坐在盆中擦澡洗浴,通过加注热水来保持水温,天气寒冷时也有用棉、布制成的浴帘来围挡防风。至于搪瓷、陶瓷浴缸,以及水龙头、淋浴器具,还有塑料浴帘、浴罩等,那是20世纪后期才陆续出现在民众生活中的。

无锡地处江南,城乡河道纵横。夏日,男子和孩童可以下河游泳,或在河边洗浴,称为"潽冷浴"。传统的节令风俗中有一个天贶节,是旧历六月初六,主要祭祀城隍老爷。北宋真宗年间,因为发生澶渊之盟事件,真宗想得到天瑞,以便去泰山封禅,以冲淡败军的耻辱。宰相王钦若便托梦祥瑞,伪造天书,迎合圣意,这就是天贶节的由来。但这个节令在北宋只热闹了一阵子就冷落了,直到南宋时才再度兴起,并且在江南一带演化为民间的祀神活动。包括祀城隍以禳灾,祀土地神以祈谷,还有祀龙皇娘娘、祀杨泗菩萨的。不过在民间,旧历六月六这一天意味着夏天的到来,人们都在这一天曝衣、晒书,洗刷并晾干一些器皿。还有就是下河游泳洗澡。所谓"六月六,狗潽浴",名义是说猫狗在这一天洗澡可以不生虱子,其实也表示到了人们可以下河洗浴的季节。

在无锡,还有一个烧百草汤洗发沐浴的习俗,称为"沐兰汤"。时节有六月初六,也有在五月初五(端午节)的,与插菖蒲、烧艾叶、饮雄黄酒相配套。所谓百草,包括藿香、佩兰、香附、白芷、苍术、银钱草等,都是祛风散寒、理气除湿的中药草。将药草煎成汤汁,加入水中用于洗浴;也有将药渣装入小蒲包内,泡入浴汤中洗澡。这能抑制霉菌滋生,阻止毒虫侵害,发挥舒筋活血、清洁肌肤、预防伤风感冒的功效。

居家烧水洗浴颇费柴火,特别是冬季天寒,不易保暖,人们就到有大浴池的浴室洗澡。无锡营业性浴室的出现,已是晚清年间。其时无锡作为长江下游的一处米码头,不仅承担漕粮转运,而且吸引南方各地的稻米在此周流集散,并带动粮食仓储业和碾米、磨粉等加工业的不断扩容。那些粮行、砻坊、粉麸号的畚仓工、扛包工,劳累之余找不到洗浴的地方,便纷纷呼吁建办浴室。而正好无锡县衙轿班头目吴胜祖也有开设浴室的想法,一是为抬轿的差役设一个洗澡之所,二是承包经营中也有一些银钱可赚。多方一拍即合,在禀告知县得到许可后,又征得地方慈善总机构同仁堂的赞助,调度到西大街城头弄(后来的日晖巷)一块地皮,建造成一间四架的平屋,开设起无锡城中第一家"混堂"(意为多人混杂,合用一池洗浴)。这家被称为"老混堂"的浴室,设施极为简陋,砖石砌筑成的浴池,用砻糠作燃料烧水,浴巾即寻常的粗纱土布,茶杯以竹筒安装一个柄。其浴资仅为每客三枚铜钱。

此后,面向公众的浴室陆续开办,到民国初年,无锡城区已有浴室11家。至20世纪20年代末30年代初,发展为20余家,到抗战前夕更增至30多家。除商业繁盛的北塘、北大街外,东、西、南门均有浴室开设。其中较早的为光绪初年设立的迎迓亭(无锡人称"闲话亭")浴室。它用上下滑车以人力从城河中取水,较之以担桶挑水省力一些;用加长烟囱的煤炉烧水,冬天室内相当温暖。而规模较大的为北塘的天发池、万前路的乐泉和崇安寺的昇泉,各有座位200个以上、员工50人以上。其中乐泉浴室创办于1927年,因为靠近火车站、通运路,是无锡水陆交通的枢纽地,也是商业和娱乐业的集聚地,每天数以千百计的居民、旅客在这里行走流动,所以一向生意兴隆。但在日军侵华战争中遭到破坏,1937年11月26日,日军即纵火将这一带的大世界、新世界游艺场,连同相邻的商店、旅馆、浴室等,一把火烧成灰烬。第二年,在原业主无力修复的情况下,转由刘志清筹资重建浴室,取名"新乐泉",表明与乐泉浴室的渊源和区别。浴室有三个堂口,其中两个堂口为沙发躺椅,一个为木板箱座,共200个座位。其浴池大而深,可容纳500担清水。浴间和客堂屋顶高敞,上端开有一排气窗,室内空气清爽,一度号称"苏锡常最大公共浴室"。抗战胜利后,随着无锡工商业的复兴,浴室生意蒸蒸日上。

浴室业以设施和服务分档次。1927年,浴室同业联合组成公会。针对清末民初各浴室收费高低出入颇大的情况,公会成立后的一个重要职能,就是根据各浴室的规模、设施和服务,对全城浴室进行分等定级。经公议确定,分为甲、乙、丙三个等级,同时规定相应的收费标准:甲级浴室的特等间("官盆")

为每客 2 角 5 分,"暖房""软席"为 1 角 5 分,普通间("起码间")为 1 角;乙级浴室为 1 角至 1 角 5 分;丙级为 8 分至 1 角。各浴室可以根据淡旺季和设施、服务的实际情况适当浮动收费。未到学龄的儿童,不另占座席的以半价计。

在不同等级的浴室,还按不同的设施和服务分档收费,总的原则是优质优价。甲级浴室的特等间亦即雅座间,内

位于中山路的浴德池

设两个席位,与大堂或过道之间有半隔断,门口挂帘子,保持一定的私密性。其冬天铺盖厚毛巾,夏天则用高丽布巾及台湾细草席垫。全新的揩面毛巾,上好的茶叶,考究的还在茶几上摆放插花(绢花)。各等次的浴室一般都设三个堂口,分别为:一席(长坑软席),二席(短坑半软席),三席(木质箱座)。所用大毛巾、浴巾、草拖鞋,依次为新、七八成新和半新旧。有的丙级浴室甚至没有坑箱,只是用木板钉成 80 公分宽的通长板座,上面摊有草席,称为"打滚坑"。浴客不按固定客位,能挤则挤,脱换的衣服各自在板座上堆成一团。

在旧时代,出入雅座间的主要是乡绅、富商和地方头面人物,浴室成为他们社会交际和洽谈生意的场所。在北塘一带,商行林立,往来客商密集,浴室与茶馆、饭店一样,是待客、接洽、商谈的好去处。而一席的顾客主要为一般公职人员、教师、店员等,他们追求洁净、舒适。二、三席则为普通市民和劳动大众,那里自在、方便、率性,自有一种市井间的热闹氛围。

与居家洗浴不同,浴室洗浴不仅仅是泡个热水澡,还可以享受浴室的一套服务。以甲级浴室天发、昇泉为例,浴客来到浴室,先根据需求购买浴筹,进入相对应的堂口,堂倌(服务员)引导就座后,用丫叉把外套衣裤挂到坑座

上方的木钩上,其他衣物则放在坑座后背有盖的坑箱内。洗澡的浴池分为大池、中池和小池。大池适合一般人入池泡浴;中池的水温略高,适合坐在池边擦澡;小池的水更烫,池上设有木栅,浴客不能下水,只是用来烫脚。浴客洗完澡返回堂口,堂倌会帮助擦干后背的浴水,称为"出水"。同时递上热毛巾,让浴客揩面、揩身,慢慢发散从浴池出来的热气。浴客然后对号到自己的座位休息,一席、二席可躺可坐,有大毛巾披盖;三席只能在放置衣物的木箱上小坐。浴客不多,浴室相对空闲时,休息不受时间限制,但如果浴客多,出现"后客等前客"的情况时,堂倌并不用话语催促,只是频频递送热毛巾,休息的前客便会知趣地起身穿衣,让后客入浴。

相比理发业,浴室业的服务项目更为多样。其中一部分为基本项目,即正式挂牌收费项目,包括擦背、扦脚、捏脚、敲腿、按摩等,进浴室时与浴筹一起买筹,当然也有享受完服务后让堂倌、浴工帮着补买的。这既是规范收费管理,也作为员工劳务收入分配的依据,防止舞弊流失。浴客通过浴工的服务,舒展筋络,放松关节,消除疲劳,乃至缓解腰痠背痛、脾脘滞胀。所以这些服务自有一定的技术含量,通常要拜师学艺,掌握筋络、穴位、手势技法。旧时无锡浴室的浴工主要来自苏北等地,分为扬州帮、盐城帮和丹阳帮,各有师从传承。其中浴德池的夏金通、天发池的郑志友、天一池的赵龙福、新乐泉的张志良等,都是扦脚、捏脚、按摩的高手,一般常见的鸡眼、嵌刺、痔肉、脚气、脚垫、灰指(趾)甲等让外科医生头疼的脚病,都能对付,有效减轻或消除患者的痛苦。据说当时的省长、司令也常派出汽车来无锡接浴室老师傅,专程去南京为自己及家人治脚。

浴室另有一些服务项目属于附加项目,如泡茶、点烟、买点心等。这些服务不挂牌,根据顾客和堂倌的关系,酌情给予小费,不走浴室或包堂的账。其中点烟,专指为吸水烟提供方便,诸如装烟丝、换烟丝、卷纸媒子、点火等。买点心则是根据浴客的需求,代购各色点心、小吃、水果等。在浴室附近的街市,常常可以看到浴室的堂倌和点心店的小二,端着盛有点心的托盘、提篮,一溜小跑送往浴室。富有地方特色的馄饨、小笼馒头、汤团、甜粥、酥饼及福橘、西瓜之类尤受欢迎。需要代购的浴客主要是雅座间和一席的浴客，在浴后或小睡，或品茶、吸烟，或好友相聚，再加一客喜爱的点心，自是分外快乐。无锡人所说的"上昼皮包水，下昼水包皮"，也就是早上去茶馆喝茶，午后到浴室洗浴，因为有这一套服务，才被当作一种惬意的享受。

江南一带四季分明，浴室业经营有着明显的淡旺季。冬季浴客满堂，生意特好；夏季则浴客寥寥，一些浴室因难以维持而停业。浴室业的荣枯也与商业的盛衰息息相关。米业、布业等业兴旺，往来客商云集，各业业主和伙友、劳工的收入增加，靠近商街、闹市的浴室也就生意兴隆，反之则冷落。历史上无锡曾有三条混堂弄。第一条就在老混堂所在的西门桥内侧，因为西塘米市、鱼市的商贩、脚力等都到此洗浴，小巷由此得名混堂弄。第二条在南门大窑路。挑砖、烧窑的窑工，每日劳作大汗淋漓，又加浑身上下沾满窑灰，总想有个浴室洗澡。于是有个戴姓老板便集资修建了一家浴室，方便窑工和附近居民就近洗浴，这条砖石小路也被叫作混堂弄。第三条在北塘大街与积余街之间，原有一条狭窄的挑水弄堂，民国初年，李梅官在弄内开设一家浴室，取名公兴园，成为北塘沿河商号老板员工、搬运力夫及往来船民的洗浴休息之处。沦陷时公兴园被毁，后由荣国铭等人集资4000银元，在原址开办天发浴室，依托繁盛的北塘商市，座席发展到280张，超过新乐泉而成为无锡规模最大的浴室，所在小弄也就成了名气最响的混堂弄。旧时的混堂都在门前挂一只灯笼，上面书写"某某浴室"，并有横书小楷"白石浴室"字样，以示清洁雅致。灯笼点亮，表示浴水已烧热可以开汤洗浴。灯笼熄灭，也就意味着一天的营业结束。起初的灯笼点的是蜡烛，以后也改用电灯泡。有的浴室为吸引顾客，在浴室所在的弄口也挂一盏同样的灯笼，作为标志。随着城市建设的发展，浴室业迭代更新，不仅混堂弄的名称早已不复存在，旧时浴室的遗址遗迹也已无处可寻。

热水业:
茶担、浴锅、老虎灶

在无锡和江南其他一些城市,人们除了在家中煮水饮用和使用外,也从外面购买热水,不仅用于沏茶,也用于洗涤、取暖。茶担、浴锅、老虎灶便是以往供应热水的常见方式。

茶担何时起源?现在已茫然无考。旧时普通家庭遇有婚丧喜庆,需要接待人数较多的亲眷、宾客,家中烧水来不及满足供需,于是就叫来茶担,由茶担提供开水或热水。茶担是一副担子,由茶担师傅挑着,行走城乡,供应热水。茶担一头是一只硕大的茶壶,高有二尺多,壶径一尺半,壶身下面是一个煤炉,用来对壶中的水进行加热。烧开的水从壶嘴倒出,可以泡茶,也可以绞热毛巾用于擦脸擦手,还可以提供给主家厨房所需热水。茶担的另一头放着相关的各种容器、用具和烧水的煤炭。晚清至民国前期,各市镇都有自己的茶担,城中的茶担则以杨添盛、刘长兴等家最为有名。

茶担的应用中,经营范围和服务项目不断扩大。举例来说,因为婚、丧、寿、诞的典礼免不了要请客,而

等待泡热水的居民

一般人家举办多桌筵席常常会遇到炊具、餐具不够的难题,于是就通过茶担租借各种器物用具。一些茶担家备有数十桌的碗盏杯盘、筷匙舀勺和厨房家什,只要主家预先通知开出清单,便能如数帮助解决。再进一步,有的主家在举办典礼时还要搭建牌楼,布置礼堂,张灯结彩,并饰以各种鲜花、绢花、纸花或青松翠柏,这些包括材料、人工都可以委托茶担一并准备。乃至婚嫁的厅堂、洞房,但凡帐幔、桌帷、椅披、箱罩,各式锦缎彩绢、金银丝线的龙凤、鸳鸯、花卉、百子图案及红纸、金纸喜字,都由茶担负责,不必主家费心。其服务功能,比之今日的婚庆公司、礼仪公司,似有过之而无不及。

正因为茶担多样而特别的功能,它还化身为民俗文化活动的一个道具。在晚清和民国的迎神赛会、庙会中插入了茶担因素。茶担与旱船、彩轿、高跷、提炉、灯笼等一起,组成众神巡游中的一环。在行牌、旗伞和四开枪、八马吹之后,是锣鼓吹打、载歌载舞,再接下来便是茶担、托盘、八宝箱等,展示一个地方的古玩珍赏、特色物品,随后还有抬阁、轮车,展演各种戏文杂耍。这就是地方文化活动中茶担的闪亮登场。

所谓浴锅,也就是烧热水洗浴的直径数尺的特大号铁锅。这其实并非供应热水,而是以热水提供洗浴服务。这在江南农村曾长期存在,一直延续到20世纪末叶,而在城市,差不多在20世纪初叶就开始逐步让位于浴盆、浴缸及社会浴室。浴锅洗浴主要是为家庭成员所使用,有时也扩大到至亲和近邻。洗浴的时段也就是深秋至早春,需要通过烧火加热保持水温和室温。邻里乡亲间通用浴锅洗浴,并不互相结算资费,至多只是帮着挑一担水,或者抱几把烧柴(秸秆草把)过去,以表示谢意。从社会进步的视角看,家用电器或燃气热水器的普及,才是最终取代互助式浴

在浴锅中洗浴的儿童

锅和商业性浴室、浴场的发展方向。

老虎灶，也就是热水店，现在也可以称之为热水供应商，但其实只是一种便民设施、便民项目。因为烧水的炉灶灶膛口开在前方，犹如张开的虎口，灶后有一个挺拔高挑的烟囱，就像翘起的老虎尾巴，所以人们称它为老虎灶。老虎灶分为三段，前段为操作台，用来给顾客灌装热水，平台有边框和出水口，防止潜出的水四面溢流；中段为烧水锅，习称"七星灶"，实际安装3—6只汤罐，用以烧开水，中间留有一个加放燃料的孔，上面有铁制的盖子；后段在烧水锅与烟囱之间有一只或两只预热锅，也叫积水锅、积口，下部为铁锅，利用烟道的余热加热锅中的水，上部为木制围桶，以增加预热水的容量。灶旁还放置有数口大缸，用于贮存清水。老虎灶的操作流程是：用小木桶把清水装进预热锅；再把预热的温水加入烧水的汤罐；烧开的水用舀勺和漏斗灌入来泡水的顾客的容器里，包括热水瓶、烧水壶（吊子）、脸盆、脚桶、汤婆子等；舀空的汤罐随即续入温水，几只汤罐轮流加热，循环舀灌开水。

为满足居民的热水供应，老虎灶的工作时间相当长。一般早晨五六点钟即要开火烧水，为早起的人们提供洗漱用水；晚上则要持续营业至七八点钟，让人们提回夏天的擦澡用水，或灌满冬天焐脚的汤婆子。而老虎灶业主作为自雇劳动者，既是雇主也是雇工，一切劳作、杂务都要费心劳力。从用小桶挽水进积水锅，到舀水、灌水，每天手臂的用劲数以千百计，还要时不时加燃料、烧火、控制火势。日长时久，每天10多个小时，终年没有休息日，其辛苦劳累可想而知。而热水的售价极低，微薄的收益仅能维持基本生活。因为经营老虎灶是个力气活，业主老婆和半成年的孩子至多偶尔帮着舀水灌装水瓶、水壶。此外的挑水和燃料装运，可以请帮工来做，计件付费，实际上也就是城市个体劳动者的一种互利合作。

老虎灶供应的热水，有生活用水也有饮用水，所以原水必须达到洁净的要求。与城中居民日常取水一致，在尚未建有自来水厂的情况下，老虎灶的水源，一是河水，一是井水。旧时城中河道纵横，挑水相对方便，但因为临河人家众多，洗涤、排放难免污染，所以需要选择河面宽阔、河床较深、较少人为活动的河段去挑水,这当然会增加脚力钱。挑来的河水还要在水缸里放入生矾将水澄清,并需要经常出缸脚,清除缸内污垢,保证水的清洁。多数老虎灶用水是汲取井水。江南水乡,凡居民住处即有井。无锡的水井一般在井壁叠以砖瓦,层叠的砂砖、板瓦一圈一圈垒至井口,既保持井体的稳定,防止泥沙脱落井内,又能借助砖瓦的细孔对地表水起到过滤作用。井水冬暖夏凉,清冽甘醇,正是老城居民最佳的生活水源。

据1946年统计,无锡城区有水井907口,其大致分为三类。一类为私家井,开在私家宅院之中,只供本宅家人取用,如小娄巷秦毓钧宅的灵泉井、东大街施涵霖宅的清泉井。一类为公井,地处开放式的公共空间,水量充沛,又有相对宽敞的井台,可供附近居民共同汲水取水,如图书馆路的洞虚宫井,开挖于明代万历年间,青石井栏,已磨出一道道深深的井绳凹槽,可见其年代之久和使用频率之高。一类为自流井,即近代开凿的深井,利用的是地下水,并建有揿泵、储水柜等配套设施,面向公众供水,酌情收费。1921年,无锡开发第一口自流井,为揿泵式自流井,地址在钟楼图书馆前。这口井日产水320担,地方当局为此井建造了容量180担的水箱,并附有砂滤设备,水体洁净清澈。以后又在县前街和书院弄开凿两眼深井,日产水分别为100担和400担。当时以两桶水约80市斤为一担,每担收费铜元两枚,售价并不低。

当年老虎灶用水主要是公井水。公井与百姓日常生活息息相关,所以公井的开挖、维护与修桥铺路、治河筑坝一样,是当时地方最紧要的公共事业。连元街与中山路交会处原先有一口井,名为惺惺泉,相传宋元时代就有,后历经兵燹,被夷为平地,后来又在上面盖了屋。明成化年间,杨潗找到旧址,出资购下地皮房产,并循脉重开此井。清康熙年间,顾贞观再次疏浚,"其色莹然可鉴,其光凝然可挹,其味甘冽与惠泉相似"。民国时,井上筑有井栏,附近居民都到此井上汲水。

1924年11月,江阴巷86号藤器店开夜工熏藤,不慎引发火灾,由于附近没有水源,无法取水灭火,火势很快蔓延,导致左邻右舍5户住户及花扎店、竹器店被烧,5人死亡。凶讯传出,震惊邑人。在北门经营官酱园的陶锡侯对此

已改用小锅炉的老虎灶

念念不忘,于第二年捐资买下位置适中的江阴巷唐姓一处房子,兴建一口公益水井,应用电力打水,建有容量达20吨的储水柜,敷设水管通往江阴巷各供水点,并聘请电工负责维修机器、管理供水。此井具有自来水供水的雏形。人们感激陶氏善行,将此井命名为"陶公井",在井旁刻石以为纪念。

　　老虎灶烧水所用燃料主要是砻糠。砻糠本是稻谷脱壳的副产品,微末之物,不受重视。但无锡自明中后期起即是长江四大米市之一,近代又跻身全国五大碾米中心,抗战前每年加工大米在500万石上下,以出糠率90%计,每年也有2万多吨的砻糠产出。好在砻糠燃烧后,其火力颇为耐久,而价格也尤为便宜,所以砖窑、浴室、老虎灶、豆腐店和烧热水煮茧的缫丝厂都用砻糠作为燃料。一般的老虎灶都有一间体积不小的柴间屋,主要用来存放砻糠。老虎灶的设计虽然算不上多高的技术,但也有很多讲究,既要能盛得住颗粒微小的砻糠,又要能通风拔风;既要火力猛、加热快,又要续火从容方便不至于发生断火。好的炉灶,充分燃烧时炉膛通红,呼呼作响,一点不亚于冶铜铸铁时的景象。1950年代后,无锡碾米业向稻米产地转移,砻糠产量大幅减少,留存的老虎灶也兼带使用农作物秸秆和煤屑饼作为燃料，部分老虎灶改作炮仗式小锅炉，采用烧煤、自来水加水、水龙头冲热水，烧水工的劳动强度显著减轻。

老虎灶一般设在街角巷口，妥妥的便民服务。因为热水价格低，为了方便支付，避免找零麻烦，老虎灶大多采用水筹付费的办法。一个铜板或一角纸币可兑换十一二根竹筹，竹筹上用烙铁烙有老虎灶的特定记号。每次5磅的热水瓶灌一瓶开水，在灶台上的竹箩或铁皮盒里投入一根竹筹即可（支付现金的话为每瓶一分钱）。倘若用水壶、脸盆、汤婆子装水，则以两勺或两勺半（相当于一热水瓶的量）为单位付水筹。当时的居民家庭使用柴火灶或煤球炉烧水，既费时又费柴火，所以都到老虎灶泡热水、开水，冬季和早晚时分因为泡水的人多，还要排队等候。不过，只要说一声"不用开水"，也可以插队灌装加热至八九成开的热水。当年的街坊邻里与老虎灶之间，也就是一种互相照顾、互相帮衬的关系。

老虎灶还兼营浴室和茶室。有的老虎灶附带经营女子浴室，会在门前张挂"内设女子盆汤"的招贴，主要是为冬天不便在家洗浴的妇女、女孩提供洗浴便利。通常是在老虎灶的里间隔出若干小间，砌筑浴缸或放置浴盆、浴桶，用水槽或水管将积水锅的热水通到浴间。虽然设施较为简陋，但有棉帘保暖，加上热水的蒸汽，保持暖和自然没有问题，这弥补了社会上女子浴室的不足。

有的老虎灶兼营茶室，这在集镇比较多见。在近代城市，只有城厢外围尚有若干孑遗。通常是利用老虎灶的门面，或者在门前搭个凉棚，摆放几张桌椅、板凳，提供茶壶、茶杯，就成了邻里街坊茶客的喝茶聚谈场所。所谓茶客，也就是邻居老人，自小一起长大的同伴，多年相互照应的老友，所以茶资低到几乎可以忽略不计。就在老虎灶弥散的雾气之中，人们喝茶聊天，下棋打牌，享受属于他们生活中的一个温馨时空。

茶馆业：
多彩的社会万花筒

中国是茶的故乡，采茶烹煮饮用在中国有着数千年的历史。所谓"神农尝百草"，一日遇七十毒，得茶以解。但早期的茶树栽培主要分布于巴蜀之地，直到秦人取蜀以后才开始向各地扩散。至唐代，原来混指苦菜、茅草和茶的"荼"字，正式区分为"荼"和"茶"两个字，用"茶"专指茶树、茶叶。地处江南的无锡，饮茶品茗历史悠久，并且以追求品质而著称。唐代陆羽在《茶经》中评定各地茶品，认为相近的浙西湖州、浙东越州都是上品茶的产区。而唐人实际饮用之茶"首重阳羡"，即今之宜兴，其茶叶加工制作极为精细。至于煮茶之水，陆阳认为："山水上，江水中，井水下。"具体品评，以无锡惠山石泉水为第二，惠山泉遂有"天下第二泉"之称。

根据史载，唐都城长安在贞元年间已有经营的茶坊开设，数量或不亚于酒肆。在宋代，茶肆进而向各地城镇发展，一些茶园也开始举办茶事活动，接待茶客。苏东坡一度寓居宜兴，不仅因为宜兴有佳山水，而且心悦这里的茗茶。坡仙饮茶有"三绝"：阳羡茶、金沙泉、紫砂壶。其中宜兴紫砂壶"火候具足，入水不濡"，能避免长时间冲泡的熟汤气而保留茶叶的香味，"一种清芬，未启气已充然有余"。相传是坡翁亲自设计了紫砂壶的提梁造型，并在壶身刻下"松风竹炉，提壶相呼"的铭文。烹雪知味，松风盈唱，紫砂壶作为茶具珍品，"即金玉其相者，不与易也"（明支廷训：《汤蕴之传》）。

无锡城中经营性茶馆大致起始于明嘉靖年间。当时无锡有一吴姓富豪，号称"吴半城"。这一年元旦(即春节)他前往崇安寺拈香时与读书人施荣争道发生纠纷,吴财主仗势辱骂施荣。此后施荣发愤读书,终于考取功名,晋身仕途。为雪前耻,施氏上奏朝廷准予在崇安寺后门建造一座牌坊,以阻断吴氏风水。吴某谋划反制,便在牌坊旁建起一个茶仙庙,供奉茶仙卢仝、茶圣陆羽。后来吴氏逐渐衰落,地处闹市的茶仙庙被用来开设茶馆,以后又捐出作为茶馆业同业的公所,据说这就是无锡茶馆业的创始。这意味着,人们不仅在家煮茶、泡茶饮用,也越来越多地到茶馆喝茶。

至清朝末年,无锡城中茶馆已有二三十家,分布于大街小巷,而以崇安寺和惠山两处最为集中。其中惠山属于景区茶馆,多为休闲性质,而崇安寺的茶馆则有不同档次和多样功能。光绪年间,崇安寺开出一家小茶馆,名为"先春园"。这个名称与驳岸上望族侯氏的先人、明官僚侯先春的名讳犯了冲。这一天,茶室来了两位高大孔武的壮汉,正是侯氏府上的家丁,指名要店主到侯家说话。其时侯氏当家人侯梁(少舫)曾任职广西,为人干练豪放。茶馆老板一到侯家厅堂,便被那陈设仪仗镇住了,吓得匍匐在地不敢仰视。倒是侯梁开颜一笑,说:"你家茶馆的招牌我买了,你速去取过来。"随即命管家端出一盘银锭,作为支付金额。同时搬出事先准备好的"万松园"匾额,说是为茶室题写的新名号。店主惊喜莫名,连连道谢。改名后的万松园茶馆,因为侯少舫在地方绅士圈的名望,顿时声名鹊起,生意一天好过一天。

到民国年间,无锡茶馆增至50余家,包括那些与书场、戏院并设的茶座。按当时茶馆业公会对同业的归类,大致分作六个类型:(1)清茶。通常从清晨起即开张待客,但只提供茶叶和开水。(2)午茶。同样是提供茶客入座饮茶,但要午后营业,并延续到晚间。(3)零食茶。除茶、水外,还供应茶点、零食。(4)咖啡茶。出现稍晚,同时经营茶和咖啡饮品。(5—6)书茶和戏院茶,即分别设于书场和戏院的茶座。茶馆按规模又分为大、中、小三个类型:大型如昇泉楼、蓉湖楼,各有50张以上的茶桌;中型如三万昌、逍遥游,各有茶桌20张至50张;小型茶馆为多数,有茶桌在10张上下,其中夫妻店或雇佣一二跑堂的小店,仅有三五张茶桌。

位于中山路的长兴茶楼

在崇安寺,茶馆并非单纯用于喝茶,作为公共活动空间,它承担着休闲、娱乐、商务洽谈、纠纷调解乃至公共事务协调等功能。就以崇安寺的茶馆来说,方圆不过半里的街巷间散落着大大小小十多家茶馆,每家都是顾客盈门,从早到晚喧闹杂沓。细细看去,各店还真是各有姿态、各具风情。

位于皇亭正东的听松园,是一家声名卓著的老牌茶馆,底层沿街十多张桌子面向市民老茶客,中间内厅三五张茶桌是为有一定地位的律师、医生、领班、高级职员而准备的,里间楼上雅座则是全套红木桌椅,配上屏风、花儿,是锡城实业巨子、富商豪绅会晤商谈的场所。

沿寺前横街向东的三万昌,主要是中小商人洽谈生意的去处,苏浙鲁皖四方来客川流不息;与此类似的还有玉和轩,粮油、棉纱、丝绸、竹木商人至此聚谈,也有捎客居中勾兑。另有骨伤科医生陈德富、韦云瑞,常年在三万昌挂牌包座,早上在茶馆门前拉场子,舞枪弄棒,卖伤膏药,午后就在茶座坐堂,为人接骨疗伤。

坐落于皇亭东面转角处的新万兴,是一家兼营熟面的茶馆,晚间还开设书场,光顾此间的多为城市平民和进城卖菜购物的农民,茶水价廉而味清,阳春面量足而汤浓,饮茶吃面之间,商家行情和地方新闻已四处传播、扩散。

正对崇安寺山门的长兴楼,是泥水木工作头的聚会场所,修筑房屋、开窗隔墙、排瓦截漏,都可以在此找到包工工匠。楼座为棋友交手过招提供方便,象棋、围棋棋迷到此一决高下,吸引一众爱好者茶客观战助威。尤有不甘服输者,挑灯夜战,不惜茶钱加倍。

与三万昌相邻的孙记茶馆,店面不大,却是玩家的福地,四乡八地的商贩、手艺人,把捕到和串贩而来的黄雀、画眉、八哥、蜡嘴及蟋蟀、叫蝈蝈等带到这里沿街设摊,一些捏面塑、做糖人、卖糖葫芦及售卖儿童玩具、纸牌、气球的小贩也集聚于此兜揽生意。玩虫、逗鸟的玩客一时兴起,租了茶馆桌面,现场开斗,凑热闹的看客围观助阵,喧闹不休。

相比较而言,背靠公花园的逍遥游茶楼就清静许多。茶楼窗明几净,墙上张挂名人字画,开窗便见绿树浓荫,适合文人墨客品茗清谈。一些书友、报人、画家、古玩商是这里的常客,当然也有附庸风雅的小官吏、生意人来此请掌眼、求墨宝。

除了消遣、娱乐、闲谈小城逸闻趣事,旧时的茶馆也有其不可替代的社会功能。其中之一,便是在社交的层面之上衍生出调解矛盾纠纷的民间机制,名为"吃讲茶"。居于崇安寺中街的昇泉楼是当年有影响的吃讲茶茶楼。茶楼原以房地产买卖和出租中介为事务,一帮掮客在此为主客双方牵线搭桥,提供信息,代立文书,居间担保,相当于一个不挂牌的房地产交易所。后来在此基础上发展出吃讲茶,从房产、田产、财产分析、转让,到族里争执、邻里纠纷、两姓斗殴、借贷偿欠、抚幼养老……在诉诸官司、法院之前或之外,都可以来这里以吃茶的形式,请人折中、调停。吃讲茶者,吃茶为次,说事评理、仲裁和解为主。吃讲茶有一定的程式。双方约定时间后,茶馆即安排桌面,少则一桌,多则三四桌,主桌上放两把茶壶,分别放绿茶和红茶,壶把相对,壶嘴相背,表示此处为吃讲茶。双方人员到齐落座后,茶馆伙计为主桌茶壶注水,又为调停人、当事人、陪同人一一泡上碗茶。调停人主要是地方士绅、族中长老、各界头面人物,也有图董、帮会头目,都是有威权、有势力的当地人物。开讲后,当事双方均可陈述事情经过原委,发表意见,申述理由,主张权利,但不得喧闹、辱骂,更不得出手动粗。双方表达结束后,即由调停人作斟酌,判明是非对错,分清责任主次,并提出解决办法。双方如有不同意见,还可作进一步磋商,特别是善后处理的讨价还价。一旦调停人拍板定夺,便将桌上两只茶壶调转,使壶嘴相对,表示双方和解。由调停人将壶中的红茶、绿茶倒入茶碗混合,让双方代表人物共同饮下,讲茶才告结束。通常由理亏的一方会账支付茶资和一应开销,得理的一方请客吃酒酬谢调停人。在旧时代,这种民间调解看似不偏不倚,其实并不能完全达到公平正义,背后的暗中买通、徇袒作弊也还存在。但它能简便、及时地解决纠纷,减少矛盾升级激化的几率,避免旷日持久而影响生产、生活,所以能长期存在,并且有禁不止,成为司法裁判的一种有效补充。

茶馆业最热闹也最具无锡特色的是茶会,即假座茶馆开展同业交易。以蓉湖楼茶馆为例,它是无锡北塘米市的茶会场所。其前身仅为一家简陋的小茶馆,坐落于运河三里桥塅,只有一个芦席棚、几张竹台子、几十条长凳。外地粮船来到无锡求售,停泊运河岸时,船主和客商在此歇息、喝茶,粮行老板、伙计即上前兜揽生意,逐渐形成米市茶会。随着茶会日益兴盛,1908年,茶馆老板林焕文选定适中地段,租地建造一幢三开间四架的三层木结构楼房,精心装潢,曲栏扶梯,雕梁画栋,彩色玻璃窗格,相当气派。因为面向对岸的蓉湖庄,正式定名为"蓉湖楼"。茶馆底楼除茶室外,有半间烟纸店、半间点心店,与茶馆相配套。二楼设有40多张茶桌,每桌8张骨牌凳,最多可容纳300来人在此喝茶、洽谈。三楼除账台外,设有雅座间,配有五孔炉灶。蓉湖楼为当时北塘最高建筑,从楼上推窗远眺,宽阔的运河上船来船往,运河对岸的惠山苍翠笼烟,以及黄埠墩柳色、江尖渚灯火,一片景色尽收眼底。外地粮船到无锡需要寻找粮行脱手货物,称为"投行"。坐地粮行特别是中小粮行,则要看货比价,称为"揽货"。每天上午8时以后,主客商家包括碾米厂、面粉厂的跑街,全部集聚蓉湖楼。无锡在交易、存储、加工、委托代理、押款汇兑等方面,规则健全,服务功能强大,且都可以通过茶会的中介经纪得到衔接,所以米市茶会四季兴旺。

在无锡,还有几家茶馆带着一定的政治色彩,或者说承担着地方治理的某种职能。位于城中青果巷的春源茶馆(也有人说是地处北城门外的春园茶馆),是维新变法时期无锡改良派的活动场所。1895年"公车上书",锡、金两县有9位举人参与其事。之后他们分别到上海南洋公学求学和到日本留学，开启了无锡青年追求新学问新思想的第一波潮流，也由此产生出一个新的知识分子群体。杨荫杭、俞复等"新式人"，在回无锡度假时，每于傍晚相约到春源茶馆品茗晤谈，切磋文章，实则是评议国家大势、地方政事，商议兴办新式

崇安寺"名人茶聚"雕塑，反映当年茶馆的一个场景

学堂，推进公益事项。他们被称为"春源党人"，春源茶馆也被誉为无锡的"革命策源地"。百日维新失败后，春源党人星落云散，其中一些人转而投身民主主义革命。民国初年，公花园中、涵碧桥畔、池上草堂后又开出一家茶馆，挂有黄底绿字的"清风茶墅"匾额。这里曲廊照池、小桥映流、杨柳临风、芭蕉含雨，与西社、兰簃构成一处小巧而精致的景点。茶室内，明式桌几清隽简约，名人书画笔墨散淡，而这里的茶具、茶叶、茶役服务也都堪称上等。与其他茶馆不同，每日午后到茶墅品茗聚谈的，不是商界领袖便是地方巨绅，或者是他们的智囊、代言人物。他们来此高谈阔论，并非个人或公司的生意往来，而是事关地方的公共事务、公款公产处置、社会各项兴革措施，以及各社群间利益的平衡。他们的议论和主张，一定程度上影响到地方行政机关的决策和实施。当时就有人把清风茶墅与县政会议、县商会、县款产处相并列，称为绅商操控地方的"四大工具"。因为茶墅出入之人精明、伶俐、活跃，根据各自的相貌、神态、谈吐特征，被以各种昆虫的名字赋予雅号，某人为蚱蜢，某人为跳虱，某人为地鳖虫，某人为叫哥哥……茶墅也被叫作"虫窠"。抗战中，茶墅的议事功能曾被搬到上海租界丽都茶园，由无锡旅沪同乡会主持。战后重回无锡城中公园旧地，一直延续到新旧社会鼎革，近40年的地方风云变幻都曾汇聚、消散于这个小小的茶馆。

中药业：
治病、疗伤与养生

与疾病和伤痛做抗争，自古就是人类生活的重要组成部分。而在与伤病的抗争中，人们寻找和制作药物，发明和改进医术，从原始到古代，再到现代，从来没有停止在这方面的孜孜探索。中华医药的发展有着悠久的历史，考古发现和文献记载都可以追溯到数千年之前。传说中的神农尝百草、伏羲制九针，以及黄帝使岐伯尝味草木、典主医药；新石器时期砭石、骨针、牙刀的出土，殷商时期药丸的考古发现；再到《黄帝内经》《神农本草经》的传世，都表明中医药的历史源远流长。

《周礼·大聚》曰："乡立巫医，具百药，以备疾灾。"上古时期巫、医不分，古人借助占卜、祈祷等方法，以预测病情发展，获得心理暗示和安慰，以配合药物治疗。大致到春秋、战国时期，医药与巫术相分离，后者进一步陷入神秘主义，前者则向临床、预后、养生保健发展，确立起自己的独特地位，并逐步形成包括辨证诊治、经络脉象等在内的理论体系，以及包括针灸、汤剂、丹丸等综合施治的医药技术体系。中医医疗从伤病者的自我救治，到乡野自通医技的乡土医者土法治疗，再到经过专门学习、训练的医生专业治疗；从游走四方的江湖郎中，到设馆接诊的医士，再到近现代分科的诊所、医院医生，无论是治疗手段还是从业对象都经历了不断提升的发展过程。而中医药物包括植物茎叶花籽及动物体、矿物质，也从分散采集到有目的选种、栽培、养殖，从原生物的直接内服外敷到加工、炮制、提纯、萃取，从个别调剂、摊担贩卖到专门药

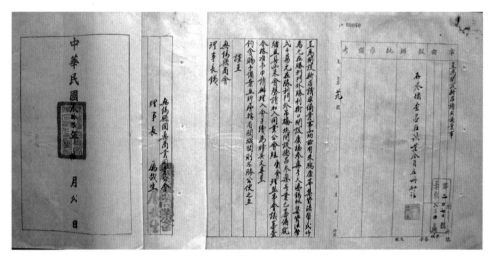

国药商业同业公会为开设新店请求备案的报告（1947年）

铺药店销售，再到成药工业化生产和近代营销、现代化配供，也处于不断完善发展之中。

唐宋以降，无锡及周边地区医家大量涌现。他们梳理总结来自实践的医案，研读古往今来的医学经典，寻根究底，穷幽探微，著为医书，流播当时，传承后世，对医师诊疗和百姓自己治病都有一定的指导意义。宋代杰出医学家许叔微，奉范仲淹"不为良相，即为良医"的名言为人生的座右铭，在熟读经史的同时，精研《黄帝内经》《金匮要略》等医学论著，博览各名家的脉经、医方，尤以医圣张仲景的学说为依归。他医术高超，不论是文武官员、商贾僧尼还是平民百姓，凡有疑难重症找到他，他都悉心探究，追溯病根，然后对症下药，往往一两帖药服下，便能"危病转安，起死回生"。他医德高尚，对贫寒百姓求医格外照顾。南宋建炎元年（1127），随宋室南渡的许叔微暂住在真州，其时真州城内疫病流行，每日染疫暴病倒下的有数百人。他紧急施救，不以贫贱，家至户到，察脉观色，处方给药。有的病人无处居住，他就安排住进自己的寓所日夜医治看护，经他诊治，十之八九得以存活。晚年的许叔微隐居太湖马山，在依山傍水、林木清幽的桃坞小墅湾筑庐定居，名为"梅梁小隐"。在这里,他把多年研读张仲景《伤寒论》的心得,结合自己的治病体会,写成《伤寒发微论》等多部医药学著作。他所著医书不仅阐发各种难病、杂病的致病因素,探讨医治机理,而且梳理、归纳实践中的有效验方并著为医书。其《普济方本事》及续编,总计20卷,分门别类指导用药,被认为采方简要,理论清晰,有很高的实用价值。这套书中的诸多处方至今为人沿用,并传播日本等地,堪称"普济"。中国中医分为四大流派,其中以张仲景为祖师的"经方派",许叔微是承先启后最重要的代表人物之一。由于他的贡献,奠定了尔后常州孟河医派的学理基础。

发源于锡澄地区的龙砂医派,肇始于宋元,隆盛于清末民初,是近世重要的中医学术流派之一。它得名于江阴华墅的龙、砂两山,从两山及周边地区走出的良医带动、影响环太湖地区医药界,形成驰名大江南北的龙砂名医群体。龙砂医家重视经典的研究和应用,立足于地方常见病、多发病的防治,注重方—药—人的性理辨识,强调五运六气的调理,基于肾命理论,运用膏方养生治未病。他们创制的诸如柳氏膏滋药、黄氏响声丸等的配方、工艺一直沿用至今,并蜚声海内外。龙砂医派在无锡名家辈出,而且特色鲜明,尤以女科独辟蹊径,成就卓著。自元代起,无锡魏氏家族的妇科代代相传。明代初年,医士徐孟容之妻陆氏精于岐黄之术,闻名于世,永乐年间奉诏进宫,成为宫廷女医。出生于小娄巷谈氏世医之家的谈允贤,更是自秦迄清载入史册的六位女名医之一。她传承谈氏家族医学衣钵,得之于祖母的言传身教,15岁时即通读医典,跟随祖母配药尝汤,为家人治病。祖母去世时,嘱咐她"光大其医术",济世救人。鉴于旧时女子受制于封建礼教,不便也不愿请男医士诊治,她便悬壶行医,专治妇科,且内外并治,尤善用灸法。她医术高明,很多慕名前来求医的女子,无论病情如何急重危难,莫不应手而愈,"活人不可以数计"。她还写下《女医杂言》一书,收录自己施医的31个成功医案,都是妇科常见疾患。该书刻印流传,嘉惠后世医者,同时也留下杏林女医的一则清丽传奇。

旧时为普通百姓诊病治伤的医生大致可以分为三类。其中最早出现的为走医,习称"走方郎中",相传扁鹊、华佗均为走医。虽然后来人们说起走方湖郎中时不无贬义,但其实很多走方郎中医术高明,不仅常见病与罕见之症兼治,而且讲究着手成春、药到

等候坐堂医师诊病的人们

病除。走医手持铃串,名为"虎刺""虎撑",用铁管弯成圆环,管内装有铁珠,走街串巷时用手转摇,发出"铮啷啷……"的响声,提醒人们延医问诊。走医通常背一布囊或木箱,称为"无且囊",因秦王侍医夏无且用药袋掷击刺客荆轲而得名。里面装有针、尺、镜、罐及少量自己配置的膏药、丸药、末药,一般的中药饮片开出处方后由病家去药摊药铺购买。走医用药有所谓三字诀,即:贱,用药尽量不用贵重药;验,用药能迅速见效;便,出药卖药方便。这一用药理念,以及走医行走于穷乡僻壤,对于那时的平民百姓不啻是一种福惠便利。

中医诊病最为常见的为坐馆医,即开设医馆(诊所)为人诊治的医生。坐馆医有时也应病者请求上门施医,称为出诊。出诊的往还交通费用由病家承担,称为"封轿钱"。一般来说,医馆的医、药分开,医生只出处方,并不卖药,病家凭处方到药铺、药店购药。当然也有医生与药店有指定关系,开出的药方草书简笔,只有特定药店才能辨认;或者指定稀奇古怪的药引,其他药店无从提供。但对于医德高尚的医生来说,关注的是指定药店保证配药的质量,而不齿于借照顾药店生意而获取酬谢回馈。无锡名医周莘农、周小农父子,以"除去陋医习气、常存济世之心"自律,诊金比一般医生要低,用药尽量使用常见草药,药方以简、药费以廉为上。对家计困难的病人,对症用重剂,且一

方兼具复法,同时治愈本症和合症,力求缩短治疗时间,减轻药费负担。对家境富裕的病人,即便是约定计日论诊金,也是少开煎方,配合以丸方,治疗与愈后调理相结合,使病者早日解除病痛。他们的这些做法,常被一些有意控制投药、拖延治病周期的所谓"聪明"医生所讥笑,认为是不知擒纵之法。

中医中还有一类是坐堂医,即在药店(通常以"堂"为名号)的堂口设立门诊,为病人望闻问切,开出的药方即在本店购药。这类医生与药店形成密切合作的关系。无锡一些上规模的药店都聘有坐堂医生,诊治免收诊金,既为方便患者就医,也吸引顾客就诊买药。例如老牌名店同丰参药号先后聘请名医黄冕群、赵柏生等坐堂,后起的李同丰参药号则以擅长妇科的中医戴偶然为坐堂医生,诊病开方。

旧时城乡居民治病买药,一些民间单方就在集市的药摊购买,在无锡,中药摊贩直到20世纪60年代前期才完全消失。至于医生开出的处方,则一般到品种齐全的药铺药店配购。根据药皇庙碑文记载,至清乾隆初年,无锡城中的药铺已具相当之规模。无锡有历史记载可考的中药店,最早为1830年由窦镇开设于中市桥的窦广裕药铺,至清朝末年,无锡中药业已有店家30余家。1929年,民国政府卫生部曾作出决议:"拟废除旧医药,扫除卫生之医药障碍"。此举引起全国中医、中药界的激烈反对,无锡中药业也派出庞鲁芹等4名代表,参加在上海举行的全国中医药界代表会议。在各大中城市民众集会、请愿、罢市的巨大压力下,民国政府不得不撤销废除中医中药的决定。至抗战前夕,无锡全县有中药店76家,其中不乏规模大、信誉

中山北路王大生国药店

好的大店名店。

　　无锡本地的中药材资源相对贫乏，绝大部分货源来自外省，省内（苏南）产的草药主要从苏州、镇江批进，近代也通过上海药材行转批及进口进货。地方自产仅有藿香、紫苏、佩兰及冬瓜籽、丝瓜络、龟板等的零星收购。而无锡中药号的经营依然以品种齐全、进货把关严格、选料讲究著称。同丰参药号创办于清咸丰初年，由石塘湾望族孙氏和虹桥湾顾氏合伙经营，先是在堰桥镇开设同丰药栈，太平天国战乱后迁至北大街石库门营业，以"寿鹿"（老寿星骑坐梅花鹿）为店面标志和制品商标。同丰以药材地道著称，选料讲究，达到严细的程度。其拳头产品"老山台须"（带须老山参），必须是吉林二道江出产的，人称"二道江台须"。进货后经加工修剪去细须，再搓团包扎结紧，最后放入石灰箱中干燥，至少半年，上柜销售仍不能脱灰，这样才能确保人参耐煮、味浓、滋补效果好。其售价每两银元8元，相当于大米1石2斗半，每逢进补季节，常常是顾客排队购买。又如麝香进货必须是"杜"字牌，犀黄必须金山产，羚羊角必须全活采，花旗参必须从上海广货行"整套"（即按原包装，不拆封）购进。同丰在管理上也是严细有加，如党参区分潞党、台党、防党，黄芪讲究西芪、津芪之分，因在医治小儿麻痹症时两者的功效恰好相反。正因为同丰恪守"卖药不能造孽"的信条，无锡喉科名医黄冕群父子配制黄氏响声丸、吹口药，其主要原料百寿梅片、腰黄等的进货非同丰莫属。

　　无锡大中型中药号大多前店后坊，自行加工制作中成药供应销售。其中朋寿堂的二泉膏、老大年的宁嗽膏、大吉春的龟板膏、李同丰的全鹿丸、同丰的人参再造丸、大活络丹等，都是闻名遐迩的成药制品。尽管其膏散丸丹的制作沿袭传统验方，加工为手工操作，切药用海宁刀，磨粉用碾槽，蜜丸用手搓，泛丸用竹匾滚转，但选料讲究、制作精细、全程一丝不苟。大吉春参药店也是无锡一家百年老店，创建于1865年，原来分别开在雪堰桥、堰桥、寺头集镇的三家药铺，店主觉得蛰居乡镇难以有大的发展，于是三人合股1000贯铜钱，来到城中北大街布行弄口开设一家药店，店号取原来三家店名"王大全""辅吉春""秀春堂"中间各一字，名为"大吉春"。该店实行不同于其他药店的

无锡中医研究社成立

经营方针,即批零兼营,在扩大门市零售的同时,面向农村街镇的药铺、药摊批量销售药材,通过购进统货、分档批发,分别满足优质优价和量大价平的不同需求。它的成药加工制作也以配料精细、质量上乘著称,自制龟板膏、驴皮膏、安宫牛黄丸等,古方规定用雄精的就不用雄黄,该用山东黑驴皮的绝不混杂黄驴皮;蟾酥要当场刮取,黄芩要用鳖血炒制,半夏浸水需半个月以上,珠粉、朱砂均要水磨水飞;名贵药材如人参、麝香、鹿茸用料准足,绝对不用边料脚料。抗战中日军封锁,四川金石斛运销渠道阻断,锡地价格暴涨至数倍于黄金,大吉春为保证信誉,宁可辗转高价觅购,也不减量掺假。凭着品质和信誉,其经营额一度跃居锡城药业首位。

无锡中药营销的一个显著特点,是参燕补品和膏滋药销量巨大,平均要占到全城药店营业额的30%至40%。这固然基于无锡人的注重养生,但也与药店扩大营销、改进服务紧密相关。同丰之外,无锡还有一家李同丰参药号,由李云泉开设,虽然后起(1911年由打铁桥塊一个小小药摊起家),但经营灵活。店主曾别出心裁在书院弄口的店堂后天井内饲养一头梅花鹿,以“鹤鹿同春”宣扬鹿的滋补功效,吸引人们进店观看购物。每年深秋举行宰鹿大会,先期在地方报纸刊登广告,又推着养鹿木笼上街巡游,届期举办盛大筵席,以红烧鹿肉款待老顾客,同时推销本店成药“全鹿丸”,总能取得不俗业绩。李同丰还开办代客磨末药、代熬膏汁、代制丸药等服务项目,定时送货上门,并保证质量和安全,赢得顾客信任。至抗战前夕,李同丰由小变大,除本号外还在通运路和北大街开出李一丰分店、李同丰北号,经营规模与老牌同丰、大吉春并称无锡中药业“三鼎足”。

西药业：
良药尤需良医

　　西医、西药的传入和兴起，在无锡不过100多年时间，虽然也经受责疑和挫折，但终因建立在近现代科学技术的基础之上而得到发展。无锡最早的西医诊所。在20世纪初年由杨维翰开设于南门外黄泥垞。杨维翰是苏州博习医院首届毕业生，又是监理公会教友，所以诊所设在基督教教堂附近。因为西医西药在治疗常见病方面用药简便、见效快，杨医师名气不断增大，并与地方士绅建立起密切关系。无锡第一所西医医院——普仁医院建办之时，也得到过杨氏的帮助。

　　普仁医院为美国圣公会开设的医院。1901年，圣公会上海教区派传教士麦甘霖到无锡创设分会，第二年由慕高文接替麦氏担任会长，着手在新开河、二下塘一带购置和租赁土地，以备建造教堂及开办学校、医院。不久就在传教士住宅旁开设诊所，聘请上海圣约翰大学医科毕业生但以理担任医师。1906年，但氏辞职去沪开办私人诊所，美国圣公会总会派遣医学博士李克乐前往中国，25岁的李克乐随即携新婚夫人来到无锡，满怀激情投入到开办医院的筹备工作中，很快建起礼拜堂等。1908年春，作为医院门诊部的三间平屋落成，正式举办医院开幕典礼。医院随教堂名称为圣安德烈堂，中文名为普仁医院。医院门诊室三开间：正中一间是药房，两边分别为男、女候诊室和诊察室，后面设手术室、换药室、注射室。当时没有护士，手术、打针、换药都由李克乐亲自动手。另有一位中国医师施亦临，协助李克乐接待门诊和出诊；一位药剂员曾芝珊负责配药，所有的药品都由医院供给。也就在这一年夏天，医院购得相邻的旧屋三间，开辟有5张床位的病房并开始收治病人。直到1913年建成新病房，整个医院才步入正规化的发展轨道。

值得一说的是院长李克乐。这个美国佬说得一口流利的无锡话，还能用苏州话、常州话及宜兴、江阴、常熟方言与当地人交谈。他作为全科医生，内、外、妇、幼均颇擅长，又能虚心向人求教，对医术精益求精。医院先后聘请上海广仁医院妇产科主任、同仁医院耳鼻喉科主任邓乐普等为顾问，遇有特殊病人或疑难手术，也请他们前来会诊和协助。李克乐工作认真细致，一丝不苟。每天亲自查房，不光听取病床医生汇报，还一一听诊检查，与病人交流病情和医治。门诊虽然有限挂10个号的规定，但每遇紧急和远道而来的病人，都是不安置妥帖不下班；不在班时如有危重病人送到，他也是随叫随到，即便是深更半夜也都亲自到场实施救治。因为认真、高效、平易近人，无锡民众都尊称他为"李仙人"。在他主持下，医院对富商豪绅与平民百姓都是一视同仁，绝无厚此薄彼，相反倒是对贫苦者在护理和膳食上有更多的优待。医院规定住院者需预缴住院费，但对穷困者少缴不缴并不计较，有特殊困难的，经科主任或院长批准，包括住院费、手术费、医药费，可部分或全部免除。据医院年报，最多的年份免费病人占到就诊病人总数的12.4%。李克乐是民国时期无锡第一位也是唯一一位荣誉公民，而且是人们真正从心底里认可的好人。抗战中他被日本宪兵队押送赴沪遣返，无锡民众闻讯前来相送，夹道的人群中很多人流下了热泪。

民国前期，随着出国学习医学的留学博士陆续返回，国内培养的医护人才相继出道，无锡的西医诊所、医院逐渐增多，例如汉昌路的兄弟医院、南上塘的文公医院、周复培的眼科诊所、周纶的儿科诊所等。其中周纶的习医从医颇具传奇色彩。周纶，字绰如，其父周寄湄为清末无锡县衙书办，即负责文书的属吏。父亲相信新式教育，悉心将周纶、周绪两个儿子培养成才。周纶天资聪颖，同济大学医学院毕业后又考上官费留学，到德国柏林大学深造。他在同济学习时有一位女同学，姓陶，也是无锡人，二人同乡兼同学，日夕相

溥仁慈善会时疫治疗所合影

处,互生情愫。周生赴德留学,陶姑娘也远行美国求学。这一年暑假,周纶写信约她前往德国相会,商议两人的婚事。不过此时陶已移情别恋,在美国有了新的恋人,赴约去德国是要当面与周作出解释并告知分手。听完陶的一番话,周纶犹如一桶冰水淋头。失恋的打击使他痛彻心扉,万念俱灰之下来到柏林郊外卧轨,以死殉情。飞驶的火车压断了他的双腿,幸亏及时送医抢救,周纶脱离了生命危险。恢复知觉后的他,发现自己双腿截肢,顿时失去了生活的信心,乘人不备打破玻璃杯,准备用玻璃碎片割脉自尽,幸好被一位女护士发觉阻止。这位女护士详细了解了周的不幸遭遇,对他的一腔情深由衷钦敬。在她的体贴照料和真情抚慰下,周纶很快康复,不仅打消了自绝的念头,更激发起学好医术造福人世的信念。在勤奋学习获得医学博士学位的同时,也与那位德国女护士修成了恋情的正果。学成回国后,周纶租赁前西溪的薛汇东宅开设诊所,德国妻子成为他最好的助手。周纶身材魁梧,西装革履,挂着手杖行走街上,风度翩翩,其实西裤内、皮鞋中乃木质假肢。当年的无锡人都亲切地称他为"木脚周纶"。周纶医术精湛,为人真诚,对病人有请必到,不辞劳苦,热心施医,每遇贫寒之家还免收诊金、资助药费。"木脚周纶"的称谓包含着人们对他的尊敬和爱戴。

西医西药的普及,也促使一些中医医师转向中西医结合,采用西药和西医技术辅助治疗。无锡章氏是世传中医外科,擅长外疡诊治,代有传人。章治康是章氏外科的创始人,他将诊所从梅村殷家桥迁至锡城南门清名桥,以内外兼治而蜚声沪宁沿线。他综合古方和民间验方,自制虚疾丸、黑追风丸、西黄丸、雄麝散、化毒丹等成药,祛邪与调和气血相并举,一些由阴虚、湿毒引发而久治不愈的糜烂溃疡,到他手中往往药到病除。当时有一腿疾患者曾到普仁医院求治,医院提出截肢方案,病人顾惜肢体,转请章氏诊治,章治康采用麦秆引流排脓加内外用药,很快治愈。普仁李克乐叹服其医技,亲自率领军乐队上门为章氏送匾。章治康自此与李博士结为莫逆之交,相互切磋中西互补的医术。章氏之子张志方进而发展外治之法,在切口排脓手术方面形成一整套医理技法,行医范围也扩大至上海、苏州。章氏第三代传人章仁安,先后在中西医学院求学,担任上海中山医院泌尿科主任,临床和科研都取得重大成果。其他如章琴韵、章琴芬、章琴清、章济吟、章济星等也都继承祖业,中西医相配合各有建树,并推动祖传丸散膏丹的现代化配制和普及应用。

民国时期,西药一度称为新药。西药经营与西医诊疗的推广相辅相成。无锡第一家西药房,一说是1897年由金仰之开设于江阴巷的中西药房,一说是1875年由李少棠开设在北大街的大陆药房。到民国初年,无锡已有近10家西药房,主要为城乡居民提供居家应用的常用药品。其货源来自上海药行,而医院、诊所的用药则通过专业渠道采供。日军侵占无锡后,多数西药房与沿街大量商铺一起遭纵火焚毁。沦陷时期陆续有所恢复,但以小店居多。进货规定从日本重松药房批发,也有少量走私进口药以跑单帮的方式偷运来无锡。抗战胜利后,西医西药进一步普及。因为投资少、利润厚,西药房越开越多,全城一度达到75家,有从业人员300余人。除进口药品经由上海药行批发外,国内私营药厂产品也通过各种渠道进行推销。

北大街是西药房相对集中的地段,1930年代前期,这里设有大陆、中英、太和、正威、新华等5家药房,占全城药房数三分之一强。但此时的西药购买还相当疲弱,药房光靠卖药不足以维持店面开支,所以一些药店还兼营医疗器具、化妆品及洋酒等。其中大陆药房打出"推销国产各厂著名良药、统办各国原料器械用品"的广告,曾独家代理美国柯达照相器材材料。抗战后,西药经营景气升高,开始出现上规模的大药房。其中规模大、品种全、名气响的,首推华美大药房。华美1935年创设于崇安寺山门口,组织形式为股份公司,创始人、大股东兼经理为秦镜清。不过这与驰名沪滨、一度独占药业鳌头的上海华美大药房并无渊源关系。沦陷初期,在本埠西药业遭受重创的情况下,秦镜清果断把握商机,在控江门(老北门)露华弄口租下一处三间三造三层的洋楼,开设华美联号药房,名为万国大药房。同时力邀具有资金实力的房主陈王氏参股,并由其子陈静卿主持联号经营,由此成功扩张,在无锡西药业中独霸称王。战后,华美坚持以货真价实为宗旨,凭借雄厚资金实力,经销美国施贵宝和国内民族资本信谊、新亚、优生、正德等药厂的产品,在取信于众、打开销路的前提下,获得厂商的价格优惠,所以生意越做越大,成为业中巨擘。

因为进口药品价格昂贵,有的还货源短缺,自1930年代起,一些西药零售商店开始自己配置药品出售,或者向加工生产的小作坊购进应市。开始时主要是红药水、紫药水、十滴水、癣药水等低档易制药剂,稍后则配制市面流行的"戒毒丸",进而仿制"消治龙"药膏、DDT杀虫剂等品牌良药。由此也曾带来西药经营以次充好、假冒伪劣、牟取暴利的歪风。当年屈臣氏药房学徒、后来宝华药房经理人,就曾略述西药业的一些不正当经营手法,揭露药店蒙骗顾客的种种黑幕。诸如制假,用少量樟脑精混以滑石粉制造樟脑丸,用普通鱼油加乳化剂制作麦精鱼肝油,用蔗糖与维生素拌合冒充葡萄糖,反正此类药品无效也无害,不至于害人性命。又如冒牌,用杜造蚊香冒充"野猪"牌蚊香,用低廉材料混制药膏冒充日本"沙而光"治疗药,用"消发灭定"(S.M)低档药冒充"大健皇"(S.P)、"地亚净"(S.D)等高档药片,获利常在50%至100%以上。1950年代初,人民政府为了肃清违法暴利、惩治歪风邪气,曾收缴西药零售市场上的伪

西区同和施诊给药局合影

劣、变质药品971件，在惠山黄公涧公开销毁，产生较大震慑作用。

急性传染病的爆发，重大疫灾的发生，对西医西药应用是一种考验。而防疫抗疫作用的发挥，也提高西医西药被接受、被信任的程度。1914年，结核病广泛传播，发病率、死亡率明显超出其他疾病。当时普仁医院是无锡唯一一家正规医疗机构，面对病人激增，正巧新病房建成，老病房继续保留使用；当年接通电力后（仅上半夜供电），医院又及时安装自发电设备，开凿自流井，保障用电用水；加上有效新药的调度、投放，终于控制住了结核病的流行。1919年，无锡城乡霍乱流行，四处八乡到普仁医院求医的船只把城中直河都堵住了，河边上、街道旁躺满病人，医院为此搭出一排芦席棚安置病人。全院3名医生、5位护士，加上刚创办的护士学校的全体学员，夜以继日为病人送药、注射盐水，苦撑数月才把疫情压住。

1932年6月，霍乱病再次大爆发，此次疫灾席卷全国23个省312个城市，因其英文音译为"虎烈拉"，人称"虎疫"，各地民众谈"虎"色变。鉴于霍乱病情凶、来势急，一些人染疫数小时便发病暴亡，全城拉响抗疫警报。此时无锡已设立医师公会，在市政筹备处和县商会支持下，无锡正式筹设时疫医院，对患病者实行免费收治。时疫医院设在西水墩刘公祠，由南洋医学院毕业生卫质文任院长，医生大多为医师公会动员的志愿者。因为此时针对霍乱吐泻的盐水注射法已成熟推广，预防疫苗也已从国外引进，药品调度充足，加之医生昼夜轮班，悉心救治，至8月下旬疫情趋于平稳。经此一役，西药注射治疗和防疫针开始为人们所认识，西医师同样被认可为"三折肱"良医。

典当业：
生意场上的『一字头』

　　无锡运河沿岸的店铺标志，大字醒目的是三个行业：米、盐、当，而招牌字型最大的还数"当"字。典当业与钱庄业、堆栈业并称为无锡近代生意场上的"一字头"，因为其行业名称习惯上只称呼一个字："典"；其招牌通常也是标出一个字：当。近代无锡达到一定规模的典当，通常都在沿街、沿河的照壁上写有数尺见方的巨大的"当"字，或者在门前高挂一块描金的"当"字招牌。

　　大型典当的房屋建筑大多高墙深院，结构坚固，进深达四、五造。山墙为封火墙，天井置水缸，并与近邻房屋以夹弄隔开，这主要是为了防范盗窃和失火。大门采用坚硬木材，十分厚实，再包以铁皮、铆上铁钉；关门用竖挺加拴，还有天撑地撑，从外面不易打开。内部营业间、库房等还设置铁木栅栏，加以隔绝，限制无关人员随意出入。头造和末造房屋外墙的屋脊建有走道，前后贯通，对角或四角建有更楼，可瞭望全宅和四周，夜间有专人敲更守夜。一些大典当大门前设立照壁，大门内置有屏风，以避免路人窥视，具有保护出当人隐私的意思，也便于加强保卫。

旧时典当行的高墙深门

　　江南地区中等规模的典当,也采用门面小而内部大的建筑格局。前门为石库门,仅有一间门面,里面宽大且进深,风水上称此为"钱搭膊"(系在腰间或背上的钱包袱)形。房屋第一造或第二造大厅为营业场所,设有典当所特有的高柜台,一般高达2米,当户要踮脚举手才能将当物送上柜台。这既造成典当居高临下的气势,也避免出当人与店员打照面的尴尬。从大厅往后,经过一道石库门为转盘楼房,四面楼房中间是一个宽敞的大天井,用于在晴天翻晒衣物。楼下分别为卷包房、账房和员工宿舍等,楼上为库房。卷包房与二楼库房之间有一个包洞,有搁板可以开闭并上锁。卷包房内放置当日收当的衣物,通过包洞用葫芦吊将货物吊送到楼上的库房存放,取赎时也从包洞将货物递下。库房四面开窗,便于通风。库房内排列木制货架,分层分格,顺序编号,以便摆放和检取货物。

　　典当是一种以经营动产抵押借贷为主的金融行业,在无锡也有着兴衰演变的悠久历史。中国古代借贷取息最早的文献记载见之于《周礼》。周代建有泉府,负责调节市场货物买卖及征收税款,同时也对赊购和借贷进行管理。《周礼·地官·质人》中还提到"大市以质,小市以剂"。所谓"质、剂",是指监管市场的官吏给经营者发放的一种契据,作为具有一定效力的凭证,经营者可凭"质券"抵借商本,赎买货物。在吴地,文献中多有关于"吴市"的记载,质剂、抵押业务应该不比中原地区滞后。

　　典当形成专门的机构,大约是在两汉时期。这一时期,高利贷非常活跃,不仅贫困农民和流民"贷种食"以维持生计,商人贷本金而"贸迁商货",就是政府也因为赈济、用兵而借债,于是出现了专门从事放债牟利的"子钱家",其中较大部分为抵押借贷。吴楚七国之乱,中央调动关东列侯封君发兵征讨,为筹备军械戎衣而借钱,子钱家们因胜负局势难料都不肯放贷。有一位无盐氏出捐千金贷,其息什之,结果一年之内获利十倍,成为豪富。

　　南朝时期,江南典当形成为行业,不仅质押物品品种增加,而且借贷形式逐步固定化,并出现作为借贷凭证的"质钱帖子"。在江南一带,王导之孙王珣通过借贷放债举息,"颇好积聚,财物布在民间"。顾恺之的儿子顾绰,"私财甚丰,乡里士庶,多负其债",其留存的契券凭据有一橱之多。

唐宋时期,官府和官僚私人的放债开始盛行。唐代官府借贷称为"公廨钱",北宋官府典当叫作"抵当所"或"抵当库",至崇宁年间已遍及国内商贩要会处。官府典当、商人典当和寺院典当成三足鼎立之势。南宋的官营典库"流泉务",元代的"广惠库",其实力也较商办典当为强。明朝前期吸取前朝覆亡的教训,加强吏治,禁止皇族官宦开设质库与民争利。与此同时,寺院质库也逐渐走向衰落。民间典当业日趋壮大,并形成以山西、安徽、福建等商人为主体的地域性典当业行帮,出现跨地区经营的趋势。明清无锡的典当,相当一部分由徽商开设和经营。典当柜台的大伙计通常为有经验的徽州人,所以通称"徽州朝奉"。

晚清时,无锡稍具规模的典当是常州人盛宣怀与汪姓徽商合资,于同治八年(1869)在北门外运河边开设的济通典,资本额6000千文。光绪二十年(1894),济通典由杨艺芳出资盘下,资本增为8000千文,店址迁至城内西河头,兴建新屋,扩大营业。其时无锡城乡共有典当25家,城中规模较大的还有秦琢如接盘的观前街裕源典、丁佩卿设在中市桥的济顺典。

民国时典当的经营主要是收当、估价、确定押期和利息、满期赎取四个环节:

收当之货,可以分为五大类:金银器物、珠翠钟表;粗、细皮货;绸、布衣服;铜锡器皿;中西木器。此外亦收棉、麦、米、丝等栈货,但古玩、字画真伪难辨,部分典当不予收当。近代无锡典当的当货,大体衣服类占80%,而金银铜锡器物等占20%。

估价是典当盘剥百姓的主要环节。其关键是验货,验货中要有一定本事的是金银珠翠。对于金银器物的检验,典当有三种办法。一是用试金石看划痕颜色,一是用强酸点滴看反应,还有一种挂水法,就是将器物称出净重,再用马鬃吊着原物放入水中再称,根据分量计算折率可以判断器物的金银成色。不过典当总是千方百计低估当物价值,且实行一口价,概不与当户讨价还价。当物估价没有统一规定,一般是以当物的出售价再打一定折扣,通常衣服按市价二三成估价,全新也只能估到五六成;珠宝翠玉约六七成;金银饰品最高,也不过七八成;木器家具因堆放占用场地,估价只有一二成。验货估价时一概将皮货称为"光板""脱毛",服装称"破旧""洞穿",丝绸称"粉碎""油渍",器物称"残缺",家具称"杂木",黄金称"淡金",白银称"低银",铜锡称"破烂",珠子称"油黄",翠玉称"石皮"等。这当然是为了压低价格,扩大折扣。货物数量多就写"未见数",当票上还印有一行字:"凡虫伤鼠咬,水火盗窃,各凭天命。"这可以在赎当时规避争执、逃避责任。

当期、金额与利率相互制约,当期一般为18个月,利息一般为月息二分(年息24%);金额大、期限长的利率就低,金额小、期限短的利率就高。晚清至民国初期,典当当期呈不断延长的趋势,质押利率基本稳定在月息二分;民国中期以后,特别是抗战时期和国民党统治后期,当期日益缩短,利率则不断上升,最高时为日伪政权崩溃前夕,当期仅为2个月,而月息超过6角(年息720%)。

至于当货处理,期内赎当核计收款,手续比较简单。满期不赎的则要没货,由当铺自行处理,成批出售给提庄,由提庄分类出售给旧货店。如果当户到期补上利息也可以延长当期,补上利息的当货称为"陈留"。对于一些价值较高而又有升值空间的特殊当物,如古玩玉器、钟表字画等,当期只有一年,过期不准取赎。各典当常在营业间放置一只玻璃八宝橱,将逾期不赎的珍贵物件标价陈列出售,这类当品统称"入橱"。

城中一般典当以破落财主、士绅为主要主顾,当物中较多裘葛锦缎、铜锡器皿。有一些小户商贩遇生意冷落或资金周转不灵时,也要靠典押物品渡过难关。有人回忆民国初年的出当、赎当,反映出当时的市井实态。其家世代从商,父亲乃丝茶贸易的掮客,为进出口商行采办货物,常年奔波在外。因为生意年景不同,有时寄汇家用有数百银元,有时半年多时间分文不名,这时就不得不质押长物维持生活。母亲为顾全颜面,就让年纪不满10岁的儿子去送当,家中珠翠头面、金表、自鸣钟常常进出当铺。儿子记忆中往返最多的是父亲的三件皮袍和家中过年用的香炉、蜡扦,高二尺余的大件锡器,每次送去中市桥的济顺典,都是头顶手举才勉强够得到当铺的柜台,典业的切口称之为"举鼎"。直到其胞兄考入银行就职,家庭生活状况改善,跑典当的次数才显著减少。

城中上规模的典当的抵押货品档次略高,满当后主要销往本地四乡。城厢质押店及乡间当铺则主要接纳城市和农村贫困居民的生活用品,其满货以销售苏北地区为主。典当满货在每年春秋两季集中出售,春季以夏货为主,秋季以冬货为主,由提庄分类看货,逐一作价收购。提庄与典当之间往往建立特约关系,并预付定洋,这对于典当出货和提庄得到货源均有利。但少数典当偶尔也采用拍卖的方式出售死当货物。对于民间常用的当物如成衣服装,提庄也在会店门口设摊唱卖。店员以小调演唱的方式,向围观人群宣讲货物的卖点和价格优惠,其价格通常只有新置价的三成至五成,所以现场成交的比率不小,而顾客大多为来自四乡的农民。

典当对于当户的盘剥有多种手段,除低估当价、压缩当期、抬高利率外,还有许多成文、不成文的规矩。例如现扣,即巧立名目征收额外费用,在当价中直接扣除存箱费(对当价超过3角的当货)、入橱费(对价值较高的小件物品)、翻晒费(对皮毛呢绒)、包皮费(对不带包袱的衣物)等。又如厘头,即利息按月计算,不满一月或超过一月均按一月或加一月计息,哪怕当天当、当天赎,也要计扣一个月的利息。再如兑差,即辅币兑换和计算不按照通行市价,而按典当自定的兑换比率,无论兑进还是兑出均为典当差入。不过,在一定场合下,典当也对贫困当户施舍一点小恩小惠,如冬天出当或取赎寒衣,酌情免收利息;青黄不接时,当堂给出当的贫民施米、施粥等,以树立善名,争取生意。

典当的员工为清一色的男性,而且典当内不准许女眷留宿。其员工管理有着历史形成的严密分工。典当的上层管理人员称为"四庭柱""一正梁"。"正梁"即典当经理,总管典当经营业务和人事进出升降。"四庭柱"即账、包、钱、饰四个部门负责人,分别管理账房、包房、出纳和贵重当物,账房还统管内部事务,包房则兼管学徒事项。"四庭柱"下为"柜台",旧称"朝奉",较大规模的典当里又分头柜、二柜、三柜等;"柜台"下面为"写票",是"柜台"的助手,负责填写当票。这一档次的职位统称为"先生"。再下是所谓"分清",负责检查和监督货、票的周转;"分清"以下是"卷包",负责整理货物。这一档次的职位称为"中班"。"卷包"以

源大典当行当票

下还有学徒,边习业边做店内各种杂务。除头柜、二柜外,典当的普通员工和学徒基本实行封闭式管理,只有少数几个节日可以放假离店外出。

典当货物管理最怕的是火烧鼠啮,于是在主库房门旁分别供奉"火神"和"仓神",借祀神来镇库,避免火灾和鼠害。典当的防火管理相当严格,明火的使用和禁止有严密的措施。而实际的防鼠办法主要是养猫,所以学徒进门习业的必修课之一,就是买猫鱼、拌猫饭、扫猫屎。此外,典当还是盗贼侵害的对象,为此店内的青壮年员工都必须练功习武,每天早起和傍晚收市后,都在店内安排店员学徒练习石担、石锁,外加拳术、刀棍,锻炼体能,演习技击本领。

传统典当业的行业文化特征,最突出的是当字和行话。清代以后典当当票的书写逐渐形成特殊的字体,称为"当字"。其字另成格式,牵连一串,系汉字草书减笔或变化而成,加上间用异体、谐音和方言代字,业外之人多难辨识。这样做一是为了书写快捷,一是为了防范摹仿作伪。学徒进入典当习业,都发给《当字谱》,要求临帖习字。在江苏,两江总督曾国藩和民国政府内政部都曾试图取消当字,通令采用楷书写票,但因遭到业内人士的抵制最终不了了之。典当的另一特别之处是行话,俗称"切口",也就是对典当物品、典当术语和数字分别用暗语指代。营业人员在营业中为了沟通信息、留住当货、压低价格,相互间用行话对答。苏南一带典当行话主要由徽州方言结合吴地方言,加上谐音演变而成,不同的当铺还各有差异。其音调特别,听上去犹如唱山歌。从当字到行话,给典当的经营管理抹上了一层神秘色彩。

钱庄业：一诺千金，克存信义

　　无锡钱庄的起源，很多人认为在清乾隆初年。一是因为从那个时候起，官方文献开始有"钱庄""钱铺"的记载；一是业内人士口碑相传，有乾嘉之际煤炭、米豆等商业行业兼营货币存放的一些说法。然而，官方文书的记载往往迟后于历史事实的发生，而业内人士的传说也可能只是个别情况。事实上，据方志记载，无锡地区早在明代隆庆年间（1570年前后）就已出现兑换纹银和铜钱的钱铺。

　　不过，从钱庄的金融功能来看，它的起源可以追溯到更早的时候。钱庄的基本功能为吸收存款、信用放款、异地汇兑、货币兑换。在江南地区，这些金融功能大体在唐宋时期便已出现。唐代的柜坊可以本地寄存钱物，再到异地支取，这一时期出现的飞钱和便换，就是铜钱异地汇兑的一种方式。商人、旅客也可以将钱财存入设在各地的国家财税征管机构如盐铁巡院、度支巡院，取得牒券，牒券分为两半，由寄存人和经办机构各执其一，寄存人到约定地点，合券验对便能取钱。使用飞钱和便换的，当时主要是贸迁于大江南北的茶商、盐商，无锡水路交通便捷，正是茶盐商人中转歇脚的地方。

　　唐代以后，柜坊逐渐沦为赌场，失去了金融功能，最终为官府所查禁。宋代大宗商品的运销实行"交引"制度，通过发放盐引、茶引等有价凭证，来管制盐茶的交易和长途贩运。商人在一地交纳钱物，取得契券，到产地领取盐、茶，再运送到指定地点销售，这些"交引"兼有汇票的功能，能够"轻赍而远行"。以后又进一步演化为会子、交子等纸币,铜铁钱的寄存、汇兑相应失去意义。但是,纸币与铜铁钱及金银贵金属的并行流通,又产生了新的金融服务需求,就是多种货币的相互兑换。以盐引、茶引为经营对象的交引铺,逐渐发展为经营货币兑换的专业店铺。

不过,钱庄真正的前身是明代的钱肆、钱铺,亦称钱桌、兑店,部分与米业、布业相结合,称为钱米铺、钱布店。明代中叶以后,江南一带的县城和中心集镇,在关厢、渡口、桥梁等处相继出现规模不大的钱肆。至万历以后,钱铺、钱肆不仅经营钱钞兑换,还吸收存款,经营放款,顾客凭钱铺签发的存款收据——"帖子"取款,也允许顾客签发会票取款。会票作为一种有价凭证,可以抵押、支付、代偿,因而逐渐在民间流通开来。这就意味着具有综合金融功能的钱庄已经成形。

清代钱庄业的发展,与商业的兴盛有着密切关系。无锡襟湖带江,河道密布,随着农业生产水平的提高,经济作物种植扩大及手工业发展,城乡和埠际贸易日趋繁盛。钱庄的功能相应超出货币兑换的狭小范围,承担起货款汇划、结算的功能。当时大宗商品的远距离贩运,一是米粮和豆粕,一是棉花、土布,此外还有丝绸、茶叶、日用百货,数量可观的商品通过内河集散转口,在沿河的城镇形成南北商贾汇集的米豆市场、棉布码头。而这一时期无锡等地的钱庄,大多由经营米粮、棉布、土丝的富商开设。

清朝前期,苏南钱庄业迅速发展,不同资本规模的钱庄侧重于不同的经营方式,发挥不同的金融功能。这一时期,无锡钱庄的规模较小,资本额不过

复元钱庄

数千两白银,营业以兑换银钱为主,兼营金银饰品的抵押借款,但也发行钱票、钱筹,吸收部分存款。太平天国运动结束以后,无锡的蚕丝业恢复兴起,开始出现稍具规模的钱庄,如恒德钱庄、义和钱庄、德丰钱庄等,经营存放款和汇划结算等信用业务。

光绪年间,无锡城中仓桥下开有一家小钱庄,名叫"恒大"。钱庄规模不大,但靠近金匮县衙,每逢夏秋两季麦稻登场,农户缴纳田赋,商家收购转运漕粮,货币的兑换、结算数额不小。晚间,钱庄的伙计在灯下清点银钱,鉴别银锭、银元的真伪、成色,便会传出叮叮当当的声响,这引起一些不法之徒的觊觎。七月某天的晚上,恒大钱庄里闯入6名歹徒,两人持刀劫掠银钱,两人持刀在门口把风,两人手拿竹扁担在门外阻拦行人,不使靠近。钱庄伙计见有人抢劫,便高呼"捉强盗"。闯进柜台的盗匪劫去银元170元,银角子三四百枚,以及散碎银两若干,连同望风的两人窜出门外,朝盛巷桥向县下塘方向逃窜,沿着映山河、驳岸上一路逃出东城门。两个在门外拦路的马仔因为没听清屋内的动静,被闻讯赶来的县衙值班衙役麻皮阿四等人摁住。衙役循迹追赶,劫匪竟然以抛撒银元、银角来延缓追缉,此计得逞,衙役朋分撒落的赃款,罪犯最终逃脱法网。从这桩案子可以看到,无锡当时哪怕是小钱庄,其经营规模也相当可观,而无锡市面使用的货币已以机制银币为主。

光绪十四年(1888)起,江浙两省的漕粮集中在无锡采办,米市繁盛,各业富商纷纷集资在此开设钱庄。至清末,无锡存在的钱庄有14家,并形成汇划钱庄与挑打钱庄(小型钱庄)相配套的格局。汇划钱庄的资本较为充足,可以从事跨地区的汇兑和结算业务。挑打钱庄的资本实力稍小,一般只能从事本地的收解款和结算业务。小钱庄又进一步区分为元、亨、利、贞四个级别。大体元字庄为挑打庄,可以独立开展业务;亨字庄称为"关门挑打",每天的收解委托汇划钱庄代办;利字庄为拆兑庄,不做存放款业务;贞字庄为零兑庄,零星兑换,兼营杂货,这些小钱庄在钱业市场大多受到大同行的操纵和控制。如果说典当的经营理念与佛教思想有着一定的渊源的话,那么,钱庄更多的是遵循中国传统的儒家、道家哲理。"元亨利贞"就是《周易》"乾"卦的卦辞,历来认为它代表"仁礼义智"四德和"春夏秋冬"四时,分别意味着事物的发端、通达、融合和成功。钱庄经营、管理的文化意蕴很多与此相贯通。

钱庄经营特色是"对人信用",它的存款、贷款和汇款,主要注重人的信用,而不像典当那样依靠抵押品来保障经营安全。所以钱庄放款以信用放款为主,只有金额大、借期长的放款才采用担保抵押的方式。钱庄的信用放款,行话称为"一诺千金",借用春秋时期楚国季布重诺守信的典故。无论是商号还是厂家,钱庄放款并不视资本大小,而视其东家之财产与才能如何,及与钱庄主持人物之交谊如何。钱庄的放款在方式、期限、利息上非常灵活,但只有信守承诺者才能获得借款和透支,不讲信用的客户会受到同业的共同抵制。信用放款的利率相对较高,一笔放款通常自5万两至15万两,利息收入就是数千两。也就是说,"一诺"(一笔信用放款)可得"千金"(数千两白银的利息)收入。

在外国银行大举进入,中国银行纷纷举办的情况下,钱庄不仅没有被取代,而且能在曲折起伏中实现发展,主要依托其良好的信用、周到的服务和精

钱商业同业公会成立大会全体会员合影

细的经营技巧。钱庄以"克存信义"为立业的基本原则。一般钱庄都以资本（包括正本和附本、公积等）为主设立存款备付金，对于零散存款和往来存款确保随时支取，对于往来交割确保及时兑付，避免信用动摇；对于放款则稳健经营，留有余地，叫作"生意不可做足"，并以严格的办法审核借款人的信用度，以减少风险。无锡后来成为实业"大王"的几大家族，几乎都开办或经营过钱庄，例如荣熙泰父子的广生钱庄、杨宗瀚的同和钱庄、周舜卿的怡昌钱庄、唐梓良的广诚钱庄等。而

钱丝两业公所旧址

荣氏、唐氏等无锡实业家的创业兴业，也都得益于上海、无锡等地钱庄的信用放款。钱庄与客户以信义维系借贷、汇兑、结算关系。

钱庄与百姓日常生活关系密切的主要是货币兑换。旧时货币种类繁多，有银两、银票，也有银元、银角，还有铜元（俗称"铜板"），更多的是不同地区不同单位发行的各种纸币钞票，而不同时点的各种货币的比价不一，不同用途的所用货币也不同，所以钱庄在买卖结算和货币兑换中需要准确把握"贴水"——补差或折减。对此，钱庄以谦恭待客、热情服务作为生存、发展的基本要求，不厌烦琐，不嫌细微，尽量保全顾客利益。除春节等传统节日外，钱庄没有假期礼拜，有的还适应顾客需要提供早晚服务、上门服务。抗战前，无锡银行业的营业额几倍于钱庄，而钱庄的客户数则几倍于银行，这也反映出钱庄经营服务的特点。

钱庄的内部管理由经理负总责，经理（又称"大伙先生"）通常是钱庄业主或大股东的亲信，总揽钱庄经营大权。经理之下设襄理或协理（副经理，又称"二伙先生"），协助经理工作，协调部门间的运作。钱庄的职员分工细致，职

永盛钱庄同人游梅园合影

责明确,等级分明,不容逾越。上海的汇划钱庄在督理、经理、协理之下设有
"八把头",无锡钱庄又有所不同,一般只设5个部门:(1)清账房,又叫内账房,
其主管称为清账,负责管理账务,核算盈亏,编制账册,其助手叫"帮清账",下
设"对账"等职员;(2)外账房,即业务部门,其主管称为外账,负责接待客户,
办理往来业务和票据结算,其助手叫"帮外账",下设"现票"等职员;(3)银房,
其主管就叫银房,负责现金的出纳保管,其助手叫"帮银房";(4)跑街,又称
"走公所""走银行",负责对外接洽存放款业务、拆借业务,联系与银行、钱庄
同业的资金调度融通,同时也兼任信用调查,掌握往来客户的业务经营和信
用状况,其助手叫"跟跑街";(5)信房,负责文书工作,起草、缮写往来函电,综
合外埠信息,其助手叫"帮信房"。各部门主管及其助手之下还设有栈司(俗
称"老司务",经办具体事务的办事人员)和学徒(后来也称作练习生,进庄见
习业务)。与典当一样,钱庄职员之间也有严格的等级关系,下级对于上级唯
命是从。

钱庄的账簿种类繁多,其名称在业内形成习惯,冠以各种吉利词语,相沿
应用。例如反映营业动态和经营效果的最重要的账簿——总清账簿,就被称

为"克存信义"。因为其全部资本及营运情况只有从这本总账中才能一览无遗，所以钱庄对这本账簿奉若神明，每逢农历正月初五开市之日，都要在接财神仪式时供奉于财神神位之前，在业主的率领下，全体员工祭拜如仪，并大声诵念吉利话语。钱庄其他账簿也分别有特定的名称，如记载业务往来的账簿叫作"利有攸往"，应收应付账簿称为"合浦还珠"，记录现金库存和兑换损益的账簿称为"堆金积玉"，核算盈利的账簿称为"日增月盛"，红利分配账簿称为"利益均沾"等。

无锡钱庄的发展历经曲折变迁，并呈现出向现代转型的趋势，但还是保留着种种传统习俗。其中最具地域特色的行业习俗是"接路头神"。所谓"路头神"就是财神，钱庄业把财神赵公明作为自己的行业神，每年新年开市时都要在本庄和同业公会会所举行隆重的祭祀仪式。通常是年初四子夜时分，各钱庄在店堂内举行请神仪式，业主、股东、经理和全体员工聚集一堂，在财神塑像或神龛前摆设香案，以及鱼肉、菜肴、糖果、茶酒等祭品。同时摆放的还有两只贴有红纸条的重50两的银元宝，两卷用红纸包裹的银元（每卷100元），两本空白账簿，两支新毛笔，两块新墨锭，两架天平和几把算盘。门外张挂两盏红灯笼，屋内点燃一个炭火大盆，寓意生意红火、必（笔）定（锭）发财。当香烛点燃时，业主或经理带头对财神神位行三跪九叩之礼，然后全体员工依职位等级次序行礼膜拜，祈求神明保佑。再由总清账研墨蘸笔，在新账簿上写下"克存信义""日增月盛"的题签。与此同时，银房职员将银元拆开叮当敲响，账房职员把算盘哗哗乱拨，众人大声呼喊："重平！""重平！"平，即平砝，银两的计量工具和计量标准，意指银元宝；重，即成色和分量准足；重平，就是指准足的银元宝，意为"发财"。一番热闹之后，奠酒于地，焚烧纸锭，表示对神祇的酬谢。接着，由栈司手持灯笼在前，员工学徒随后，一路奔到钱业市场——同业公会会所，然后燃放鞭炮爆竹，共同迎接财神，互道新年祝福。年节举行隆重的接财神仪式，先后传承延续有数百年之久。它既反映钱业商人对于变幻莫测的市场风波的畏惧心理，又体现钱庄借助民间文化习俗进行管理的悠久传统。

银行业：
以管理保障服务

20世纪初叶的20年间是中国银行业的初步发展时期，中国近代最重要的银行差不多都创办于这一时期。

无锡创办的第一家银行是信成商业储蓄银行无锡分行，由周舜卿于1907年2月开办。周舜卿早年因家境贫寒到上海利昌商号习业，出道后因精明干练且为人诚实而得到洋行经理信任，被聘为英商大明洋行买办。此后又借助与洋商的紧密联系，在上海投资开设升昌五金煤铁号，为大明洋行代销五金器材，因为经营灵活，服务周到，获得巨额盈利。不久又开设震昌铁号，为英商怡和洋行销售钢铁器材，不几年即在国内主要商埠和日本长崎开设7家分号。周本人一跃成为19世纪末期上海滩上为数不多的拥资百万、占地百顷（城市地产）的工商富豪之一，被称为"煤铁大王"。后又相继投资永泰（当时在上海）、裕昌（无锡）、苏经（苏州）等丝厂，以及分布于各地的铁行、五金行、油麻行、米行、茧行、冶坊、当铺等。1905年，他以商部三等顾问的名义，随同商部尚书载振赴日本考察，回国后竭力倡议筹设储蓄银行，吸收居民存款，为中小企业发展"聚集母财（资本）"。

信成银行成立于1906年，为国内首家以私人资本开设的兼营储蓄的商业银行，创办资本50万两，周舜卿自任总经理，沈缦云为协理。其总行设在上海南市万聚码头，分行设上海北市、无锡、南京、天津、北京等地。信成银行无锡分行设在北塘财神弄口，注册资本10万两，由蔡缄三任经理。银行开业时，其

排场与传统商号颇为相似,而且更为
热闹、更为铺张。周舜卿邀请了无锡、
金匮两县的官吏、地方社团领袖和各
路士绅,门前接帖唱喏之声不绝,行内
喜庆酒筵从中午一直开到晚间,颇极
一时之盛。与此相应的是,银行的经
营和管理也明显带有与典当、钱庄相
似的传统文化的胎记。其门内设置有
"肃静""回避"的仪仗牌,以及水火棍
和开道锣,一副官场派头。信成的业
务分为存款、贷款、汇兑、票据贴现和
发行钞票五项。其钞票发行得到清政

周舜卿开设于上海的信成银行

府给予的特权,钞票上印着王爷载振的肖像,王爷既未认股,又无存款,但银
行每年要向他致送丰厚的"孝敬"。清末五年间,信成累计发行货币110万元,
这在当时商办银行中绝无仅有。

　　说到周舜卿创办信成银行,不能不说到沈缦云。沈缦云原名张祥飞,苏
州吴县人,幼年时随父母移居上海,进教会学校蒙培雅书院学习。11岁时被
无锡富商沈金士招赘为孙女婿,改名孙懋昭,字缦云。光绪二十二年(1896),
28岁的沈缦云一举考中举人,这本是踏上了做官之途,但他毅然放弃入仕为
官的机会,接替不久前去世的祖父沈金士,经管起沈氏创办的铁工厂、碾米
厂。到周舜卿筹划创办银行之时,沈缦云已把工厂经营得风生水起,不断壮
大的企业把他推上了上海南北市商会董事的位置,并在筹组上海商学会中与
周舜卿站到了一起。开办银行时,周舜卿首先就想到了长于理财而又多谋善
断的沈缦云,径直聘请他担任协理。沈缦云也不负重托,首先协调各大股东,
协商制定银行章程,又具体主持银行总行的运行,协助多地分行的筹设,充分
显示了他的卓越才干。

　　辛亥革命时上海光复曾得到信成银行协理沈缦云的很大支持,陈其美、

无锡县银行支票（1947年）

李平书等人密谋起义的一些会议就安排在信成银行召开。沈缦云当时为上海商团公会副会长，以商团为主体组建一支光复军的任务也就落在了他的肩上。为秘密购买并运送军械弹药，沈缦云废寝忘食耗费了大量精力，并且借助信成垫款，从购买军械到开支军饷，总数不下数十万元。1911年11月3日，上海起义军在南市九亩地（南操场）举行誓师大会，宣布起义，在基本扫清外围清军势力的同时，部署进攻清王朝在上海最重要的堡垒——江南制造局。在起义总指挥陈其美深入虎穴劝降被拘的情况下，王一亭、沈缦云立刻调度各路商团敢死队，发起对制造总局的猛攻，其间，沈缦云一直奋战在第一线。4日凌晨，义军攻占制造局，上海宣告光复。事后，孙中山亲自题写"光复沪江之主动"的匾额赠送沈缦云，表彰他的卓著功勋。

然而，清王朝被推翻后，信成银行失去了发行钞票的特权，又因为之前有清政府的背景而遭受挤兑。同时，支持同盟会和上海革命军的大笔款项无从收回，不得不宣告破产。但据周舜卿自述，他恪守诚信，以"终不负人一钱"为宗旨，分途爬梳，偿还存款，回收钞票，为此耗去其私产之大半。此后，周舜卿退出金融界，集中精力经营缫丝工业和煤铁商业。而担任沪军都督府财政总长的沈缦云，则以其主持信成银行的经验，发起筹建中华银行，发行军用票、发行公债券，并以孙中山特派员的身份，率团到南洋各地向华侨招股劝募，继续为革命军募集经费。中华银行后改组为中华实业银行，准备为革命胜利后的国家经济建设服务。

信成银行的结束并没有拖延无锡银行业发展的脚步，进入民国以后，无锡相继有多家银行开办。1912年12月，江苏银行无锡分行开办，这是江苏省省一级的地方银行,代理省金库,兼营商业银行业务。1913年4月,交通银行无锡支行成立,交通银行为官商合办银行,初期主要面向路(铁路)、电(电力)、邮(邮政)、航(航运)四业的投资融资,无锡支行初办时也侧重于吸收官方和官办事业存款,并为地方财政垫款。1914年7月,中国银行无锡支行创立,隶属于南京分行,面向无锡地方工商业办理存放款及收付业务。自1917年至抗战爆发前,上海商业储蓄、大陆、中国实业、中南、浙江兴业、中国通商、新华信托等商业银行,先后到无锡开设分支行或办事处,经营各项银行业务。这时的银行,无论经营还是管理、服务,都逐步与国内国际的银行相接轨。

银行业的兴起,托举无锡成为长江三角洲地区重要的金融码头。不过,近代无锡是资金差入城市,因为工商业发达,资金周转的需求量巨大,带来多数银行存款少、放款多,1920年代,贷差最大的银行放款总额相当于存款总额的847%。其资金缺口主要通过总行或联行灵活调剂,部分依赖同业拆借。相对于苏州的"存款码头",无锡乃是完全意义上的"放款码头"。多数银行在灵活调度中改善地方工商业的资金供应,同时也增加银行经营服务收益。以交通银行无锡支行为例,其放款以"周转灵活、放收自如"为目标,不图利息高,而求期限短,做到经营活、周转快、风险小,自然"利在其中"。其经营以茧商和面粉厂为主要客户,每年新茧上市、新麦登场时,抓住厂商在当地收茧和赴江北采购小麦的机会,大力推广其交行兑换券,灵活调度头寸。20—30年代中期,它常年吸收存款30多万元,发行钞券80多万元,按存款半数、发行四成计算,可以调度使用的营运资金将近50万元,加上灵活调配,便能较好地满足麦市和茧市的资金周转。

银行是近现代金融机构,其组织结构、服务功能和经营理念完全不同于传统典当、钱庄。从本质上说,它的兴起发展建立在现代科学技术和现代市场经济的基础之上,它的管理制度和管理理念体现着现代商业文明。放款的成功和安全是银行生存的"中心点",近代无锡银行都把放款的安全性作为自己必须坚持的基本准则。其稳健经营的重点,一是掌握客户的信用度,谈荔孙主持的大陆银行十分强调"三C"(capital、capability和character)调查,即全面深入调查放款往来户的资产、能力和人格,有一项欠缺即拒绝授信,从而成功规避坏账、失信、诈骗等风险。二是规范交易手续,与钱庄注重人情不同,银行强调抵押、担保和交易手续。交通银行放款的基本原则是"慎择客户,严选押品,以多抵少,且有妥保"。对抵押的货物提单、栈单及保险单,均办理过户。有统计数据显示,其时中国银行支行、江苏省银行分行的放款中,质押放款分别占90%和87%,其他银行也分别在65%到80%以上。

也就在这个过程中,无锡银行的管理更趋于科学化。正如上海商业储蓄银行总经理陈光甫所说,银行必须努力学习,研究良法,实行科学化,以应潮流;抛弃中国旧式的生意经,取法于欧美先进国,学习运用其先进的管理方法,以最大努力改善银行经营技术。银行业务的开展基于较为精确的计算,有关资讯资料也逐步走向完善。一个颇有意思的例子是,1924年年底至1925年年初,江浙军阀混战,无锡城被败兵围困数十天之久,在形势险恶、随时可能破城遭劫的情况下,交通银行支行将库存钞票全部截角作废,以防一旦流散蒙受损失;又将库存现金全部借给商会、商团,用于护城、救济和善后事宜,由地方当局订立借据,地方绅士居中担保。事件平息后,无锡地方陆续偿还了这部分借款。这样做,既解救危急,维护地方公共利益,又赞助善举,树立银行良好的形象,更是巧妙地保全了银行资产不受损失,一举而数得。

银行与百姓日常生活相联系的服务项目是储蓄存款。当年的居民主要通过储蓄积少成多,以为未来的消费作为储备,譬如结婚、治病、养老、丧葬等,当然存款取息也是储户的一个考虑。银行则通过支付相对较高的利息——资金的使用价格,吸收存款、集聚资金、用于放款,好在无锡工商经济活跃,有能力消化较高的贷款利息。无锡的银行在吸收储蓄存款中,除了灵活运用利率杠杆外,还以优良服务作为联结民众的纽带。所谓优良服务,不仅是态度和善,殷勤接待,不让顾客多跑久等,而且在于创新办法,树立诚信,创造一种履行社会责任的品牌。

大陆银行经营扎实稳健,在吸收存款方面,通过认真设计、优化服务,以办法灵活和存款利率适中来保持对储户的吸引力。除定期、活期、零存整取

无锡银行业同业公会成立合影(1935年)

等常规储蓄外,它另设特种储蓄,即一次存入171.5元,定期15年,到期还本付息1000元。此项储蓄表面看利息优厚,实际按复利计算的利率并不很高,而其存期长、手续简便,适合于年轻从业者的婚嫁、子女教育、养老安排。同时针对一般市民的家庭经济状况和心理特点,大陆银行还分别开办儿女教育、子女婚嫁、养老储金、劳工储金(失业储备)等多项基金储蓄,额外给予利息优惠,故吸引众多储户。它还设立学生奖学金,汇寄学费免收汇水,既拓展业务,又树立起银行的良好形象。

还有一些银行以灵活的方式招揽存款,如交通银行,不论存款数额微小,还是存款期限短暂,即使今存明取,进出频繁,也都认真接待,细心办理,不因利小而不为。也有一些银行着眼于服务民众,如上海商业储蓄银行,以延长存期为条件,适当提高利率,扩大收储,还别出心裁把传统扑满与银行储蓄结合起来,给储户赠送精美的铜质积钱盒,盒口设有机关,硬币只能投入、不能取出,开盒钥匙由银行掌管,当钱盒积满时,送银行开启,点数存入银行账户,受到储户的欢迎。

值得一说的是创办大陆银行的无锡籍银行家谈荔孙。谈荔孙,祖籍无锡,出生于淮安。早年考取公费留学生,赴日本攻读银行经济专科,并在日本银行实习有年。学成回国后先是从事银行学的教育工作,不久通过清廷举办的留学生考试,被任为度支部主事,后转任大清银行稽核。辛亥革命后,他先后担任中国银行计算局局长、国库局局长、南京分行行长,为开拓长江中下游业务打开局面。民国初年,因袁世凯政府筹办"登基大典"而大量透支,引发中、交两行爆发挤兑风潮,谈荔孙挺身而出,带头抵制北洋政府的停兑令,以有限制兑现印有"江苏"字样的中国银行钞票维护了货币正常流通和市面稳定。在浙、皖、赣等省银行的联合行动下,终使一场席卷大半个中国的金融风潮很快得到化解。谈荔孙也因此在国内金融界崭露头角。

在资金和信誉积累的基础上,谈荔孙发起创办大陆银行,大刀阔斧开拓经营。与银行业务的成功拓展相配套,大陆银行又向仓储、贸易跨业发展,先后在各地建造仓库,用以存放棉纱、棉布、生丝、五金、百货等,发展货物抵押贷款。同时仿照日本三菱、三井会社的做法,发展内外贸易,设立大陆商业公司,从事进出口经营,结合开展外汇汇兑业务;开办大陆商场,结合房地产开发,发展零售商业和服务业。加上信托投资业务和保管箱业务,谈荔孙和他的大陆银行在江浙沪一带形成独具特色的经营格局。大陆银行的沪行仓库地处西藏路桥北堍,是一幢高达6层的钢骨水泥仓库,其总库容为棉花10万包、面粉100万包,1928年的抵押贷款额达到8700万元。1932年扩建东部仓库,作为四行储蓄会仓库,与西部原仓库统称"四行仓库"。这也就是1937年淞沪会战中,由八百壮士打响一场惊天地、泣鬼神的四行仓库保卫战的地方。只是在这之前,谈荔孙因突发脑溢血已不幸英年早逝。

无锡分行主要面向民族工商业中小企业予以贷款支持,其贷款灵活运用信用、抵押、保证、通知等方式,而以信用放款为主。它对无锡粮食商业和缫丝工业的扶助尤多,粮食储存、鲜茧收购、工人工资周转是其贷款的大项,另外企业重组(如振新纱厂)和技术改造(如茂新面粉厂)也分别从信成借得贷款。

文化娱乐篇

印刷业：
为文明进步铺路

　　书籍记录人类文明进步的历史，也是人类文明进步的象征。中国古代的文化典籍以手抄本传世，抄于布帛称"帛书"，抄于竹片、木片称"简牍"，抄于纸上称"抄本""写本"。印刷术的发明，使书籍能够批量生产，加快和扩大了知识的传播。"印"字始见于商代甲骨文，字形像一只手按压另一个人，使之跪下，本义为摁、按压，是"抑"的古字。后引申为"执政所持信也"。印信，即信物。后世以"抑"表示按压本义，"印"只表示引申义图章，又引申为盖章或像盖章那样在物体上留下痕迹。"刷"字本义是擦拭、涂抹、清洗。《说文解字》曰："刮也，从刀。"后引申为剔除、淘汰，也指用成束的毛棕等制成的清除或涂抹的工具。着有痕迹谓之印，涂擦谓之刷，用刷涂擦颜料而使痕迹着于其他物体，谓之印刷。

　　印刷术是中国四大发明之一。印刷术的发明始于何时，目前尚无定论。有人称东晋成帝时，蜀中成都即有刻板印书之举，但未详细说明资料来源。清人《百香词谱笺》引《边州闻见录》，说后蜀主孟昶将经文刻在石碑上，矗立在成都城内，后来

印书用的雕版

觉得这样不能广为流传，便发明用木板刻印。大多数学者认为，印刷术最早起源于隋唐时期成都地区的木板雕刻印书。雕版印刷的书籍，一般称为刻本或刊本。《册府元龟》记述后唐宰相冯道、李愚重视经学，曾说："汉时崇儒，有《三字石经》。唐朝亦于国学刊刻……尝见吴、蜀之人鬻印板文字，色类绝多，终不及经典。"包括无锡在内的吴地，与蜀地相并行，至迟在唐五代时雕版印书已很盛行。北宋庆历年间毕昇发明胶泥活字印刷，此后又有陶活字、木活字，明代更出现了铜活字。刻版或活字印刷的书籍，通称印本，以区别于抄本、写本。据南京大学历史系范金民教授估计，明清时期全国商人经营的高质量印书，有70%出自江南吴地。清末民初，随着西方先进印刷技术的引进和铅活字的使用，雕版印刷和其他活字印刷才日趋式微。

印刷业在无锡具有悠久的历史。根据《无锡地方文献选目》记载，宋代即有华氏的《白氏六帖》，尤袤的《山海经》《文选注》《苏氏演义》等刻本。明代，无锡的印刷术在全国领先，活字印刷的大量流行从苏州、无锡开始。其中铜活字印刷的最早创始者即为弘治年间的荡口华氏。嘉靖年间，胶山安国桂坡印书馆成为江南活字印刷的中心。当时最著名的出版家不少集中在无锡。

华燧（1438—1513）字文辉，号梧竹。以"会通"名其印书馆。弘治三年（1490）首次用铜活字印刷《宋诸臣奏议》150卷，是国内现存最早用金属活字印刷的书籍。到1506年，会通馆活字印本有《锦绣万花谷》《九经韵览》《古今合璧事类》《文苑英华纂要》等15种，其中很多是鸿篇巨帙，如今成了国家保存的珍贵版本。华珵（1438—1514），字汝德，号尚古生，是华氏家族另一个重要的铜活字印刷专家。他印书速度奇快，据说"所制活板甚精密，每得秘书，不数日而印本出"。尚古斋华珵活字印本有《渭南文集》《石田诗选》《百川学海》等，北京图书馆至今保存有华珵印刷的书籍。安国（1481—1534），字民泰，号桂坡。布衣起家，经商致富，成为东南"三豪富"之一。嘉靖年间以铜活字印刷《东光县志》《吴中水利通志》《曹子建集》等书，冠以"安氏馆""桂坡馆"之名。清代叶昌炽《藏书纪事诗》盛赞其印书业绩：

胶山楼观甲天下，曲桥华薄荡为烟。

徒闻海内珍遗椠，得一珠船价廿千。

明代无锡之所以成为铜活字印刷业中心，既与当时政府实行免除书籍税的政策有关，又与铸造铜活字成本较大有关。木活字由雕刻而成，只需木材和刻刀，铜活字则以字模铸就，涉及制模、冶炼、浇铸等多道工序，所需材料、设备和技术相对复杂昂贵。由于当时财富集中在江南一带，而无锡又是江南一带经济、文化发展较快地区，经营印刷业者大多家境富有，为铜活字印刷术的发展提供雄厚的经济基础。无锡的铜活字印刷术对当时的苏州、常熟印刷业产生很大影响，两地刻书家纷纷到无锡购买印刷铜版。这一技术还传向日本、中亚、西亚、阿拉伯和欧洲等地。清光绪进士叶德辉在《书林清话》中曾这样评价："明时活字印刷如此广远，而皆在无锡一邑。"

明代无锡的雕版印刷，则以城内小娄巷谈氏家族为代表。天顺、成化年间，谈经、谈纲考中进士，谈氏以"绝经堂"之名刊刻图书。嘉靖、万历年间，谈氏又有"燕甲斋"，在谈修、谈恺主持下，刊印《孙子集注》《广州五先生诗》《比璞山房罪言录》《无锡县学笔记》等大量图书，尤以嘉靖四十五年（1566）刻本《太平广记》500卷最为著名。该书先后修改刻印6次，成为当时说书人必读的脚本，不少话本、小说、杂剧、戏曲等也都先后取材于《太平广记》，对当时文学创作产生深远的影响。同一时期，梁溪真赏斋华氏、奇字斋顾氏、弘仁堂安氏、尊生斋王氏、秀石书堂秦氏等也刻印了数量不等的文史书籍。无锡印刷业发展达到一个高峰。

清末民初，无锡民族资本工商业崛起，近代教育和新闻出版事业蓬勃发展，各类教科书和图书读物出版，新闻报刊印刷，以及各种商用簿记和信封信笺、商品包装、商标广告等的印制需求急

印书用的铜活字

速增长，促进了印刷业的发展。人们读书、看报、上学、做生意，都离不开印刷、出版。因商而兴、因教而兴、因报而兴，成为无锡印刷业的显著特征。

存续时间长达百年左右的潘锦丰账簿店可作为因商而兴的例证。该店始创于清咸丰年间，店主潘锦堂，镇江人，店址在北大街坛头弄。光绪初年迁至江阴巷，前店后坊，有店员和工人10余人。由于地处闹市，商店林立，经营账本供不应求，业务日渐发达。后将店铺转让亲戚王祯卿经营，改名锦丰祯记账簿店。1923年，店员陶文彬执掌店务，店名改为锦丰溢记账簿印刷所，开始兼营其他印刷业务。1933年由陶文彬独资经营，改"所"为"局"，又在北塘大街祝栈弄西开设锦丰分店，专门承接印刷业务。虽然店名、业主多有变更，但邑人仍以"潘锦丰"呼之。

早期潘锦丰的账簿印刷纯手工操作，制作工序分为刻版、水印、折平（同时检查质量）、整点（整理计数）、切边、封面、打洞、缝制8道。其中折平、整点和缝制3道工序，多数发给妇女在家操作。账页采用毛边纸，账簿分精、简两类。精制的封面用蓝色或青色的夏布加上黄表纸裱装，晾干后用蜡磨光，用真丝线缝成。简装的封面用一张白纸和黄表纸裱好，用丝光线缝制。民国以后，逐步添置印刷机器，用铅版、铅线、油墨替代木版、丝线、水印，效率和质量大幅提高。1933年时，已拥有手摇和电动印刷设备20余部。

在经营上，潘锦丰对不同的顾客采用不同的策略。对大客户，以赊销户方式建立长期合作关系。如承印北门外四段米市各粮行所需的信封、信笺、市单、名片等，代印时和、日新、九纶、世泰盛等绸布店的各类包装纸，均作为长期往来户，随要随印，约期结算，分期付款。1948年，赊销户达700余家。对散户，则以优惠、回扣等方式拓展业务。如各乡区或邻县商店，委托班船、长途汽车站员工来店购买账册、代印信封、信笺等交易时，除价格优惠外，还依营业额多寡另送烟酒钱，吸引代购员工多招徕生意。对近邻，平时写信、写请帖等用纸，不满5张的，就免费送；家庭妇女做衣服鞋帽需要糨糊，随时供给；每到年终，向顾客、邻里馈赠月份牌、日历、精制历本，注重搞好睦邻关系，和气生财。

民国时期,无锡新闻事业在国内向推巨擘。有研究者统计,自1912至1937年,刊印于无锡的报纸、杂志达170余种。由此催动印刷业的发展。当时无锡最著名的锡成印刷公司,就是因办报而开设。无锡最先出版的报刊是本县绅士裘廷梁于1898年5月11日创办的《无锡白话报》,木活字

安国桂坡馆铜活字印书

排印,16开书本式装订,5天1期或10天2期合刊。宣统二年(1910),孙保圻、秦毓鎏、吴锦如等发起创办《锡金日报》。根据老报人吴观蠡回忆:因为无锡没有印刷所,该报逐日在锡选稿编辑好后,由专差送到上海,委托上海公益印刷局代印,再由火车寄回无锡发行。1912年5月由蒋哲卿、钱湘伯接办后,改名《锡报》。创刊这一天,也因无锡没有印刷所,曾特地到上海请人来锡排印。不料,所请之人技术低劣,材料不全,导致出版延期。所谓"无锡没有印刷所",是指没有适合新闻报纸排印需要的印刷所。新闻报纸,贵在内容要"新",传播要"快",而且必须达到一定的发行量,才能收支平衡。传统的印刷技术,无论刻版还是活字,都是手工水印,耗时长,印量低,难以满足报纸尤其是日报出版的要求。此时,日本制脚踏圆盘转轮机等先进印刷技术由上海传入无锡,印刷业开始由手工操作向机器生产的转型,《锡报》也自行组织印刷所。不久报纸被封停刊,印刷所转让并重新集资组建印刷公司,起名"锡成",取"因《锡报》而成"之意。1917年,《锡报》由吴观蠡接办复刊,即由锡成公司承印。

锡成公司成立于1913年,是无锡规模最大、设备最多、存续时间最长的印刷公司,由蒋哲卿、吴襄卿等集资组建,地址书院弄口。鼎盛时期(1930年代)有大、中、小号铅印机6部,石印机3部,手摇铸字炉3部,大小各号宋体、仿宋

体铜模各1套,以及切纸、装订、烫金等设备,工人170余人。公司能浇铸各种字号,无锡印刷业所用铅字多数由其供给;能印制书报课本、彩色图片、商业簿册等。锡成之出品,"绝无讹字,约期不误,印刷精良,格式新颖",成为锡邑印刷业的权威,有"无锡的商务印书馆"之称。《锡报》《国民导报》《新无锡报》等都委托锡成公司承印。除锡成外,当时较大的印刷馆所也承印报纸,如协成承印四开日报《明报》,五大代印对开四版《无锡民国日报》等。

近代无锡人的印刷出版更与新式教育的兴起密不可分。据无锡学者收集、整理,从1898年至1949年的50多年间,无锡人主持和参与编纂的教材类图书已知有612种;教育参考类图书293种,其中以教师教授方法参考书为主,也包括部分研究著作;作为辅助教学的学生课外读物数量最多,有630种之多;另外有工具书包括词典和单独成书的专业表、图书书目(索引、提要)等,计65种。其中早期由上海文明书局编印出版的全套蒙学教科书,很多为无锡人编写,目前所见不下25种,涉及数学、化学、天文、地质、动物、植物、生理、卫生、修身、绘画、体操等各个学科。稍后由中国图书公司出版的一批师范用教科书,以及小学高年级教育用书(包括课本和教师参考书),无锡人士也有较多参与。这两个系列教科书对当时新式教育的兴起起到非同寻常的作用。

1934年出版的《无锡乡土教材》,介绍了无锡城里12家书局和14家印刷所的名称及地址,并赞许道:"书局是卖书的地方,印刷所是印书的地方。这里的书局、印刷所越多,人民也越文明。"无锡解放前夕有教育、日新、新新、大成、建国、大同、文华等私营书店20余家,大部分开设在公园路、寺后门、北大街、大市桥等闹市区。其中建国等店专营图书,日升山房多线装书,日新书店经销电影杂志、武侠小说和言情小说,其余各店均兼营簿本文具,并在春秋两季经营学校教科书。此外,公园路、崇安寺一带有买卖古旧书籍的书摊10余个。据《统计月报》调查,1930年前,除锡成、协成、中华、五大4家较大的印刷厂以外,其他较小的有艺文斋、新大、新文华、理工、游艺斋、振新等6家,专印招贴纸、传单、信封、信纸、请柬、商标、名片及其他小报散件等。虽小而较有特色的有民生、理工、美新等。其中民生印书馆的投资者大多是丝厂和教育界人士，依托这种人脉关系，主要承印《教育与民众》月刊、国专教材和唐文治的私人著作，以及蚕种纸、丝厂用件、银行会计文件等。理工和美新则采用当时新颖的玻璃制版、照相制版技术，主要印制书法、绘画等美术作品和其他精美的彩色作品。

无锡印刷业的发展，吸引邻近各城市前来委托代印。1930年，江阴富绅祝丹卿发起设立陶社书局，整理校刊清咸丰年间江阴人顾季慈编纂的《江上诗钞》，委托无锡文渊阁派人去陶社书局，仿《武英殿丛书》用聚珍版印行。历经三个寒暑，这部内容丰富、卷帙浩繁的鸿篇巨制终于艰难问世，共辑成《江上诗钞》175卷补11卷，收录从唐至清咸丰江阴籍作者1028家，诗作近2万首，约3200页，订成44册。锡成公司则在南京和镇江设立分公司、办事处，专门承接外埠印刷业务。

近代无锡的印书人才还输往外地，对中国印刷出版事业发展做出贡献。无锡人对机器印刷、照相制版的敏感和率先接触，在近现代出版印刷业转型发展中扮演了重要角色。1902年，廉泉、俞复等人在上海创办文明书局。1906年，吴稚晖在巴黎设立中华印书局，回国后也加入文明书局；1908年，丁福保创办医学书局，出版发行各类医学书籍；文明书局并入中华书局后，华文祺、华汝成等一批无锡人成为其骨干；在上海的国立编译馆、商务印书馆、上海图书公司、北新书局、开明书局、光华书局等知名出版印书机构，无一没有无锡人的参与和贡献。

照相业：
芳华岁月的定格

照相，是中国人对摄影的一种传统称谓。在摄影技术传入中国之前，人们要想把自己的容貌描绘或保存下来只能求助于画师，用笔墨颜料把人的容貌描绘在纸上。专门从事画像的店铺叫"影像铺"（后来称为写真画店），活人像叫"小照"，亡者像称"影像"。直到摄影技术传入中国后，人们才使用"照相""拍照"这些词语。

1839年8月19日，法国向全世界公布达盖尔银版摄影术，标志着摄影术的诞生。不久，第一次鸦片战争爆发，中英在炮口下签订不平等的《南京条约》，中国向外国开放5个通商口岸，大批商人、传教士来到中国，摄影术也在19世纪40年代先传入中国香港、广州，再逐渐向内地渗透。不几年，上海开出第一家照相馆。无锡紧靠上海，道光二十五年（1845），倾心于科学技术的徐寿只身前往上海，抵近观察洋人带来的机器、用具，从中学习科学原理和制器技艺。以后他多次往返沪锡，接触到透镜及光线聚焦、散射、折射等科学原理。多年后，他与英人

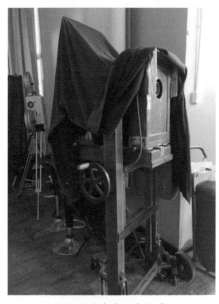

民国时的老式照相设备

傅兰雅合作翻译《照相略法》《色相留真》等科技著作,是国内最早有关照相术的译著。徐寿也称得上是无锡摄影史上第一人。

从徐寿译书到民国前期,前后半个世纪,无锡照相业已经十分发达。张竹君创办的老宝华照相馆一向被视为无锡照相馆的开山鼻祖。有人翻检历史的故纸堆,1931年3月21日,上海《申报》首次提到无锡老宝华照相馆。但一张保存完好的"无锡士绅携游公花园赏菊合影"的老照片上明明白白印有"戊午十月"的落款,证明早在1918年老宝华照相馆就已经存在了。而1937年6月24日,老宝华馆主张尔谷(即张竹君)之子张启明在《申报》提到老宝华时称"迄今近40年",按此推算,老宝华照相馆当开办于1898年前后。

其实,老宝华还不是无锡最早的照相馆。无锡相关志书记载:早在1899年,吴朴臣、俞少臣、张竹君、谢竹筠等在惠山昭忠祠开设了无锡第一家照相馆"广齐轩",为无锡照相业的开始。数年后又有老宝华、天真两家设立。但根据《中国照相馆史》记载,光霁轩照相由味纯园照相改名而来,馆主吴朴诚,而这段历史的发生地是在上海。此上海光霁轩与无锡广齐轩有何关系呢?在无锡却还有另一个说法,1899年无锡第一家照相馆开设在惠山云起楼,名为广齐轩,店主赵鸿雪。赵鸿雪是无锡历史上第一个摄影团体雪浪影社的创始人,也被称为中国自制照相铜锌版和珂罗版第一人。这赵氏广齐轩与吴氏广齐轩又是谁先谁后呢?

根据再后来的考证,清光绪十三年(1887),无锡雪堰桥(此处暂不对其行政隶属关系作辨证)的吴朴诚(字朴臣),在惠山脚下的云起楼开了一家"朴记照相",馆内备有照相座机,用玻璃干版摄影,以成像逼真见长。到了光绪二十五年(1899),俞少臣、张竹君、谢竹筠等人与吴朴诚合资,将"朴记照相"改名为"广齐轩照相",成为锡邑摄影爱好者的俱乐部。这里把无锡第一家照相馆的成立时间提前到了1887年,并确定其名为"朴记"。关于无锡照相馆的考证研究一定还会继续,但至少有一点已经变得清晰:吴朴诚和他的朴记、广齐轩孕育了无锡第一批摄影人才,为后来无锡照相业的蓬勃兴起创造了条件。因此,吴朴诚开办的朴记很可能就是无锡历史上的第一家照相馆。

最早照相馆用的相机为木制座楼机,也叫老式气压手动照相机。这是一种老式大画幅相机,它的体型比较大,四四方方,相机神秘地隐身在木箱子里,上面盖有一张巨大的黑色遮光布,脚下有三个齿轮,便于摄影师调整拍摄角度。座楼机有一个底片盒,一开始使用玻璃底片,但很容易摔坏,后来逐渐改用胶片。拍照前,先要根据客人的照相需求,套入对应的相片框,打开灯光,通过相机里边的小窗口可以看到倒立的影像,手动对好焦之后,照相师就会钻进用绒布罩着的座楼机内,手捏气囊球,嘴里喊着"一、二、三","咔嚓"一下,客人的影像就被定格在了几寸见方的照相底片上。

早期的照相都是从写实开始的。摄影术传入中国后的相当长一段时间内,照相馆的生意都以人像摄影为主。而拍"大头相"最考验照相师的基本功。"中""国""甲""由""申",分别代表人的五种基本脸型,每种脸型分别适合什么角度和表情,这是许多照相师入行的第一课。拍摄背景多为一幅幅大画,既有室内堂景,又有室外园景;拍摄道具也都具有鲜明的时代特色,比如高背椅、茶几、时钟、水烟筒、书籍、留声机、收音机、老式眼镜、旗袍之类,可谓一应俱全。当然,一张照片拍得好不好,关键还在于照相师对顾客表情的捕捉。很多人照相时往往表情局促、僵硬,面对镜头容易害羞、目光躲闪,这时的照相师就要化身表情管理大师,通过语言上的引导让顾客放松下来,才能在拍摄中抓取顾客最完美的表情。

照片拍好后,要经过底片冲洗和照片冲晒两道工序,显影、定影、水洗、晾干、修底片、晒片、修相、裁裱等多道工序全部依靠手工完成,整个一套技术活儿,远非现今的电子照相技术所能比拟的。其中手工修底片最为复杂,需要根据顾客的气质,用铅笔、毛笔、照相专用油色、透明水彩等材料,修掉脸上的瘢痕,去掉眼袋,修整皱纹和痘印等,通过技术手段让照片看上去年轻一点、精神一点、完美一点。当时除了黑白照片,还有一种药黄照片,可以营造出老照片的效果。早期摄影也没有彩色照片,照相馆就通过水彩、油墨等后期加工来做出彩色照片的效果,比如脸颊的红晕、红唇,都是用棉签蘸着颜料仔细描摹上去的。

20世纪二三十年代,市民阶层最喜欢拍摄的照片主要是合家欢、结婚照和儿童照。照相馆最好的生意是婚纱照,按照当时的风俗,结婚照一定要在结婚当天拍摄。无锡民间有"初三廿七不拣日"的说法,青龙、明堂、金匮、天德等吉神当值的日子是黄道吉日,每到

慧芳照相馆开幕合影

这些日子,无锡城里的照相馆总会门庭若市,门前停满装饰有白铜配件的精致黄包车。新人们中午在迎宾楼吃好喜酒就到照相馆拍结婚照。标准的结婚照包括新郎新娘合影、男女傧相合影、男女小傧相合影等,全身、半身一套拍下来,加上放大、着色,价格不菲,对普通家庭来说,也是笔不小的开销。

到了1930年代,无锡的照相馆如雨后春笋般发展起来,除了惠山的老宝华、怡昌,鼋头渚的宝光,梅园的镐记和蠡园的曼林、湖滨,照相馆主要集中在公园路、崇安寺、中山路等处,新宝华、新新、明星、兄弟、永春……大大小小的照相馆有数十家。1929年,无锡照相业组织成立同业公会,会所设在崇安寺,一个月开一次行业会议,崇安寺的迎宾楼、火车站的泰山饭店,也是他们经常碰头议事的地方。

随着照相馆增多,同业间的竞争日趋激烈,除了技术拿得出手,还要懂得自我宣传才行。最常规的做法就是将自家拍摄的得意作品放大放进橱窗,当时还没有侵犯肖像权之说,作为补偿,这些照片从橱窗取下时,会免费送给照片主人,而厚纸放大的照片,特别是着色照片,在当时价格着实不菲。当时银都照相馆的老板据说是汤恩伯的寄儿子,他曾经在橱窗里挂出汤恩伯的大头照片以招徕顾客。而一些生意好、实力雄厚的照相馆比如新华、百乐门,还会把自己拍的儿童照制作成幻灯片,在当时公花园内的无锡大戏院正式电影放

人称罗克的摄影师吴天明

兄弟照相馆的照片袋

映前的广告时段播放，也是为电影院吸引观众捧场。无锡照相馆还有一条不成文的规矩，大年夜开店要开到半夜才好收工，原因是大年初一橱窗里要替换新照片，以讨个好彩头。

在照相馆林立的崇安寺，生意最红火的要数吉士照相馆（湖滨照相馆前身）。门前的大玻璃橱窗内，俊男靓女的放大照片十分吸人眼球。吉士照相馆创办于1938年，店面就在中山路与寺后门转角处。老板张德馨是个跛子，坊间背后都叫他"张折（跷）脚"。张德馨为人比较势利，素喜巴结政府官员，虽然人缘不是太好，但他的照相技术在业内却是得到公认的。此人颇有商业头脑，经常在报纸上打广告给自己的照相馆做宣传。吉士提供的服务有结婚照、团体照、艺术照，代客翻拍冲晒放大照片，以及文件、证件翻拍服务。

吉士照相馆之所以生意特别好，还因为店里有个名叫罗克的首席照相师，拍照、修片技术都是无锡照相业的顶流，并且讲得一口流利的英语。罗克本名吴天明，早年曾在上海教会学校读过书，回到无锡后在公园路开设一家青春照相馆。但时运不济，正好碰上战争，照相馆倒闭后只得受雇于吉士照相馆。吴天明技术精湛,又深受海派文化熏陶,他拍摄的照片讲究构图和用光,海派味道浓厚,很多顾客拍有派头的照片就是冲着他去的。当时,电影和照相一样都是时髦的玩意,吴天明长得十分帅气,与当时正在电影院上映的影片中的好莱坞明星罗克·赫德森有几分相像,于是吴天明就成了业内及时尚圈口中的"罗克",时间一久,反倒是他的本名少有人知晓。

20世纪20年代末,许多公司开始自办无线电广播电台。1946年,吉士照相馆也办起了自己的商业电台——吉士商业广播电台,这也是无锡照相馆业唯一一家拥有自办电台的照相馆。为了吸引听众,吉士特地请了一位名叫朱雪琴的女播音员,有着一口软糯的播音腔。照片拍得好,又懂得自我营销,在张德馨的经营之下,吉士的生意门庭若市,获利可观。靠着吉士,没几年,张德馨就在无锡城中迎祥桥和仓桥间建起了一幢一间门面的四层楼房,这在无锡城里也是很少见的,在这里另开了一家名为来喜的照相馆,吉士则交给女儿打理。1953年,中国京剧团来无锡演出,张德馨特地托关系把京剧名家杜近芳请到来喜,亲自操刀为她拍摄了一张肖像照挂在来喜照相馆门口的大玻璃橱窗里,引起一时轰动。

1940年左右,公园路福安戏院对面新开一家新华照相馆。老板谢焕文十几岁时就到老宝华照相馆当学徒,满师后筹资在崇安寺金刚殿开了一家明星照相馆。新华照相馆后开,有一座三层楼房,一、二层营业,三楼谢家自住,拥有进口的柯达镜头,还有摇头镜,这种设备在当时的无锡只有两三家有。每到要拍宽幅照片,就必须用到摇头镜,比如洛社杨市园的匡村中学要拍毕业照,谢焕文就会带着设备坐轮船到乡下上门拍照。由于生意红火,谢焕文忙不过来,创办新华照相馆没多久,就把明星照相馆盘给了别人。这个接盘人不是别人,正是"罗克"吴天明。

虽然吴天明早前开办青春照相馆未能成功,但拥有一家属于自己的照相馆一直在他的计划中。1940年他贷款接手明星照相馆后,在崇安寺创办了无锡规模最大、投资最多、设备最先进的百乐门照相馆。无论在设备、拍摄技术、运行制度上,百乐门都创下无锡照相业的多个"第一":无锡第一家欧式风

吉士照相馆吴天明拍摄的梅兰芳剧照

格的照相馆;第一个引进世界著名品牌柯克、蔡司镜头;第一个运用特技拍摄化身照、理想照;第一个推出套印风景、年历、美术画等的花色照片;第一个运用135快镜在日光间内拍摄儿童照;第一个实行每月更新摄影布景制度;第一个推出半寸小小照业务。

当时百乐门的理想照在锡城可谓风靡一时。所谓理想照,就是同一张底片通过多次曝光,在同一张照片上叠印出主人未来想成为教师、军人等模样的照片;而"135快镜"的运用,则解决了儿童拍照易动而变糊的问题。当时的知名画家张大年还特意来到百乐门拍摄特技照,模仿电影《夜半歌声》中人鬼重叠画面,吴天明凭着高超水平,为其成功拍摄了一张三影化身照。

百乐门创办成功后,吴天明又在中山路开设中央照相馆,在上海开设青春照相馆。因为青春照相馆,吴天明与梅兰芳成为了好朋友。1953年,梅兰芳应邀来无锡演出,演出地点就在复兴路上的人民大会堂,正是吴天明给梅兰芳拍的剧照。当时,他还到梅兰芳下榻的缪公馆给梅兰芳拍了一组便装照。在上海的时候,吴天明经常去梅公馆聊天,他陆陆续续为梅兰芳拍了不少照片,既有舞台剧,也有生活照,大凡有报社问梅先生要照片,梅兰芳总是让他们找吴天明。给梅兰芳拍过照片的摄影师有很多,但梅兰芳对吴天明十分欣赏,他曾说:"吴先生,最懂我。"遗憾的是,吴天明给梅兰芳拍的绝大部分照片都毁于后来的特殊时期。

泥人业：
手中造化眼前妙

泥塑，又称"彩塑""泥玩"，是一种古老的中国民间传统艺术，最早出现在南北朝时期，如果比附陶俑、泥俑，则至少可以追溯到秦汉。唐宋时代，以佛道造像为带动，泥塑艺术发展进入一个盛期。起自南宋的潮州大吴泥塑，据说源头是在无锡。

关于无锡泥塑的文字记载，最早见于《古今图书集成》，其中记述明代武进元旦（春节）风俗："买泥人、鬼脸子，抟土作人物形，工且肖，唯梁溪、虞山人多造之。鬼脸子，即昔人云面具也。二者儿童争购笑舞。"可见在明代，无锡、常熟的泥人做工精细，造型逼真，已享有一定的知名度，且运销邻近地区。依此推断，惠山泥人至少已有 500 年历史。明末文学家张岱在《陶庵梦忆》中写道："无锡去县北五里为铭（锡）山，进桥，店在左岸，店精雅，卖泉酒、水坛、花缸、宜兴罐、风炉、盆盎、泥人等货。"说明到明末时，惠山泥人已从地摊进入商店，店铺也整齐雅洁。

惠山是无锡泥人的原产地。惠山脚下的泥土多为灰色黏土，特别是惠山东北坡山

清代惠山泥人大阿福

惠山泥人手捏戏文

脚下离地面一公尺以下的黑泥,泥质细腻柔软,揉搓不僵不散、弯而不断、干而不裂,黏结性和可塑性都相当强;成型干燥后能保持原有形状,收缩性小,强度高,非常适合用来做泥人。早在北宋熙宁七年(1074)苏轼途经无锡时,就留下了"惠泉山下土如濡"的诗句。因为这个缘故,这些产于惠山的泥人被四乡八邻的人亲昵地称为"烂泥模模"。

明清时的惠山老街不大,直街、横街是惠山寺山门口两条最重要的街道,两侧聚集了上百家祠堂。土生土长的原住民世代以看守祠堂为业,闲暇时家家户户都会就地取材做些泥人来贴补家用。每年二、三月庙会、香汛之时,这里香客、游人集聚,异常闹猛,造型生动、寓意吉祥的泥娃娃很受欢迎。紧挨祠堂的泥人作坊、店铺有五六十家,一式的前店后作坊,做泥人时全家老少一起动手,男人们揉泥捏胚,妇孺们描画着色。此项世代家传的手工艺,即便是五六岁的幼童,耳濡目染也都是不教自会。父子相承、师徒相传,不断地总结和进步,与许多手工业一样,惠山泥人也从祠堂祠丁打发时光的小把戏和贴补家用的小营生,朝着专业化生产的方向发展。清朝初期,惠山上河塘一带仅有袁、蒋、钱、朱等几家小作坊,至咸丰年间,已经出现蒋万盛、钱万丰、周坤记、胡万盛、章乃丰等多家规模较大的专业作坊。

光绪年间,陈聚盛、胡万盛等十几家泥人店在惠山史家弄共同成立泥人业的行会——耍货公所。有意思的是,公所供奉的祖师竟然是战国时期的齐国军事家孙膑。相传战国时,鬼谷子收了两个徒弟,一个叫庞涓,一个就是孙膑,都是后来名震天下的大军事家。庞涓嫉妒孙膑才能在他之上,于是设计割去了孙膑的双膝髌骨,致其无法行走。孙膑逃难流落至无锡惠山一带,在田间挖泥捏人假以谋生;一说是摆布泥人泥马,研究攻破庞涓"五雷阵"的布阵新法,最终以在惠山参悟的战法战胜敌国,诛杀庞涓。故无锡泥人业崇拜孙膑为祖师。

至清代,国内作为民间玩物的泥塑形成两个知名流派:北有天津"泥人张",南有无锡惠山泥人。"惠山有六多,古迹多、寺庙多、祠堂多、香客多、游人多,还有一个烂泥模模多。"晚清末期的无锡惠山泥人已颇著盛名。其泥人制品分为两类:一类为"泥耍货",一类为"手捏戏文"。

"泥耍货",又叫粗货,顾名思义,即给孩童玩耍之物。最早的时候,惠山原住民们捏制的不过是些小花囡、小如意、小寿星、小佛像、叠罗汉、泥阿福、蚕猫之类的小泥塑。这些小玩意大多采用模具印坯,手工粗糙,自然称不上精细,色彩明快,以大红大绿最为多见,但胜在造型饱满生动、线条流畅。这种极富生活意趣的返璞归真与乡土气息,可亲可昵,加之价廉物美,孩子不小心摔碎了也不用心疼。

如果说"耍货"是惠山泥人的下里巴人,那么"手捏戏文"就是惠山泥人的阳春白雪。"手捏戏文",又叫细货、时货,它制作精细,多取材于京剧、昆剧、地方戏曲及神话传说,题材内容和表现形式都较粗货丰富多了。与年画、木雕、灯彩作品中的戏曲、神话题材一样,以泥塑的方式表现戏曲的主要角色和突出情节,在戏剧剧照、电影画报乃至影像视频面世之前,是人们重温剧情、回味唱腔做工的一种寄托。细货创作使泥人工匠成长为泥塑艺人,他们制作的手捏戏文后来成为惠山泥塑的典型代表。

"手捏戏文"重在手捏,其最初的塑造方法为"捏段镶手",也就是除了头部是用单片模印制外,其余身段、四肢都是捏塑而成。捏制手法有所谓的"二十字"技法,即搓、揉、捏、塑、拍,包、粘、镶、接、划,挑、印、剪、插、压,扳、推、揩、糊、装。再经过上彩、开相、打蜡、插须和装銮,各种戏文造型便变得活色生香。随着手艺人对捏塑方法的不断探索,后来又有了"印段镶手"的方法,不同之处是,泥人的头和身躯都用模子印出来,只有双手是另外镶上去的。最负盛名的泥塑艺人有擅长神像佛塑的周阿生、首创实物妆銮的丁阿金、巧于彩绘的陈杏芳等,民间传言称:"要神仙,找阿生;要戏文,找阿金。"他们将手捏戏文推向顶

惠山泥人厂工人手工彩绘（1970年代初）

峰,确立了无锡惠山泥人在中国民间艺术中的地位。

惠山泥人不论粗货还是细货,在造型上都遵循"搭搭满、细细减、色色爆"的九字要诀。"搭搭",无锡话即"处处"的意思;"满"是"饱满"的意思。所谓"搭搭满",就是泥人造型要讲究形象的丰满和完整。"细细减",是说在创作过程中,要趁黑泥半干半湿的状态,借助工具一步步进行削减、修饰。"色色爆",讲的是上色要鲜艳、抢眼。

惠山泥人向来注重用色,业内有句行话,说是"三分塑,七分彩",足见彩绘的重要性。500年来,惠山泥人形成十分细腻的彩绘工艺,各道工序之间的操作规范、经验诀窍口口相传。"从上到下,先淡后浓,先白后黑,头发最后"是上色的基本原则;"头色勿过四,身色勿过三",说的是头部上色四次即可,身部上色三次即可,色多易裂,色少又显浮躁;"落笔如飞,厚薄均匀",意思是下笔要快,方显灵动,如若笔底呆滞,会显死板;"先开相,后装花,描金带彩在后头",是头部装銮的步骤;"直线要直,曲线要活";"红要红得鲜,绿要绿得娇,白要白得净"……这些上色用笔的诀窍,都是民间手艺人在长期实践中积累的智慧和经验。值得一提的是,惠山泥人并不仅仅是静态的手工艺品,其中有不少品种还通过吹、拉、摇能够活动或发出声响。

说到惠山泥人的经典造型,非大阿福莫属。其形象饱满圆润,笑盈盈、胖墩墩、雪白粉嫩,一派和颜悦色,将江南水乡特有的软糯甜美演绎得栩栩如生,十分讨人欢喜。除了大阿福,还有蚕猫、青牛也是流行最广、颇受百姓喜爱的品种。有段时间各种样式的蚕猫突然风靡市场,风头大有盖过大阿福之势,皆因蚕猫被养蚕人家视作镇绝鼠患、祈祷蚕花丰收的宝物。

每逢庙会、香汛,是惠山泥人卖得最好的时候。农历三月,惠山每天都有迎神赛会活动,善男信女从四乡八村前往惠山烧香拜佛、赶节场。特别是农历三月二十八举行的惠山庙会——"大老爷出会",是江南地区最大的民俗节庆活动,名动沪宁线,就连上海、苏州、常州等地的游客也会特地赶来轧闹猛,顺便带点当地的特产回去作为礼物馈赠亲友,泥人也是一个不错的选择。这一天,惠山人家会托着盘子沿街游走叫卖自家做的泥人,成为庙会上一道独特的风景。除此之外,惠山泥人还远销大江南北城镇农村。每年入秋后,有六七百条船自苏北来到惠山下河塘,他们带来米、豆、花生、棉花之类的农产品,用以货易货的方式换取泥人,再沿运河销往各地。

在历史的烟云里,小小惠山泥人也曾进得庙堂,得到过天子的青睐,并且漂洋过海享誉国际。徐柯在《清稗类钞》"工艺录·泥人条"中曾有这样的记载:"高宗(乾隆)南巡,驾至无锡惠泉山。山下有王春林者,卖泥人铺也,工作精妙,技艺万端。至此,命作泥孩儿数盘,饰以锦片、金叶之类,进御时,大称赏,赐金帛甚丰。其物至光绪时尚存颐和园之佛香阁中。庚子之乱,为西人携去矣。"

在无锡博物院的馆藏中,有一件清光绪惠山泥塑精品《蟠桃会》,由清末民间艺人周阿生手塑、陈杏芳上彩,是现存最早的惠山泥人细货代表作品之一。整体造型以山为座,以亭为顶,亭匾上书"蟠桃会"三个字,王母娘娘高坐亭内,南极仙翁、麻姑分站两侧,24位神仙自上而下分四层站立,人物表情细致入微,栩栩如生,生动再现了王母娘娘生辰之日蟠桃盛会的场景。这是无锡地方官为慈禧太后五十寿辰特别定制的寿礼。由于惠山泥人细货制作工序十分复杂,且容易损坏,为防万一,当时民间艺人就赶制了两件一模一样的《蟠桃会》,一件送往北京,一件留在无锡备用。时光变迁,当年送入宫的《蟠桃会》已不知

工艺大师柳家奎在做泥塑（1970年代初）

陈负苍惠山泥人店（1950年代）

所终，备用的这件被长期置于三茅峰顶的尼姑庵内，几经辗转完好地保存了下来，世人方有机会近距离感受惠山泥人的高超技艺和独特魅力。

从晚清到民国时期，惠山泥人的风行，不仅在于艺术的创新，即传承优秀艺术传统的同时，不断融入新的艺术成分，还在于顺应市场，成功开拓市场营销。首先是泥人题材拓展，适应不同人群的消费需求，为孩子准备《大阿福》，为老人送上《寿星》，有农人喜欢的《春牛》，也有做生意人偏爱的《财神》，情侣来了有《和合二仙》，新娘、少妇则可以请一尊《送子观音》等。其次是材料、手法出新，二水石膏应用于制模和工艺品制作，其颗粒细、分量轻、成型快、干燥后不变形，巧妙应用可简化工艺流程，实现批量生产，降低制作成本。与之配套的是多种辅助材料的使用，如布、绒、毛皮、竹哨、弹簧等，加上喷花、喷漆工艺的应用，以作品的新、奇、特、趣赢得市场。再次是注重广告宣传，如泥人店胡万成大房，在《无锡大观》刊登广告："大房胡万成，惠山对山门；远近有名声，精制美泥人。"也就是这家胡万成，曾选送产品参加南洋劝业会展会，脱颖而出获得银牌奖。

至20世纪二三十年代，惠山泥人进入发展盛期。据1935年出版的《无锡概览》记载,当时惠山泥人店铺有46家,从业人员达到200余人,并涌现出高标、胡荣标、王锡康、蒋子贤等知名的泥塑高手。其时,江苏省政府主席陈果夫来无锡视察,对惠山泥塑工艺品颇多赞赏,他特地选定30名先贤肖像,委托高标泥人作坊塑制。高标泥人作坊创办于1924年,店主高标是惠山著名的泥塑艺人。抗战期间,他曾前往重庆,经人介绍为蒋介石夫妇、吴稚晖等人塑像,因手法快速、造型逼真得到蒋介石奖赏,从此名声大振,时有"在衣袖里亦能塑像"的神塑大师之美誉。

高标将30名先贤塑得惟妙惟肖、生动传神,陈果夫看后赞不绝口,遂起意想在惠山开办一家泥人店。不过,陈果夫开办泥人店的想法因为战事而迟迟未能实现,直到战后1947年才得偿凤愿。他邀请吴稚晖、张历生等作为共同发起人,筹募资金,在惠山开办中国塑像公司,自任董事长,并聘请高标担任技师。目标是为中国历代哲人杰士塑像,"以充馈礼,以作供品";同时附列传记,合艺术、教育为一体。这样,既弘扬民族正气,激励邦人,又大量生产,出口海外,以争取外汇,载誉国际。塑像公司设在惠山老街钱武肃王祠的前造,专塑历代忠臣义士、孝子贤母等像,兼做其他玩具和装饰品,一时间生意鼎盛、备受热捧。但好景不长,面临战乱爆发,通货膨胀,经济败坏,塑像公司生意一落千丈。见公司难以为继,陈果夫只得把公司交由高标泥塑店接办。然而,其时惠山泥人已日渐式微,惠山老街上的泥人作坊、店铺时有倒闭,一些艺人也面临失业、流亡。

直到20世纪50年代,惠山泥人生产由合作社进而建办惠山泥人厂,国家组织对惠山泥塑艺术进行抢救、挖掘、整理,工厂员工增至数百人,并涌现出柳家奎、王木东、喻湘莲、柳成荫、王南仙等一批中国工艺美术大师,高峰时期年产量超过200万件,成为国内最大的泥人生产基地。1959年5月30日,郭沫若参观无锡惠山泥人厂,曾挥笔题写厂名并赋诗一首:

人物无古今,须史出手中,衣冠千代异,肝胆一般同。

造化眼前妙,流传域外雄,集中人八百,童叟献神功。

玩物之花篇：
出神又出彩

沈氏父子在家中合影及
后院千兰堂杜鹃盆栽桩景展览（1957年）

自古以来，草木就是中国人诗意栖居的本源。"若到江南赶上春，千万和春住。"早在千年以前，宋人就已经把春天过得绚烂多彩。江南人自古爱花、惜花、种花、赏花，宋代吴自牧在笔记《梦粱录》中记曰："春光将暮，百花尽开，如牡丹、芍药、棣棠……水仙、映山红等花，种种奇绝。卖花者以马头竹篮盛之，歌叫于市，买者纷然。"因花成市，最早的园艺师有个专门的名字叫"种花师"，游走于大街小巷的卖花人叫"卖花郎"，专门为私家花园打理花木的叫"花园子"，当时还有一种专以种花或接花为生的职业叫作"花户"。

草长莺飞，春山可望。无锡的春天是从纷繁花事开始的，梅花、玉兰、樱花、春兰、杜鹃、石榴花次第绽放，姹紫嫣红、赏心悦目。无锡人爱花发自内蕴，不仅把养花当作玩事，而且玩到极致、玩出了大名堂，其中又以"艺兰"最为出名。

古书常以"兰蕙"作为对兰花的称呼，"兰"指春兰，"蕙"指蕙兰。兰生幽谷，独秀于野，朝汲晨露，夜啜月辉，虽为草木却质朴文静、淡雅高洁。自古以来，文人爱兰、养兰、咏兰、画兰，极尽溢美之词，良朋益友称"兰客"，真挚友谊为"兰交"，优美诗文成"兰章"。为此，兰蕙又有"文人兰"的美誉。无锡自古就是艺兰文化的重镇，与兰花的渊源绵延近千年，有"艺兰胜地"之称。据古谱记载，早在宋元时期无锡民间就有"斗兰"习俗，后来逐渐演变为花会，清乾隆时称"摆花会"，每年三四月都会举办一两次大型摆花会。

清末民初，无锡兴起了一种以养兰、育兰、品兰为中心，集诗文、音乐活动于一体的高雅活动，这就是广义上的"艺兰"。民国时期是无锡艺兰的黄金时期，名家辈出，享誉江浙沪，《锡报》甚至辟有兰花专栏。从艺兰名家杨大笙到杨干卿、荣文卿，再到蒋东孚、沈渊如、蒋瑾怀、陆心栽、顾同苏、沈伯涛、沈养卿、庄衍生……一代又一代艺兰名家选育出了西神梅、梁溪梅、翠萼、绿冠荷、虞素、胥梅、南阳梅、朵云、秦淮绿荷、瑾梅、逸梅、雪鸥等兰蕙名品，成就了无锡在兰史上不可替代的重要地位。兰蕙名品的发现和选育，有时是可遇不可求的。1932年春，蒋东孚游姑苏时无意中得到败蕙数盆，携归置之花间，没承想于1935年冬突放奇花，风韵翩然独绝，这便是兰花名品胥梅的来历。

无锡城中的公花园，是无锡最早的公共园林，1905年由锡邑士绅筹资兴建，至今已有将近120年的历史。民国时期，这里经常举办兰花会。1919年4月的一场兰花会盛况空前，观摩券每张售4枚铜元，第一天就卖出了500余张门票。

公花园近旁的迎迓亭，是无锡望族沈氏一族的聚居之地，高门大户，庭院深深，当时它的当家者就是被誉为"江南兰王"的沈渊如。沈渊如（1905—1979），为家中长子，祖辈安徽人氏，先祖在太平天国举事时举家迁居无锡置产、开厂、立业，至民国初年，沈氏家族在沪、宁一带拥有13家股份工厂，可谓

高石农题写的沈氏耕兰草堂匾额

富甲一方。旧时大族人家中长子多肩负着安守家业的家族重任,有"长子不出宅"的规矩。沈渊如12岁时开始接触花花草草,自此与兰结缘、爱兰成癖。1925年,他将家族企业经营所得包括薪金、红利及房租收入,除去必要的生活费用及房屋修理费用外,悉数用于买花、养花,并开始自己选育兰花名种。沈渊如与荣文卿常结伴同去艺兰前辈杨干卿家赏兰、请教。他聪颖好学、兰艺精进,30岁出头就已名闻兰苑,博得了"兰王"的雅号。

沈渊如养兰使用的都是土质上佳的黑山泥,需得专人上山采挖。他对兰盆的选择也十分考究,其中相当一部分为紫陶名家手作,有时大彬高徒李仲芳的自然树根盆、欧其位的紫砂盂形盆、徐友泉的紫砂盆、陈文居的紫砂方花盆。也有沈渊如自己设计绘图,向宜兴丁山杨细春定制的盆,盆底或盆脚钤有"渊庐""丁亥""杨细春制"三枚印章,江浙沪兰圈皆以能得到沈渊如的兰盆为荣。沈渊如经常在自家后院的千兰堂举办摆花会,春天有春兰,夏初有蕙兰,辅以山茶、杜鹃、木桃点缀,成为无锡兰界一个雅集,锡邑名流、普通市民争相前往,荣德生、蒋东孚、荣文卿等都是千兰堂的座上宾。每逢摆花会,葳蕤满庭,幽香宜人,挂于墙上的名家书画也让花会增添了古雅之气。

当然,举办摆花会也有一套规矩,讲究礼数周到。组织者与被邀请者预先沟通,确认后方能递送"花帖"。赏兰时不可吸烟、喷香水,以免不雅气味扰了兰花的幽香。摆花会上,兰友们也会举行一些助兴活动,斗兰就是其中极富代表性和仪式感的活动,蒙眼摸兰、闻香辨兰、票选花魁都是斗兰的重要内容。斗兰时,以布蒙住比赛双方的眼睛,依靠嗅觉或触摸兰叶来分辨兰花的品种,正确率高者获胜。而票选花魁,更多的是为了评赏和交流。以兰为媒举办的雅集,使艺兰的文化魅力得到发挥。1924年3月27日,沈养卿邀请天韵社同好在家中举办品兰雅集。品兰之余,兴之所至,天韵社各丝竹高手纷纷献艺助兴。雅集结束后,沈养卿还拿出自己珍藏的梨花酒来款待来宾。

作为中国特有的名贵花卉,兰蕙清逸风雅却最难将养,要想养好并无捷径可寻,"传神"与"十年如一日",正是养兰人的不二心法。所谓"传神",就是养兰人需得注入情感,对兰花加倍呵护;"十年如一日",就是要耐得住寂寞。有一年,一位兰客售给庄衍生一盆蕙兰,但由于长途颠簸,花还没开就已枯萎。但庄衍生并未放弃,经过两年的细心呵护,终于在半残的老草上长出一枝花茎。庄衍生培植的另一株绿蕙冠荷,守了28载才得见花开。无锡艺兰人爱兰之心由此可见一斑。

兰蕙价高,稀有名种皆以黄金论,只有富家子弟才养得起、玩得起。有一次,荣文卿对兰花珍品西神梅一见倾心,百般讨价未能成交。来年再见之时虽然此兰已形容憔悴,但荣文卿仍以重金买回,视为至宝,百般呵护。不料有人竟串通花匠将此花盗去,荣氏心急告至官府,所幸半年后失而复得。后荣文卿将此花以十根金条割爱邑中士绅杨干卿。杨干卿对此花极是珍爱,深藏家中独赏,从不示人。及至晚年,他自知天命不长,嘱咐其子:"此兰是我一生最爱,可惜你不会养护,我死后,可将其送于沈渊如先生。"沈渊如得此兰后精心护养,繁衍达数十盆之多,足慰当年杨氏"托孤"之愿。

沈渊如有着丰富的培植实践、高超的艺兰技巧、高雅的审美意趣,他用自己的才华全面展现了艺兰之所以为艺的东方美学意向。他集数十年植兰心得撰成《兰花》一书,更是被兰界奉为圭臬,直至今天仍是兰花爱好者的必备秘籍。更难得的是,他身上有如兰般不媚不阿的民族气节,当年为保中国名兰严辞力拒日本人的故事,成为无锡乃至中国兰史上的一段佳话。

1937年,日本有"兰花托拉斯"之称的小原荣次郎出版了一部介绍兰花品种、种养的著作《兰华谱》,出版后轰动日本。鲜为人知的是,这部《兰华谱》中的大部分资料都是沈渊如提供的。在此之前,小原荣次郎曾派人找上门,利诱沈渊如把家藏珍稀兰花卖到日本去,沈渊如坚决回绝:"提供图片资料可

沈氏兰花杜鹃花花圃

以，兰花一株不卖。"日本人见沈渊如不服软，便唆使地痞流氓用下三烂的手段胁迫他，但他毫不畏惧，宁与兰花一道死，玉石俱焚。日本人拿沈渊如没办法，就从其他兰友入手，以"一瓣一两黄金"的价格收购珍稀名兰。危难之际，沈渊如得到了父亲的支持："只要日本人出价，我们就以高出一倍的价格买下来。"沈渊如一一告之兰友："你们今天把花卖给日本人，以后再想种兰花就没有了。你们手里的兰花我来收，以后你们还想种的话，我可以分盆给你们。"遗憾的是，仍有若干名品流向了日本，但东莱、南顶、北辰这些珍稀名兰最终没能被掠走。

著名的传统兰蕙"曹荣大荷"早年由曹子瑜、荣文卿二人选出，1938年，荣文卿将仅存的二筒小草交由沈渊如培植，历时8年终于在抗战胜利后的1946年发出一蕊。花与时同，沈渊如特地汇集艺兰同好在公花园同庚厅举办了一次兰展，并在此次兰展上将"曹荣大荷"改名为"胜利大荷"。

到20世纪40年代，沈家拥有各种兰蕙500余盆，集中了全国99%的珍稀文人兰，至50年代更是增加到了2000余盆。1962年，上海举办全国兰展，无锡送展名兰100余盆，是送展数量最多的城市。此次兰展共展出167个蕙兰品种，无锡选育的名种占了50个，其中沈渊如一人就有30个。1962年年底和1964年1月，喜爱兰花的朱德曾两次来无锡与沈渊如交流兰花的培植技艺。

除了艺兰，无锡人在杜鹃的栽培上也有着悠久的历史。

自古以来，杜鹃花便是中国传统名花，也是世界杜鹃属主要原生种的原产地国。20世纪20年代，无锡、上海、苏州等地园艺爱好者开始从日本引种西洋鹃和东洋鹃。孙静安、蒋东孚、李梦菊、庄衍生、沈渊如这些无锡引种杜鹃的先行者,就以邮购的方式向日本一些花木公司如赤司广东园、长春园、百花园等订购杜鹃花苗,品种有久留米杜鹃、雾岛杜鹃、平户杜鹃、皋月及西洋杜鹃。其中,孙静安是无锡从日本引种杜鹃花的第一人,沈渊如是无锡引种日本杜鹃最多者,而种得最多最成功的当属庄衍生和夏星寰。

沈渊如不仅在艺兰领域独领风骚,在杜鹃花领域也是国内屈指可数的人物,只是因为"江南兰王"的光芒太过耀眼,以致遮蔽了他在其他园艺领域的成就。在1928年至1963年沈渊如对兰花、杜鹃、山茶、松柏、紫藤等进行嫁接、有性杂交、分盆的工作日记残本中,有关于1935年沈渊如培育出十八罗汉等杂交杜鹃新品种的记录。1957年,上海中山公园举办春花笼鸟展览会,主办方特别邀请沈渊如携带杜鹃品种赴沪展出。展览期间,沈氏杜鹃名品艳惊四座,其后由上海科教片厂摄录入《春花笼鸟》科教彩色片中,并在《上影画报》彩页刊出,一时被无锡花友争相传扬。

庄衍生与沈渊如是圈内好友。20世纪二三十年代,庄衍生悬壶于复兴路石皮路口,中医内科起家,后以西医行走业内。庄颐生、庄衍生兄弟从小喜欢种花,从草花起步,菊花、月季、山茶、杜鹃、兰花,一步步最终将杜鹃花种出了名堂。30年代初,庄衍生曾两次向日本百花园、蔷园和横滨植木株式会社邮购花苗数批,其间又托沈渊如代买过一次,共计西鹃26种、雾岛16种、皋月8种,西鹃的名种有天女之舞、观山锦、晓山锦、秋津洲、凤明锦、羽衣锦、鹤裳、月华、吴春、黑凤、晓山、绫服等,每株的价格大致在1个大洋左右。从日本漂洋过海邮寄过来的鹃花苗株为1至2年生的扦插小苗,不带土,根部用苔藓包裹,装在盒子里,盒子底部铺有一层黄沙,根系被浅埋于黄沙之中。这样可以保持一定湿度,提高植株的成活率。这些苗株走水路从日本运送到无锡至少要一周时间,最终只有一半能够成活下来。庄衍生拥有500多盆杜鹃,他视这些杜鹃花为掌上明珠,每天花费不少时间精力侍弄杜鹃。

夏星寰,1902年生人,家住西门王巷西。他从24岁开始养花,此后兴趣逐渐转到西鹃上。家人眼中的夏星寰就是个不折不扣的杜鹃花痴,天天与家中2000多盆杜鹃为伍,浇水、翻盆、遮阴、施肥、防虫、遮阳……每天周而复始。

夏星寰与他种植的杜鹃花

夏星寰的西鹃品种达48种,大多通过圈内同好获得。他的胞弟夏振寰当时在上海金城袜厂担任高级职员,也十分喜欢杜鹃,夏星寰的西鹃名品锦袍便来自于他弟弟。在上海浦东大团,夏星寰买到一株火焰,还从宜兴名士储南强及和桥中医汤渭川处买到过两批杜鹃,其中西鹃就有10多种,凤鸣锦、玉垂锦、四海波等都是培育10多年的大棵。此外,他还从苏州西医王观牵处捧回富贵集。一盆花开近千朵、冠幅大如小圆台面的天女舞,则是夏星寰去绍兴用十多盆小西鹃换回来的。每至阴历二月十二百花生日,夏星寰的家人会在每盆杜鹃花上粘上红纸,以祈求这一年夏星寰种的杜鹃能够花开兴旺。

杜鹃花虽好看,培植却有许多讲究。旧时养花,使用的都是天然肥料,为给杜鹃增加养料,夏星寰用鱼肚肠、黄鳝骨、黄豆、蚕豆皮焙在宜兴瓮头里自制肥料。养杜鹃怎么浇水也是门学问,井水是不可以直接浇花的,先得把井水打到老式七石缸里,晾过一晚才能用来浇花。七石缸里养有金鱼,天长日久,缸沿周围早已长满青苔,实则醉翁之意不在鱼,而在于水,经过这种微循环处理的水浇花最好。杜鹃的花期管理也十分重要,不能让花无限制地开下去,开花20天左右,就要在其将谢未谢之前将花朵全部摘下来,以防伤了元气。

夏星寰善于动脑,他在西鹃增殖缓慢、培养费时的情况下,大胆尝试各种繁殖技术,熟练地掌握了杜鹃嫁接技术,能够轻易地分离偶然出现的变异。他从"锦袍"上分离出全红的"新红"、白色有极少数细红点的"濂"、白瓣绿心的"青女",还从"天女舞"上分离出色淡心绿的"秋水波"等,这些由他命名的杜鹃品种已经成为了杜鹃的名品。在成熟的栽培技术之下,他还用一株毛鹃嫁接多种西鹃,开出各种花朵,令人叹为观止。庄衍生之子庄若曾经过多年筛选,也培育出了洛神、玉屏、舞蝶、雪浪等多个优良杜鹃品种,其中东鹃桃绒的花型套叠有13层,花瓣多达81片。

1983年,杜鹃被定为无锡市花。1987年4月至5月,无锡举办中国首届杜鹃花展览,规模空前,来自全国12省市42个单位的8000余株杜鹃名品汇聚锡城,甚至连远在日本的杜鹃花爱好者小泽资则也空运了10余盆杜鹃和君子兰前来参展。这是无锡有史以来首次承办如此大规模的杜鹃花展,参观人数高达40余万人次。在此次展会上,共评出最佳栽培奖、造型奖、原种奖、驯化奖、新品种培育奖和十大杜鹃花明星,由庄衍生之孙庄钧精心培育的两盆杜鹃一举拿下最佳造型奖和最佳新品奖两个大奖。也就是从这一年开始,杜鹃花开始由盆栽走向地栽,从家庭走向社会,从公园走向街道广场。

人之有生,未绝爱缘。有一物之嗜,即有一物之累。兰蕙也好,杜鹃也好,如无锡园艺家这般玩到极致,便一样能铁肩担道义,出神又出彩。

玩物之虫篇·
秋兴局轶事

蟋蟀,无锡方言称"弹蟋""暂蟋"。每年农历八、九月间白露之交,特别是破晓时刻,墙隙、石块、瓦砾、草丛间便有"嚁嚁"声响不停息。蟋蟀不但善鸣,而且爱斗,古人以"秋兴"相称。古代汉字中,"秋"这个字正是蟋蟀的象形。

斗蟋蟀源于唐,著于宋,而盛于明清,在中国古代最早是一种怡养性情的雅事,古人曾把养菊和斗蟋蟀并称为"雅戏"。唐代《开元天宝遗事》留下这样的记载:"每至秋时,宫中妃妾辈皆以小金笼提贮蟋蟀,闭于笼中,置之枕函畔,夜听其声。"由此可见,蟋蟀最早不是用来斗的,而是宫中女子打发时光的一种娱乐方式。斗蟋蟀之所以为"斗",那是宋朝时的事,后来才逐渐发展成为百姓喜闻乐见的民俗活动,有"蟋蟀皇帝"之称的南宋宰相贾似道还特意编写了一部《促织经》。清代文学家蒲松龄也以蟋蟀为主角,描写宫中尚促织之戏,每年都向民间征集大批蟋蟀而引出的悲剧故事。由此也可见斗蟋蟀的悠久历史。

古人把玩蟋蟀的境界分为三个层次:一是"留意于物",历史上就出了因玩虫而误国的南宋宰相贾似道;二是"以娱为赌",斗蟋蟀成为一种博彩的手段;三是"寓意于物",这是最高境界,斗蟋蟀成为玩物人士的雅好。旧时民间斗蟋蟀大多带有赌博色彩,但虫友不承认这种说法,他们认为这只是秋天的一种兴趣玩意罢了,于是斗场便有了一个文雅的叫法——秋兴局。

蟋蟀的产地遍及大江南北,北有鲁冀、南有江浙沪皖。浙江主要在杭州,江苏主要集中在南京、无锡、苏州、南通、扬州、兴化,上海则集中在金山、浦东、七宝三处。这些地方的蟋蟀体型较小,不如广东地区的蟋蟀个头大,但个个身怀绝技、斗口凶辣,备受虫迷们喜爱。清道光年间,无锡北乡严埭有个农民叫苏璥老倌,沉迷于斗蟋蟀,有一天到街东关帝庙祷告,叩求神仙保佑,说倘若斗虫能赢得巨资,便用来建造跨越严埭河的大桥,取代渡船,便利乡民。祷告后坐着歇息不觉睡着了,睡梦中忽闻铿锵之声,惊醒见关公身后站着的周仓手持的大刀刀尖剥落。细细看去泥色犹新,而旁边立着一只蟋蟀,按住后,但见此虫大头长尾,蓝顶青翅,果然是一匹俊虫。在苏璥老倌看来,此

开斗前的蟋蟀进行称重

准备参加战斗的蟋蟀

蟋蟀为关公青龙偃月刀所化,便取名"严埭青"。老倌对此虫悉心饲养,参加斗虫,无往不胜,十分高兴。消息传出,引起了无锡城中望族嵇家五少爷的注意,立即赶往严埭,要向苏璥买下此蟋蟀。嵇家为官宦世家,苏老倌不敢不从,只是说了许愿造桥之事。嵇家少爷一口答应,说:"修桥铺路,那是善举,我一定力助其成。"这时节气已入霜降,各地斗栅都已收束,只有吴江同里还有最后一栅。嵇家少爷立即赶去同里,在最后一局放三赢一的比拼中,严埭青不负所望,一举斗杀对方金头大将军。事后,嵇家践行承诺,捐巨资以为

倡，社会各界赞助，选址建造严埭大桥。苏老倌和他儿子作为监工，始终不懈到现场查勘，直到三年后大桥建成。

民国时期，上海几乎每年都会举行斗蟋蟀大赛，相比杭州、苏州、无锡、嘉兴、湖州等传统的玩虫胜地，上海算是后来居上者。从晚清到民国，南方地区的斗蟋蟀中心由杭州转移到了上海，上海的蟋蟀赛会通常在茶馆、饭店举行。长久以来，斗蟋蟀都是根据自然规律进行。每年白露过后，各地蟋蟀就陆续进军上海市场，先是杭州虫，其次是上海本地虫，再接下来就是无锡、苏州、常州和山东、安徽的虫，最后是绍兴虫。

从前的崇安寺东起盛巷，西至寺后门，南到观前街，北临公花园，是无锡城最繁华之地。自明朝始，便有"不到崇安寺，枉来无锡城"之说。民国时期，崇安寺有名的老茶馆有七八家，这些茶馆在日常经营中各自拥有一批特殊茶客。其中万松园茶馆往南的孙记和三万昌两家茶馆，白天专供带着"活货"来此做买卖的各色小商贩们喝茶交易，到了晚上就作为小商贩们的歇息之地。这里说的"活货"，是指小商贩们在春夏季节带到茶馆门前售卖的各色黄雀、百灵、腊嘴，到了秋季售卖的有蟋蟀、蚱蜢等秋虫。

俗话说"白露三朝出将军"，秋虫上市之时，不管是无锡城里还是乡下就会兴起斗蟋蟀之风，大有扎堆赶场的意思。虫迷、看客们聚在一起，围观两只蟋蟀的激烈角斗，直到其中一只掉转尾巴、逃之夭夭，才算分出胜负。对于茶馆来说，单靠获取茶水费收入有限，斗蟋蟀能为茶馆带来茶客，还能从博彩中抽成，何乐而不为？于是一到秋季，三万昌茶馆就会出现热闹非凡的斗蟋蟀场面，胜者可以得到一枝红花。三万昌门面为敞屋，堂内斗蟋蟀的闹猛场面常常引得路人争相围观。

捉蟋蟀、斗蟋蟀对孩子们来说不过是出于好玩，夏夜里循着"曜曜"声，用细铁丝网罩捕捉蟋蟀，是童年生活的一大趣事。蟋蟀被称为"田地里的软黄金"，每到秋虫上市季节，会有专门收蟋蟀的人上门收购，一只可以卖五角至三五元不等。对孩子们来说，那可是一笔不小的零花钱。将捕来的蟋蟀装进预先准备好的留有通气栅的特制竹管，两只蟋蟀绝对不能放在一起，否则定会因互相争斗断肢折足,卖不出价钱。一只上好的蟋蟀可以从体色上进行区分,一般来说"青为上,黄次之,赤次之,黑又次之,白为下"。

对于虫迷来说,蟋蟀需一只一盆小心饲养。旧时,普通玩家用的多是瓦盆,讲究的会使用瓷盆,但盆底不能太光滑,得铺上一层细细的泥沙。除此以外,盆里还会放上瓷质食罐和水盂,每天都要清盆换水。蟋蟀的食物以熟糯米为佳,不用多,半粒就够。如若想要驯养一只骁勇善斗的蟋蟀,养盆放置于阴暗僻静的地方最为关键。

中国的蟋蟀文化历史悠久,具有浓厚的东方色彩。光是斗蟋蟀的虫具就有一大堆,有提罐、斗盆、斟戥秤、斗床、斗栅、牵草、绒球、网罩、过筒、铃房、食具、水盂等。养蟋蟀、斗蟋蟀都要用罐,也称盆,民间素有"好虫可得,古盆难觅"之说。明清两代,蟋蟀罐也有官窑、民窑之分,宋朝官窑宣德窑制作的蟋蟀罐历来被业内视为珍宝。斟戥秤,是一种精密衡秤,用来给蟋蟀称重。京、津、鲁、冀以"厘"计量,无锡、苏州称"点",上海则叫"斟",相互间有换算表,用以确定选手的级别。牵草,又称"探子",由田间地头随处可见的弹䖤草制成,是撩拨蟋蟀激发斗志的重要工具。有钱的玩家自然要讲派头,小小的一根牵草也决计马虎不得,所以当时无锡城的一些店铺还专门有质量好的陈年牵草出售,与新草相比,耐用、韧性足。

每年农历八月上旬开始,玩家就会选择诸如茶馆、茧行、祠堂等地方大开秋兴局。在这一季节里,除了无锡城里厢的茶肆或私宅,也有在土地庙、关老爷庙里设赌局斗蟋蟀的。当然,斗局并非天天都有,一般都是定期集合约斗,比如每月逢五、逢十,每旬三、六、九之类。每到约定时间,玩家就会带着蟋蟀像跑码头般赶斗场,而且一带就是一二十只,再加上提罐等一应斗具,也是不小的阵仗。好在无锡地处江南,水路发达,普通玩家便会合租一条小船一起赴约,有钱的玩家则单独包船赶场,还会有跟班、打手相随。

老话说"家有家法,行有行规",别看斗蟋蟀事小,秋兴局里的规矩却是断不能破的。秋兴局共分三个阶段,分别为"斗白票""斗红票"和"斗黄票"。前两个阶段等同于淘汰赛,"斗黄票"才是真正的高手对决了。

斗局开始前,玩家先要给自家的蟋蟀取个名字,写好贴在提罐上,将蟋蟀连盆交给局方登记,这叫"上榜"。有钱人家的公子哥都喜欢给爱虫取个霸气的名字,如"铁头大将军""无敌黄天霸""金头大将""黑旋风"之类。随后,局方会将一个小纸匣(无锡人称"轿子")放入盆中,让蟋蟀钻进去,然后"上戥"过秤,"验雌"剔除雌虫、不合格的虫。称好、验好后,再放入原盆"上封",即盆外加贴封条,并发给蟋蟀主人一张小票作为凭证,小票上备注有蟋蟀的名号、编号及称得的重量等信息。等所有参赛玩家完成登记工作后,局方就会张榜公告每一只参赛蟋蟀的详细情况。每位参赛玩家可以根据榜单寻找重量相仿的蟋蟀"合对",达成对斗意向的合对称"金对",双方只需将各自小票交给局方,等待局方宣布正式开斗。当然,合斗前还得向局方缴纳一笔保证金,作局者一般会抽收二成头钱。

秋兴局斗场中央通常放置一到两张大桌子,台中央则是一个斗栅。斗栅长一尺多,宽约五寸,高约三寸,底层木板,四周木框,上面是用圆的细竹条间隔而成的半圆形条格,中间有一闸门,将斗栅一隔为二。决斗时,双方玩家分坐长桌两头,称为"监局";长桌两侧中间位置则相对坐着局方的公证员与记录员,以及双方用牵草引导斗虫的"牵手";看客与斗桌保持一定距离"隔山观虫斗",以免影响蟋蟀斗情。待双方坐定后,局方就会将保管的蟋蟀与盆交与原主人,主人在查看确认没问题后,便可用一只如火柴盒般大小的瓦制小窝"琴房",将蟋蟀从各自盆中取出并赶至斗栅。此时斗栅上覆盖有一张湿纸,双方看不见栅中蟋蟀。须等双方谈妥斗彩之后,才会揭下湿纸,以免双方一见蟋蟀有强弱之别而发生悔局情况。

"斗白票"以花枝作计数标准,故"斗白票"又称"斗花"。如一方出20枝花的斗彩,一方仅愿意配10枝花时,其余的10枝花就得旁观者来"帮彩"凑足。待记录员记下后,公证人一声"亮栅",栅上遮盖的湿纸即刻揭去,等待双方玩家各自"认色",即各自认清自家蟋蟀特征,比如全身颜色、头须、尾刺等,如有小足短缺等现象应及时提请记录员如实记录,以免斗完后输方冒认赢方蟋蟀。进入正式比赛环节,双方牵草手各自以牵草撩拨自家蟋蟀,挑其斗兴,鸣叫示威。倘若不肯鸣叫,牵草手会撩拨放在斗栅两旁的"叫鸡"(即会叫却不善斗的蟋蟀），让它们鸣叫，以此刺激斗场上的蟋蟀。等双方蟋蟀都鸣叫发声了，随着公证人一声"将军双欢"，便是"拔栅交锋"进入决斗场了。

两虫相斗，有时几十回合不分胜负，有时一战便定胜负。战斗结束后，胜方蟋蟀须得鸣叫发声

养在木盆中的蟋蟀

才算获胜。若双方皆不鸣叫，或双方皆鸣叫，那就意味着战斗还没有结束，还得继续斗下去，直到决出胜负。一番惊心动魄的厮杀之后，结果分出。彩金当场交割，局方一般抽二成佣金，并赠送胜方红纸花二枝，以作贺彩。

"斗黄票"阶段，节气已过霜降，故又叫"降斗"。当时"斗黄票"在无锡比较少见，吴江同里镇的"斗黄票"彩金高达几百银元，上海"斗黄票"的彩金高达千余银元，堪称豪赌。这时天气变冷，斗士蟋蟀越发金贵，需要专人打理。蟋蟀通常被养在稻草扎的囤中，中间放上一壶热水，以保持温度，故又有"炖汤"之说。斗虫时，栅盆下面需放上一层温水来保温，否则寒冷天气里，蟋蟀就会像煨灶猫一样，提不起斗志来。能够站上"黄票"局的蟋蟀为数不多，都是久经沙场的"大将军"。

民国初年，白米仅三四元一石，"斗白票"彩金最多不过10块大洋，故市井百姓也有参与，以娱一时之乐。到了"红票"局、"黄票"局，彩金大幅上涨，参与的玩家也就越来越少，而且多是组团参战。民国初年，无锡东亭曾有一只名为"黄蜂探"的蟋蟀，在上海秋兴局一路斗到"黄票"局。这只"黄蜂探"的主人，是东亭老牌酱园——华义茂酱园的老板华云卿。这只蟋蟀的来历也颇传奇，据说为一卖油条小儿在东亭老牌楼前一块大石头下捉到，几经转手后被华云卿以一块银元买下。"白票"局中"黄蜂探"百战百胜，以至于无锡玩家皆

不敢与之合斗，只得随时改号并请他人出面合对。到"黄票"局，华云卿带着"黄蜂探"前往吴江同里镇，与一老者手中的一只王牌蟋蟀合对，谈妥彩金，亮栅认色准备开斗之际，这位经验丰富的老者便提议："今天的一局我们合了罢。你我两只蟋蟀都是'黄蜂探'，我的一只毛龄比你的一只老，如斗我的一只必赢，可是经此一战，即要死亡了；你的一只毛龄比较轻，如今天不斗尚可继续斗两次。故不必两雄相争，双方毁灭。你我不如合作，同去上海赢他一票。"华云卿听所言句句在理，遂同意了老者建议，携手同战上海秋兴局，并在首战中旗开得胜，赢得彩金一千块大洋。但不出老者所料，在第二次斗局中得胜翌日清晨，华云卿的这只"黄蜂探"便死在了盆中。此段轶闻，曾让无锡虫友们唏嘘不已。

20世纪五六十年代，斗蟋蟀被贴上"旧文化"的标签，和麻将等活动一起被明令禁止，曾经风光无限的秋兴局遂成历史。沉寂了30多年后，人们才重拾斗蟋蟀这一传统娱乐活动，南禅寺、崇安寺的花鸟市场开始重现秋虫身影。1987年，无锡有位叫金根的捕手在广益城乡接合处捕到一只上好的蟋蟀，取名"五脚督銮"。此虫原本六脚俱全，在一次恶斗中左边抱头脚受伤后脱落变为五脚。五脚督銮战绩辉煌，早秋先是在无锡本土战无不胜、攻无不克，中晚秋又连续打败苏州快嘴小督銮、上海金顶等名将，成为享誉江浙沪虫界的名将。可惜的是，在五脚督銮最后一次出战时，终因连日征战在闸场过秤时，立毙盆中而不倒，悲壮情景引来看客一片叹息。"鸣不失时，信也；遇敌必斗，勇也；伤重不降，忠也；败则不鸣，知耻也；寒则归宇，识时务也。"宋代四大家之一的黄庭坚用"信、勇、知耻、识时务"来描述蟋蟀，如五脚督銮者，诚是也。

随着现代城市文明的快速发展，新兴娱乐游戏层出不穷，斗蟋蟀这项古老的民俗活动虽然早已没有全盛时的盛况，但包括无锡在内各地兴起的蟋蟀协会、俱乐部及大小行业赛事，为蟋蟀爱好者们"以虫会友"提供了新的交流天地。

书场业：一河灯火，十里曲声

因水而兴，因水而荣。无锡是一座与水休戚相关的城市，千年流淌的古运河，滋养一方水土，沿岸分布着无数个码头。一河灯火，十里曲声，无锡是久负盛名的"江南第一书码头"。

泡上一杯清茶，到书场听一场大书，是许多无锡老戏迷的生活日常。人们习惯把苏州评弹这种曲艺形式称为"说书"，听评弹的场所称"书场"。评弹发源于苏州，成熟于上海，但却兴盛于无锡。说书这个行当，一开口就是几百回，停留一地少则半个月多则三个月，评弹艺人只需一块醒木、一把折扇，又或是一把琵琶、一把三弦，搭船沿着水路紧跟生意人的脚步，哪里有码头就往哪儿跑。

无锡毗邻苏州，是苏南地区的工商重镇，迅速崛起的民族工商业者沿运河开店设厂，米布丝茧交易往来频繁，成为江南地区万商云集的经济中心。通达的交通、繁荣的商业，大大小小的书场分布在无锡的大街小巷，成为跑码头的说书先生的常驻之地。20世纪20—30年代，书场成为无锡市民娱乐生活的重要组成部分，最红火的时候仅老城厢南门一路至北门就有近百家书场，走不了多远就能听到路边传来的三弦和琵琶声，书场之多，其风头直盖苏州。还走出了"张调"张鉴庭、张鉴国兄弟，"侯调"侯莉君，"尤调"尤惠秋这样的本土评弹名家，足见无锡"书码头"的美誉实至名归。

清初期，除了一些条件简陋的露天书场，无锡早期的书场大都附设于茶

评书演出

馆之中,上午卖茶,下午、晚上说书,是茶馆吸引茶客的一种经营手段。在茶馆辟出一角,就着茶馆八仙桌临时起个书台,再加个条凳,说书先生就可以登台表演了。正对书台一般会放上一张长台,是特别为资深的老听客准备的,俗称"状元台"。到了清代中后期,说书在茶馆经营中开始占据重要的地位,直到从茶馆中独立出来,有了专门的书场,规模大点的能坐上百人,茶水反倒成了听书的附属品。只要买票进场,听众就可以泡上一壶热茶,坐上一个下午。

1874年,无锡人毛乐惠(人称"毛和尚")在城中迎迓亭(今无锡大东方百货)创办了无锡第一家书场——迎园茶社。茶社内设书坛,茶客喝茶之余又能听书,这也是无锡第一家营业性娱乐场所,从此评弹艺人在无锡有了固定性的演出场所。1929年,茶社迁至青果巷12号,改称"迎园书场",底层为书场,场子狭长,设有状元台,长凳座位,可容纳350人;楼上为艺人宿舍和住宅。迎园书场的老板毛乐惠之孙毛子俊待人和气、礼数周到,在圈内拥有很好的口碑,每次邀请苏州、上海、常州的响档先生来迎园说书,必定会带上肉骨头、水蜜桃等无锡土特产亲自登门拜邀,几乎没有请不来的。长期以来,迎园书场以资历老、名家响档多、听客欣赏水平高而闻名,时有"百灵台"的美誉。

对老百姓来说,评价一家书场的好坏不在于茶馆规模、茶品质量,而在于聘请艺人的档次。说、噱、弹、唱、演,是评弹艺人的基本功。说,即用苏州方言叙述书情内容,是评弹的主要表现手段。噱,也叫噱头,是指"外插花""肉里笑""小卖乖"等这些令听众愉悦的笑料和包袱。弹,即以三弦、琵琶衬托演唱过门。唱,就是以演唱的方式来辅助说白表叙。演,即在评弹说唱过程中加入一些动作性表演。实力雄厚的评弹艺人个个都是身经百战,说学弹唱演自然不在话下。

评弹分"评话"和"弹词"两种。评话又叫"大书",只说不唱,由一人独说,称"单档",内容多以场面大、人物多、情节复杂的历史故事和江湖豪杰为主,比如《三国志》《水浒》《英烈》《金台传》等;弹词又称"小书",说书人男穿长衫、女穿旗袍,怀抱三弦或琵琶,边弹边唱,最初只有"单档",后来流行男女"拼档""三档",说的多是才子佳人、恩怨情仇的故事,如《珍珠塔》《描金凤》《三笑》《文武香球》之类。徐云志的《三笑》,顾宏伯的《包公》,姚荫梅的《双按院》《啼笑因缘》,朱雪琴和郭彬卿的《珍珠塔》,张鉴庭张鉴国兄弟的《十美图》,黄静芬的《倭袍》……这些都是迎园老听客百听不厌的书目。一开始听客偏爱听大书,到了20世纪三四十年代,小书的各种唱腔流派及新书风起云涌,响档辈出,开始在书场占据主导地位。

1933年,赵吉甫在崇安寺观前街创办蓬莱茶馆。书场为中式平房,内场呈长方形,书台大而精致,配有铜栏杆。起初设有状元台,排列方凳,后改为长条靠背椅,许多评弹名家先后到该馆演出,是当时无锡设施最为考究的茶馆书场。迎园和蓬莱两大书场,是城中有钱有闲阶层最喜欢去的两大书场。除此之外,城内还有一家大书场名为"雅叙",城外则有五福楼,老北门城楼"控江楼"和南门城楼"望湖楼"也都开过书场。根据1934年1月1日《锡报》记载,当时无锡书场共计约70处,其中城内有40余家、乡间有30余家。

蓬莱书场每日下午准点"开书",当年评弹界的响档夏荷生、范玉山、范雪

书场剧目演出

君、姚荫梅等人每次来无锡必到蓬莱书场演出。迎园书场一天开书两次,上午、晚上各开一场,听客一进书场,伙计便会热情地奉上一杯茶水,长条靠椅的后背配有粗铁丝挽成的小杯托,方便听客放茶杯。说书先生一次说书2个小时左右,每隔一段时间,便有伙计拎一只大茶水吊子上前添水。无锡的老茶馆一般都配备七星灶,7个茶水吊子同时烧水,轮番为茶客添茶续水。当然,也少不了各色小贩穿梭其间,兜售诸如青橄榄、瓜子、五香豆、奶油花生、话梅、豆腐干、云片糕之类的消闲小食。家庭妇女下午得了空闲也会到书场听书,往往需要带上孩子一起去,便买些小零食"食笃嘴",让小孩安静下来。这些小孩子耳濡目染,长大后也就成了书场的新生代听众。

资深老听客一般都会提前一个小时到场,喝喝茶、扯扯老空、互通有无,交流些行业资讯、坊间传闻之类。这些老听客日长时久听说书,欣赏水平非常高,对里边的门道是一清二楚,说书先生若有说错的地方想蒙混过关,会遭到坐在状元台旁边老听客的当场批评,轻则被喝倒彩哄下台,重则毁了自己的名声,失去谋生的地方。刚出道的说书先生只有获得无锡书坛的认可,才有机会成为出圈的"响档"。

早期的书场皆采用入场买筹,听客随买随看。1936年大年初一,北门城内大街监弄新开了一家梁溪书场,开始实行凭票入场,并实行预售。由于开业当天梁溪书场请的是夏荷生、黄兆麟两位红遍苏浙沪书坛的大响档,引得市民争相购票。夏荷生擅唱弹词,有"描王"之称;黄兆麟说评话以《三国》出名,人称"活关公"。

茶馆兼营书场的这种模式带来了商业文化的兴盛,也引起无锡旅馆业、游乐场的关注,他们开始在旅馆兼营书场,以获取更多盈利,于是出现了旅馆书场、游乐场书场模式。一些大旅馆争相将旅馆大厅进行改建,变成兼营书场,营造热闹氛围,此类书场又被称为旅馆书场。火车站大洋桥堍的新世界游乐场也在一楼内厅开设书场,在评弹发展的鼎盛时期,新世界几乎请遍了当时所有的响档。茶馆、旅馆兼营书场,无疑给曲艺特别是评弹的繁荣和发展提供了更多的空间和载体。

20世纪30年代,随着无线广播的出现,一些有实力的商家开始经营自己的商业电台,这也给评弹带来无限的传播空间。其时时和绸布庄的时和电台每天都会播送曲艺特别节目,其中又以苏州弹词和无锡滩簧最受欢迎。说书先生直播包银每月为300元,当时请过的响档有蒋月泉、张鉴庭、张鉴国、邢瑞庭、吴君安等。1936年,无锡迎园书场邀请苏州光裕社著名的"四档头"来锡说书,节目有沈俭安、薛筱卿的《珍珠塔》,夏荷生的《描金凤》,李伯康的《杨乃武与小白菜》和朱耀祥、赵稼秋的《啼笑姻缘》。光裕社是中国评弹史上第一个行会组织,出了一大批评弹名家响档,有"千里书声出光裕"之称。日新绸庄抓住这难得的机会,邀请"四档头"到其兴业电台开了一档弹词大会串的特别节目,在锡城引起轰动,要求点播节目的听众电话络绎不绝。评弹一度占据电台绝大部分的播出时段,京剧、滩簧、越剧、沪剧都不能与之相比。

30年代中期,女说书曾经在无锡风行一时。第一个走红的女说书叫醉凝仙,该女子容貌出挑,风姿绰约,所到之处比如锡邑的荟芳楼、协兴、怡园无不满座。荣巷有一位捧角者甚至不惜以10元代价以汽车迎接,可见当时醉凝仙有多红。到了抗战时期,无锡城最繁华的商业区遭受重挫,娱乐行业也未能幸免,再加上夜间关城门的影响更是雪上加霜。但书场却成了例外,与各大戏院、游乐场的不景气形成鲜明的反差,较之以前反而更加兴旺。苏州三大评弹行会组织之一的普余社的女说书先生,包括"仙"字辈的刘美仙、徐丽仙、蒋云仙等,纷纷来锡演出。为了吸引听众,还打起了向老听客赠送亲笔签名三寸玉照的招牌。

无锡本土也有一位女说书人邹蕴玉,方桥人,早年随赵介禄习艺。曾在苏州电台演播,尤以琵琶精准娴熟而为人赞扬。她绮年玉貌,打扮入时,有

位于南下塘的书码头书场

"新嫁娘"之称，在无锡中南书场演出红极一时。无锡一位老听客特地书赠一联："都道絮才同谢女，争看花貌似杨妃。"蕴玉还擅长流行歌曲，每次开场时听众常会要求加唱一支歌。她以琵琶弹唱，歌喉婉转，音色动人，一曲终了总是掌声不绝。

随着书场业的蓬勃发展，也产生了许多有意思的行话。不同的书场、不一样的说书先生之间竞争十分激烈，有的书场听众少，有的书场听众多，行话叫"敌档"，即竞争的对头。"同册"，是指场方为了比拼，分别邀请同一书目的先生演出，让先生比拼，让听客来评价。说书的开场白是重中之重，行话叫"戳开"，先把书场气氛造热了，接下来说正书才更容易引人入胜。国学大师钱穆有位胞弟叫钱文，在一所中学当语文老师，对评弹情有独钟，他的开篇写得尤其出色，因此常有说书先生请他写开篇。

再比如说书先生因中途说到听客跑掉而停书，叫"说漂了"。在蓬莱茶馆的东面有一家雅叙茶馆，虽然陈设布置比较老派，却是无锡茶馆业同业公会的定点茶馆。民国初年，一位正在雅叙书场说《英烈》的说书先生突然接到母亲病重的家书，不得已向场主告假半月，这期间由其徒弟代说书。临行前，这位说书先生交代徒儿，书正说到常遇春马跳围墙一节，特地关照如何讲好常遇春抓牢马鬃毛从围墙上跳下去的关键细节。半月过后，当这位先生返回无锡走近雅叙书场时，发现里边静悄悄的，他心里一紧，寻思十有八九是徒弟"说漂了"。不料进得书场一看，场内座无虚席，听客们正平心静气听书，再仔细一听，时隔半月，徒弟还没有讲到让常遇春从围墙上跳下去，其细节演绎和插科打诨已相当了得。散场后，这位先生对徒弟说："你的书艺已经超过先生,你满师吧。"一时传为书场佳话。

年终会书,行话叫"搭搭脉",是行业内对说书先生水平的一次集中考察,有一点打擂台的意思。每年农历12月起,各地书场陆续停演,有实力的书场会邀请几档乃至十几档说书先生同场汇演,每档时长在10分钟到20分钟。对说书先生来说,会书的表现会直接影响到开年业务的好坏,因此即使是响档,也会全力以赴,亮出自己的拿手绝活。相互间的交流、观摩,对于年轻说书先生也是一个学习提高的机会。听会书也是需要买票入场的,但票价并不会因为响档云集而涨价,因此常常是一票难求,一些书场的场主哪怕是托了关系也未必能买得到。

时光无痕,步履不停。无锡的书码头在泛黄的岁月里迎来送往了一批又一批听众,一个个鲜活的响档说书人已成故事里的人,昔日书码头的盛况也早已烟消云散。所幸,大公桥堍的和平书场还在,游船过处仍可听闻吴侬软语、弦子琵琶声。大书一股劲,小书一段情;醒木一声响,故事从头讲;伴一杯热茶,就是一天的悠闲时光。古运河文化历史的活态传承与保护,正为老城厢的说书人、老听众留下可以继续感受说书魅力的一席之地。

戏馆业：
曾经的星光熠熠

"三五步行遍天下，六七人百万雄兵。"台上唱念做打，戏里爱恨情仇，一方小小戏台，鼓点一响，就可以跨越古今，演绎世间多少故事。这就是戏曲的魅力。在娱乐和文化生活贫乏的年代，戏台就是平常百姓离不开的一方精神家园。

无锡地处江南水陆交通要道，一直是江南富庶温柔之乡。旧时人们看戏，有钱人家叫"堂会"，就是由个人出资，在年节或喜寿之日，把戏班子请到私宅、饭庄、会馆、戏园来演出。最富有的人家甚至自备戏班，称为"家班"。明代晚期，江南文人雅士痴迷昆曲，无锡邹氏、秦氏在兴建园林的同时，置办家班，供家人欣赏，也延请宾客，观摩演出。邹迪光的愚公谷，有"梨园两部，尤冠绝江南"，其"优童数十，极一时之选"，能演奏丝竹，也能按唱戏曲。邹本人对此非常得意，有诗云："宝瑟半弹《别鹤操》，玉童齐唱《懊侬歌》。"

江南的戏剧出于南宋的戏文，元有杂剧，明有传奇昆曲，随着不断演进发展，与民间曲调相融合，遂形成丰富多彩的地方戏。元、明时社会上的戏班被称为"水路班子"，他们以船为家，载着道具和衣箱游走于酒楼、花馆和乡镇。没有合适的戏台，便草草找些木板临时搭个戏台对付一下，"草台班子"的说法即由此而来。清中叶后，随着各种地方戏的兴起，宴请宾客时的演戏逐渐流行开来，才有了"堂会"之名。

早在清末民初，无锡即有"戏码头"的美誉。无锡人爱看戏由来已久，一

西水墩西水仙庙的戏台演出

些戏曲故事比如《鱼肠剑》专诸刺王僚的故事，《文昭关》伍子胥过昭关逃奔吴都梅里，以及京剧《一捧雪》《审头刺汤》《西施》《哭秦庭》《十五贯》等剧目都与无锡有关。今天的无锡老城厢还散落着多处古戏台，比如薛家花园、西水墩、惠山张中丞庙等，其中尤以薛家花园的私家古戏台最为古朴典雅。

薛家花园是一座具有江南园林特色的大宅，古戏台高筑于花厅南首荷池之上，虽然不算大，但飞檐翘角、古色古香，台面广漆锃亮，有着大户人家的气派和精致。抱柱有联"桃花流水在人世，风月笙箫坐夜间"，为清代名臣李鸿章所撰。台后一屏"天圆地方"，屏两侧有小门通往后台，就是传统舞台"出将"和"入相"。后台另有一走廊，供伶人上下场之用。戏台与荷池、假山相互借景，营造出亭台楼阁相得益彰的山水意境，花厅临池而坐，看戏听曲自是风流潇洒。民国初期，京剧名角孟小冬就曾在薛家花园唱过堂会。

民间传统的演戏、看戏，主要是庙戏，即庙会演戏。老无锡有十大神庙，除了地位最高的东岳庙没有戏台外，其他九座神庙都曾经拥有大小不一、造型不同的戏台。比如西水墩的古戏台，碰到庙会、祭祀的时候最是闹猛，唱的多为大戏，京剧、沪剧、滩簧曾经在这座戏台上轮番上演。相比有钱人家，普通老百姓只能趁着庙会、祭祀酬神的时候过个戏瘾，每有戏班登台，这种开放式的戏台必是观者如云。老无锡有句俗谚——"长子看戏，矮子吃屁"，就来自民间看庙戏时的场景。惠山张中丞庙，是迄今无锡神庙中在原庙原地保存得最好、最完整的戏台，在今天依然能发挥戏台的功能。

无锡之所以被称为"戏码头"，一则戏馆多，二则来无锡演出的角儿多，国内著名的梨园翘楚如"四大名旦"的梅兰芳、荀慧生、程砚秋、尚小云，"南麒北马"的周信芳、马连良等人都曾莅锡献艺。说起无锡的戏馆业，还要从老城厢的一条老弄堂——老戏馆弄说起。

老戏馆弄，顾名思义与戏馆有关。这条里弄原称北后街、仓厅弄，早前这里还没建光复桥、吉祥桥时，人们从火车站进城，要从大洋桥向西南转弯，经外黄泥桥从北门进城。1908年4月，随着沪宁铁路的全线竣工通车，无锡吉祥桥一带逐渐热闹起来。在吉祥桥北面的通运路上，有一条通往外黄泥桥的里弄，长160余米，宽不足4米。弄堂虽然不大，但这里集聚着庆仙戏园等几家戏园，因为上海常有名角来此演出，戏园的名气越来越响，时间久了，人们就把这条弄堂叫作老戏馆弄。20世纪20年代末，此里弄曾一度使用"喜春街"这个名字，但人们仍习惯以老戏馆弄相称。

无锡出现戏园，与清末京剧在江南的兴起有关。当时，无锡的一些有钱人经常坐火车去上海看戏，邑人吴复明看到了其中蕴藏的商机，于光绪三十二年（1906）在北门外黄泥桥北后街一侧，用芦苇搭了一个简易棚作为戏园，最早称"庆仙茶园"，后挂牌"庆仙戏园"。戏园营业首日，京剧草台班子老庆升堂作首场演出，轰动一时。庆仙戏园设备极为简陋，座位全是长木凳子，可容纳400余人，晚间以汽油灯照明，实行买筹入场。座位设两种价格，前座小洋一角，后座20枚铜元。前排座位设有桌子，作泡茶之用，是有地位有钱人的专座。后排为一般观众，两侧有通道，可以站着看戏。这是无锡第一个戏园，也是无锡首次出现的固定娱乐场所。

位于南门的复兴大戏院

　　翌年(1907),宜兴人万某联合无锡军界严伯寅等人发起集资在黄泥桥东塊南侧的河塄里开设了一家聚奎戏园,从上海邀请名角来锡演出。聚奎与庆仙两家戏院仅一街之隔,又都演京戏,人们就把庆仙戏园称作老戏馆,把聚奎戏园称作新戏馆。聚奎之后,启民髦儿戏园、新秋声社、新舞台、景先戏园、亚细亚等几家戏馆也相继开业。至1916年,无锡城里已拥有7家戏园。

　　庆仙戏园创办之初,因为戏班子不多,因此演出不固定,断断续续。1916年春,庆仙戏园因遭兵祸暂时停业,9月易主沈某,改称景华戏园,而聚奎戏园也改称景先戏园。沈某接手不过两月,景华又因当局禁戏而无奈停业。1919年,民国时长期担任水警队长和县政府政务警长、人称"沙壳子"的吴正荣接手景华,改名为庆升戏园。这期间,庆升与景先两家戏馆为抢生意招徕观众,暗中打起了擂台,争相从上海邀请名角来无锡演出,你请的角大,我请的不光角大,而且戏还比你精彩,谁也不服输,倒是观众们乐得过足了戏瘾。当时上海著名艺人蓝月春、刘汉培、筱云霞、荀慧生、盖叫天、冯子和、郭蝶仙等都曾来此地演出过,尤其是盖叫天扮演的美猴王,那叫一个字"绝"。

老戏院条件简陋,通风设备、卫生条件都不尽如人意。观影座椅以长条凳为主,可同时坐五六个人,靠背设有一狭长木板,上面有几个刻出的圆圈,用以放置茶杯。剧场茶堂多为外包,有伙计定时为观众添茶加水、递送热毛巾。每到一定时间,便有伙计将十几条热毛巾绞在一起,从这一边掷给另一边的伙计,给观众看戏带来很大干扰。戏院生意好的时候会加座、加排,每当此时,整个戏院就会变得寸步难行,再加上当时戏院允许抽烟、吃零食,本来就不是很透气的空间里总是烟雾缭绕,等到戏终人散,满地都是瓜皮果壳,一片狼藉。没多久,剧场就取消了茶水和热毛巾服务。江南地区,经常会碰到阴雨天气,特别是梅雨季节,雨一下就是淅淅沥沥个把月,戏院生意一落千丈,于是戏院老板就想出了一种特别的打折促销方式,向市场推出"阴雨券",观众凭借"阴雨券"去戏园听戏,可享受半价优待。

位于交际路的中央大戏院

沪宁铁路通车及轮船码头较为集中,这给无锡带来大量客流,火车站附近的通运桥堍,形成通往苏、澄、虞、宜等地的重要水陆交通枢纽,短时间内就开出10多家旅馆和游乐场,其中有名的旅馆有新世界旅社、铁路饭店、京沪饭店、无锡饭店、启泰栈等,游乐场有新世界游戏场、胜利大世界、第一台、大新世界等,无锡的文化娱乐行业进入一个空前繁盛的时期。这些游乐场基于环境优越、设施先进,开始替代庆升戏院,成为人们娱乐消遣的新去处。当时人们的娱乐仍以戏曲为主,游乐场中演出的剧种也仍以京剧为主,但增加了其他剧种,如滩簧(锡剧)、申曲(沪剧)、苏滩、绷绷戏(评剧)、越剧、滑稽独角戏、歌舞、魔术等。娱乐场所在戏院周围安装彩色电灯,每到晚上,火车站一带便被照耀得如同白昼,颇有大上海夜生活的味道。1934年,无锡籍苏滩艺人王美玉在高亭公司灌制的唱片《无锡景》中唱道:"无锡去来往呀,火车真便当。通运桥堍下才是大栈房呀,夜里厢,戏馆灯光锃锃亮呀! 热闹那个市面来,像呀像申江呀!"就是当时火车站地区繁华景象的真实写照。

新世界游戏场是一幢上下三层、中间五层的洋房,集旅馆、茶室、照相馆、弹子房、购物部、小吃部等于一体,是无锡第一家综合性的娱乐场所。新世界在二、三层设有12个剧场,专门请了江浙沪的京剧团在此演出。开业第一天,年仅12岁的坤伶孟小冬受邀前来演出,这是她学戏4年首次粉墨登场,打炮戏就是著名的传统京戏《逍遥津》,压轴戏为《捉放曹》。不巧的是当天锡城突逢暴雨,观众比往常要少些,但孟小冬一句长达3分钟的长腔技惊四座。自新世界挑帘首演至5月中旬的两个多月时间里,孟小冬一共在无锡演了68场夜戏,剧目有《全本空城计》《白虎堂》《斩黄袍》《奇冤报》《武家坡》《上天台》等,自此一炮而红。仅仅两个月后,也就是当年的7月,应无锡观众之请,孟小冬再次来新世界演出,每天售出的门票达700余张,无锡观众争相前往新世界,皆以一睹孟小冬的芳姿和演技为荣。

在市场竞争日趋激烈的情况下,1928年,庆升戏院也对场馆进行了改造。场馆采用新式半月形舞台,包厢均为朱漆单靠双连木椅,椅背安装有小木桌,供观众泡茶之用;包厢中间留有通道,夏天的时候会放上几台电扇,供观众消暑,吹起来呼呼作响;包厢后排皆为长条凳,可容纳观众600人;后台也比较宽敞,可供戏班子临时住宿。设施的提档升级,让庆升一跃成为行业里的佼佼者,所售票价甚至比新世界还要贵。

无锡地方戏锡剧也在这期间登上戏馆舞台,而它的发展历经曲折。锡剧形成时称为"滩簧",又叫"鹦哥戏",最初在乡间村头演唱,逐步由对唱发展为连台本戏。进入城区先是在设施相对简陋的小戏馆演出,颇受一般市民喜欢。到30年代初,滩簧班的演出剧目增多,布景道具、乐器服装趋于完善,滩簧戏院也加入娱乐公会,地方剧种开始进入兴旺阶段。但就在1935年4月,国民党江苏省第一区办事处突发一个通令,称:"近来演出鹦哥戏,一般青年成群往观,被其诱入歧途者不可胜计。小则废时失业,大则造成自杀惨祸……"据本邑人民及各商号呈报,"请求取缔,以维风化"。各戏院商议,自查并无不妥之处,就统一改用"南方歌剧"的名义继续上演。同年6月10日,无锡县党部下发禁令,认为"本邑……南方歌剧即滩簧变相",应予查禁,"转令娱乐公会令各剧场即日停演,并停发准演执照"。此令一出,相关戏园、戏班大为恐慌,戏院面临关门,戏班整体失业无以为生,有的女演员掩面而泣,一班执事人员急得团团转。对此,南门耀记舞台华耀先和娱乐公会杨肇卿紧急商议,并赶到《人报》总编辑孙德先处,请求设法挽救。孙也觉得,禁令之下不仅影响戏班人员生计,而且滩簧这一无锡地方戏种将就此消亡,实在可惜。他思忖再三,终于想出一条妙计。他本人连夜执笔,以明代无锡知县王其勤率众筑城抗倭为题材,写出一个剧本,并立即由各班抽调演员,通力合作排练。三天后在耀记舞台公演,届时邀请地方各机关、团体知名人士莅临观看,同时联络地方各大报纸在舆论上加以支持。演出当天,县党政警及文教界人士均有到场,演出效果特好,剧本内容文字也无懈可击,加上报刊宣传,党部只得默许,禁演之令也就不了了之。随《王其勤》之后,各戏班又排演了《显应桥》一剧,同时对传统剧目《珍珠塔》《双珠凤》《孟丽君》《顾鼎臣》等进行整理,剔除糟粕,扬其菁华。滩簧戏不仅度过一场劫难,还获得了"常锡文戏"的正式名分,步入改进发展的正路。

到了20世纪30年代初，电影开始进入中国人的视野，无锡城先后建起了无锡大戏院、中南大戏院、耀记大舞台、中央大戏院、皇后大戏院、金城大戏院、中东大戏院等多家电影院。影院以"戏院"为名，可以说是恰如其分，这个时期的电影院承载着戏曲演出、放映电影的双重功能，全国各个剧种的名角都曾在这些新式剧院登台亮相，比如京剧有言菊朋、谭小培、王又宸、周信芳、金少山，评剧有白玉霜，话剧有唐槐秋、唐若青、歌舞演员冯凤，滑稽戏有易方朔、张冶儿等。中南大戏院上演的京剧《西游记》轰动一时，邑人争相前往一睹为快。

虽说戏馆、戏院的经营者大多是社会上有一定背景和经济实力的人物，但他们最怕的还是那些看白戏的观众。看白戏主要是当时的军、警、特及他们的家属亲友，谁也得罪不起，服务员顶多无奈而略带轻蔑地喊一声"两客，电灯泡"（看白戏之意）作罢。1946年，京剧演员刘汉臣应金城大戏院老板顾筱庵之邀率班来锡演出。刘汉臣以文武老生见长，兼演红生，关公戏是他的拿手好戏。演出当天，金城大戏院门口早早挂出了"客满"的牌子。等到拉开大幕那天，刘汉臣却傻了眼，放眼整个戏院，竟然坐满了国军伤兵。一天这样也就罢了，结果此后三天，天天如此，老板顾筱庵无计可施，只得暂时停演。为应对这种情况，顾筱庵购置了电影放映机，对金城大戏院进行改造，由演戏改为放电影，放映电影以美国好莱坞的进口影片为主。金城恢复营业后，那些看白戏的故伎重演，结果看到银幕上都是外国人，根本看不懂，只得悻然退场。

近代是中国戏曲艺术的黄金时代，曲艺流派百花齐放、名家辈出，昆曲、京剧、各地方戏曲星光熠熠，在中国戏曲发展史上留下浓墨重彩的印记。可以说，戏园戏馆的存在，为戏曲艺术的繁荣发展、创新改良提供了必要的生存土壤和群众基础。伴随时代的不断发展，当电影、电视开始出现在人们生活中，当人们的生活方式、消费方式发生巨大的变化，文化娱乐有了更加多元的选择，戏馆戏院也伴随着传统戏曲艺术的日渐式微，淡化在了城市的进程中。

影院业：
浮云明月话沧桑

世界有了光，然后有了影。电影是老百姓生活中不可或缺的文化娱乐方式，从默片到有声片，从黑白影戏到彩色电影，从露天大棚到大戏院、电影院……不太遥远的光与影之间，无锡老电影院在城市的历史上留下了属于自己的生动故事。

中国老百姓接触电影是从西洋影戏开始的。1896 年 8 月 11 日，上海徐园又一村杂耍游乐场中推出一种新鲜玩意儿，一位法国游客在一块白布上放映了西洋的风光民情和活动人物，后来这被人们称为西洋影戏。这是关于电影在中国放映的最早记录，此时距离电影发明不过半年多时间。

无锡人的电影缘也是从看影戏开始的。1915 年 2 月 19 日，大年初六，崇安寺第一台茶楼里拉起了一块白布，用一架手摇放映机放起了无声电影。内容与上海徐园的大同小异，为西方风景和人物活动场景，虽然画面抖动得厉害，但生意却非常好，无锡人争相一睹为快。当时有位杨姓老板从影戏生意里嗅得商机，筹措资金于同年 7 月在公花园东边搭起一个芦席棚，开设无锡第一家电影院——景新影戏院，专门放映进口无声影片。影院不设座位，每位收取十个铜元，这就当时的消费水平而言，已是相当奢侈。此后，公花园四周又陆续开了几家放映无声电影的影院，当时比较有名的无声电影有《怪医生》《凌波仙子》等。

不过在电影传入无锡之初，曾发生过一场关于"请禁"与"开演"的争论。

解放电影院

1921年春,无锡县立通俗教育馆的华君,发表题为《电光影戏的来源》的演讲,引发争议。反方认为,在公园的公共场所放映充满仇杀血腥的电影,有碍观瞻;男女杂处,攸关风化;灯光昏暗,安全堪虞,坚决要求加以禁止。正方则认为,电影是开通民智的好事物,也是普及教育的有效辅助手段,应准予公映。经过激烈争论,主持地方公共设施的市公所作出一个折中决定,要求影院以一月为限加以整改,加装电灯,多开太平门,落实疏导等安全措施。一月后,公园里的芦棚如期拆除,景新影院偃旗息鼓。但同年7月,通俗教育馆华君又发表《电影和风化》的演讲,再次引发争议,争论主要围绕外国影片与中国国情的主题而展开。后来在教育界人士的不懈努力之下,农事、卫生、风光等电影片的放映越来越普及,人们的观念才逐步打开。

此后,无锡影业蓬勃兴起,商业性影院不断开出,投资创办者多为影业公司经理、报社老板等,影院设施也从起初的简陋局促,向上规模上档次的方向发展。早期的电影院兼具看戏、看电影两大功能,故多以戏院命名。至抗战前夕,城里厢共有影剧场14家,其中以无锡大戏院、中南大戏院最为有名。

1930年,无锡报业巨子、《锡报》主笔吴观蠡筹集资金租下公花园多寿楼后靠北杏庄旧址12年使用期,建起一座以放电影为主的戏院——无锡大戏院。这座戏院由当时著名的工程师江应麟设计,耗资万余元,一切按高标准建设。大门外以青砖砌成西班牙风格门面,内饰精美的粉色马赛克瓷砖滚花墙面,门槛两旁有水泥塑成的两尊爱神像。影院内挂有两幅大壁画,大门内挂抒情女神大壁画,是请当时的名画家邢仲卿精心绘制而成。影院内设700余个座位,铁脚木框,靠背与坐垫全部穿藤,实行对号入座,并配备有休息室和男、女厕所及通风设施。影院舞台不大,银幕采用正规银幕,放电影使用的是当时最先进的音响设备——柏拉通放音机和高档放映机。

1931年2月14日,无锡大戏院在万众期待中举行隆重的揭幕式,无锡各界代表2000余人应邀到场,现场看闹猛的民众把戏院围得里三层外三层。最让老百姓兴奋的是,揭幕当天吴观蠡请来了上海大明星胡蝶主持剪彩仪式,引起不小的轰动。后来,光明大戏院在开幕剪彩时也用了这招,他们请来当红影星阮玲玉,同样轰动无锡城。在热烈的掌声中,舞台枣红色幕布缓缓拉开,首映明星公司出品的新片《一个红蛋》。这是有"影坛霸王""首席小生""电影皇帝"之称的男影星高占飞主演的一部电影。由于是默片,影院还增设幻灯片架子,通过幻灯字幕来帮助观众了解剧情。《一个红蛋》之后,《火烧红莲寺》《七重天》《歌女红牡丹》《复活》等新片先后在无锡大戏院上映,其中又以中国第一部有声歌剧《歌女红牡丹》影片最为轰动。为招徕顾客,无锡大戏院使出了各种营销手段,比如电影票买一赠一,在自办报纸上做广告,在电影正式放映前增加评弹节目等,当时著名的评弹皇后醉凝仙就曾多次应邀到大戏院演出。

至于中南大戏院,其前身中央大戏院于1928年3月由公花园对面一处名为大观楼的茶室改建而成。开始时条件并不好,但座位宽敞,服务周到,还有茶水、毛巾、小零食供应。中央大戏院每天放映两场电影,下午2点至5点为第一场,晚上7点至10点为第二场,放映的第一部影片是1927年出品的默片《山东响马》。1928年无锡电力供应改善后,又增加上午8点半至11点半的电影加场。

中央大戏院的经营颇有点子,其电影票定价相当灵活。成人票每场3角,儿童2角,并且可以购买月票、季票本票,还可6元包月。它还首次对军人及警卫人员实行半价优惠。另外又采用送奖券等方式扩大影响、吸引顾客,推出每购3角票一张,即送无敌牌牙粉一包的活动。牙粉内装有"优待观众赠品"六字可兑奖券,分别对字可得杨庆和金店一钱半足金的金戒指、亨达利手表、2磅容量的热水瓶、花露水等,在诱人奖品和大力促销之下,中央大戏院经常出现一票难求的情况。

1928年9月,中央大戏院改名新记中央大戏院,受制于场地狭小,就在公花园网球场用芦席围出第二放映场,晚上放映露天电影。1929年4月,因与大观楼茶室租约期满,新记改租公花园内的网球场搭建成一个简易大芦棚,内设长凳,棚顶设防雨层,可容纳千人同时观影。虽然简陋,但却是当时无锡最大的电影放映场所。这一年的6月10日正值端午,天气十分炎热,剧场采用人性化做法,随票附赠纸扇一把或香烟一包。1930年下半年,因网球场被无锡大戏院租用,大棚被拆除,新记中央大戏院正式停业。于是,原业主杨祖钰联合陈庸泉等人,合资3万多元租借圆通路映山河口的一片空地,邀请上海联华制片厂更新舞台,建造一座影剧两用的正规戏院——中南大戏院。

中南大戏院为钢筋混凝土结构的两层建筑,七间门面宽,中间为售票处,两旁设商店,造型新颖、富丽堂皇。特别是其舞台全部参照上海影院的设计,灯光音响俱佳,视听享受一流。影院场地宽敞,楼上800座,楼下400座,装有冷气设备。它最特别的地方在于舞台设有半张转台,能够满足大型戏曲的演出需要,前面演戏,后面可以同步更换背景,是当时无锡最完善的剧院。1931年4月,中南大戏院正式开业,开幕大戏为美国彩色歌舞片《花团锦簇》,这是无锡人第一次在本地看到彩色影片。中南放映的影片光线明亮、声音清晰,因此电影票价格也略高于其他影剧院,按等次分别为4角和6角。作为当时无锡的"贵族剧院",进出中南的观众大多是有钱人。京剧名角谭小培、周信芳、郭玉昆、黄宝严、张韵楼、蓝月春、李万春都曾在中南挂牌演出,包括曹禺话剧代表作《雷雨》《日出》也都在中南演出过。《人报》记录了当时中南门口"黄包车一字儿排在门前马路上","走进这家戏院的顾客大都是穿绸著绫、冬裘夏葛"的风光场景。

中南大戏院一流的硬件设施对无锡大戏院原本一家独大的市场地位构

成挑战。为了与中南争夺市场,无锡大戏院引进红极一时的美国好莱坞明星约翰尼·韦斯摩勒主演的泰山系列影片,包括《人猿泰山》《泰山驯狮》《泰山得宝》等,电影里有非洲原始森林里的大象、狮子等动物,吸引许多家长带着孩子前往观看。而中南大戏院也不甘示弱,不惜以重金买下中国第一部有声电影《歌场春色》的全国首映权。为庆贺此片上映,中南还特地印发无锡第一本电影特刊,对该电影的摄制过程、演员、剧情、唱词等都作了详细介绍,特别是特刊上那些影星的工作照片,为历史留下珍贵资料。

无锡山明水秀,更有民族工商实业家依托湖山开发近代园林,正好为正在兴起的国内电影业提供景色绮丽的外景拍摄基地。据可以查考的资料,自1925年起,上海新华、长城等电影公司不时有摄影队赴无锡拍摄电影片。《小玩意》《百宝图》《喜临门》等影片摄制时,摄制组人员浩浩荡荡来到无锡,引起城乡居民的好奇心,拍摄现场的围观者常在千人以上。孙瑜执导的《大路》在太湖边取景拍摄时,正好遇到在宝界山修建道路的上百位筑路工人正在劳作,给了编创和演出人员现实的激励和启发。无锡的电影拍摄,在众多经典影片中留下了无锡的风光风貌,也促进无锡市民观赏电影的热情。

1937年11月无锡沦陷时,许多影剧院遭日军破坏,中南大戏院也毁于战火。无锡大戏院因地处公花园,被日军强行占用,更名中华电影院,作为会场和俱乐部得以保存下来。但因为战时无电影可放,只得翻出老掉牙的老拷贝如《荒江女侠》等以应付门面。因为片源大幅减少,市场低迷,其他一些影院也不得不靠戏曲、杂技来支撑经营,例如赵如泉的《济公》、白玉霜的评剧、张慧冲的魔术等。不久,这种不景气的情况有所好转,上海各电影公司在沦陷时期拍摄的电影纷纷来到无锡影院上映,其中既有委婉表达抵抗外侮的《木兰从军》《秦良玉》这样的进步影片,也有《寒山夜雨》这类荒诞影片,更多的则是以民间通俗故事为题材的《李三娘》《苏三艳史》《三笑》《千里送京娘》这类古装片。

随着抗战胜利的到来,1945年9月18日,中华电影院更名胜利大戏院,1947年8月恢复无锡大戏院原名,由吴观蠡儿子吴申一接手经营。他对剧场进行整修,座位缩减至 600 余个,但剧院首次配备一个叫"译意风"的设备。这其实就是一个英文翻译器,在观看外国影片时,观众只要戴上听筒,把插头插入座椅背后的小方匣子,听筒里传出的就不是英语而是国语了。当时的国语讲解员都是谙熟英语、声音甜美悦耳的年轻女性,观众亲昵地称她们为"译意风小姐"。

这一时期,国内本土片源不足,各影院放映的多为旧片和外国进口片。上海电影商抓住这个商机,先后来无锡开办影剧院,推销自己公司制作的影片。1947 年,上海文华影业公司经理吴邦藩在无锡开办大华大戏院,文华影业是抗战胜利后较大的电影公司,拥有周璇、彭美云等一批著名影星。1948年 2 月,上海影商缪省吾和无锡《导报》老板蒋宪基共同开办大上海电影院。而民国时期轰动中国影坛的导演、编剧史东山的弟弟史廷磐和上海慕名照相馆老板薛志澄则开办了皇后电影院。同年 4 月,人民路上还开了家中国大戏院。这些影剧院的老板都是业内人士,通常和各电影公司保持着良好关系,因此他们的影院上映了许多属于那个时代的新片和世界名片,许多影片都是全国首次上映,锡城市民争相前往观看,影院经常处于客满状态。这让战后无锡电影院重新展现出蓬勃生机。

大华大戏院坐落在老城厢光复门内,于 1947 年春节正式营业。当时吴邦藩租下圆通路北首电厂的闲置露天仓库,受客观条件所限,仅加高围墙,用木梁、木柱搭建起一个简易屋面。大华不仅外观简陋,观众的座椅也只是一式的长凳,不用对号入座,先到先坐。即便如此,剧院还是在后排特别设有"荣军优待席"和"军警弹压座",前者用来劳军,后者则是特别为维护观影现场秩序的军警准备的。因抗战胜利不久,各大剧院里经常会有不少看白戏的人,就是那些所谓"老子抗战到哪里都不花钱"的大爷们。虽然大华大戏院条件简陋,但开门迎客的第一部片子便是由史东山导演,白杨、陶金主演的著名影片《八千里路云和月》。这部片子曾在无锡取景,许多无锡当地风景在影片中出现,因此选择在无锡大华和上海新光影院首映。在大华上映的外国影片《魂断蓝桥》《阿里巴巴与四十大盗》《出水芙蓉》等也都是场场满座。吴邦藩本打算将无锡大华作为文华影业的旗下影院,专门放映文华拍摄的电影。吴

位于书院弄的皇后大戏院(电影院)

邦藩的这一想法相当超前，可算今天影业院线制的滥觞。遗憾的是，大华的经营并未维持多久，因电厂拆迁，最终于1947年11月5日关门歇业。

历史也好，行业也好，都是你方唱罢我登场。大华关门不久，皇后大戏院又开业了，这是无锡城里第一家设有软座的电影院。1948年3月，皇后大戏院正式营业，首映影片《一江春水向东流》。此为史廷磐多方集资100根金条，参照上海大光明电影院兴建的专业电影院，上映的电影与上海相同步。影院十分洋派，内部弧形墙上贴满玻璃马赛克，侧厢有一长圆形休息厅，供观众等候入场之用。内墙面吸音效果好，前后排硬座，中排软座，可供1000多人观影。当时电影票还需手写，售票处放一张空白电影座位图，选定座位就在票面填上座号，同时在座位图上把该座位划去。

1948年4月14日，无锡县影院业同业公会在复兴路上的大上海电影院二楼举行成立大会，参会者来自无锡各大电影院，一致推选无锡《导报》社长蒋宪基担任主席、常务理事。统计显示，至1948年年底，无锡有大上海、皇后、无锡、金城、南京等大小影剧院19家，有座位9810个。而此时新中国的曙光已经明朗，无锡的私营电影院很快就将迎来一番蜕变与新生。

百年风云，弹指一挥间。说起无锡的老影院，总会令人产生时空的错觉，耳畔时有周璇"浮云散，明月照人来"的老歌余音缭绕……关于老电影院一切的一切，满满的都是岁月的韵味。彩云易散琉璃碎，历史的河流从不为谁停留，就像电影院一样，旧的不去，新的不来，存在或者消失的每一座老电影院，都会成为这座城市发展肌理的注脚和人们生活方式变迁的见证。

纸箔业：敬神·祭祖·祈福

　　敬天尊祖，是中华民族古老的信仰，也是一项隆重的民俗活动。《史记·礼书》记载："上事天，下事地，尊先祖而隆君师，是礼之三本也。"祖，也是神，一家一姓所崇拜者谓之"祖"，众家众姓所崇拜者即谓之"神"。祖，当然是人，生我者父母，生父母者即为祖。祖之上还有祖，追溯到最后即是"天"，所谓"万物本于天，人本于祖"。自古以来，中国传统文化用极富情感色彩的祭祀来维系天人、神人之间这种奇妙的关系，也寻找"敬天尊祖"的血脉传承和内心归属感。随着民俗的演化，香烛、纸马、锡箔逐渐成为祭祀活动的主要用品，其中又以纸马最为独特，兼具表意功能与美学艺术。

　　纸马，又称甲马、神马、马纸、佛马，是一种传统民俗祭祀用的纸制神像，用于祭祀之后焚烧以消灾化难、祈求吉祥。纸马有着十分悠久的历史，具体出现在什么时候已经无从考证，但早在两宋时期就已出现专营性质的纸马铺，有宋代吴自牧《梦粱录》记载为证："岁旦在迩，席铺百货，画门神、桃符、迎春牌儿；纸马铺印钟馗、财马、回头马等，馈与主顾。"也就是说，这个时期，纸马已经作为与纸钱、香烛相提并论的祭祀物品进入市民日常消费生活的范畴，被广泛用于民间祭祀活动之中。

　　纸马在中国的分布范围非常广泛，横跨大江南北，北京、天津、江苏、浙江、广东、台湾、福建、湖南、河北、贵州、云南、青海等地都有纸马。对此，中国古典名著中也多有相关场景描述，比如在描绘北宋末年市井生活的《水浒传》

陶元茂纸马店风貌(手绘图)

中,武大郎、潘金莲二人居住的阳谷县紫石街上就有一家纸马铺。《红楼梦》中也不止一次提到纸马,比如第五十三回宁国府除夕祭宗祠:"到了腊月二十九日了,各色齐备……王夫人正房院内设着天地纸马香供,大观园正门上也挑着大明角灯,两溜高照,各处皆有路灯。"

许多地方的纸马特别是北方纸马线条单一,风格粗犷,质感相对粗糙,多采用单色印刷,而南方纸马特别是江南纸马打破了单纯以木版墨印或彩印的形式,融彩绘、勾线、版印、彩印为一体,形象刻画细致,线条流畅,画面色彩感强烈。这其中又以无锡纸马最为出色,其形象生动,制作考究,在印刷、彩绘过程中形成了浓郁的地方民俗特色。

据可查史料,无锡纸马始于唐代,明朝时期制作技艺趋于成熟,至清代达到鼎盛。唐代《博异志》记载:"开元中,琅琊王昌龄自吴抵京国……舟人云:'贵贱至此,皆合谒庙,以祈风水之安。'昌龄不能驻,亦先有祷神之备,见舟人言,乃命使赍酒脯、纸马,献于大王。兼有一量草履子上大王夫人,而以一首诗令使者至彼而祷之。"这段文字是唐代使用纸马的明确记述。

纸马被视为中国民俗版画体系最早的一种表现形式,它的兴盛与明清以来木版印刷业的兴起有着密切的关系。明洪武初年,明太祖朱元璋建都金陵,设立国子监,大力收罗宋、元版书重加印行。为此,江苏各地公私书肆遍地开花,多种内容且附木刻插图的版本书纷纷流于市面,南京也因此成为全国出版业的中心。反观无锡,在明朝中期,荡口华燧、胶山安国成为中国铜活字印刷的先行者。至嘉靖年间,随着小说戏曲的大量刊印,出版业进入一个快速发展时期。而书版刻印的繁荣也带动了民间其他雕版印刷品的蓬勃发展,这为无锡纸马的发展创造了良好条件。

无锡纸马,是无锡地区流传的一种民间祭祀用的木版印刷纸质神像。清代康熙年间,无锡纸马已非常有名。"天下以锡山所出为最,丹青人物极工。自京师以下,贩鬻无远不暨"。当时的无锡纸马不但远销全国各地,而且成为皇家贡品。清人潘荣陛在《帝京岁时纪胜》"皇都品汇"中记述:"置年货之何先? 香灯云马(纸马);祀神堂之必用,元宝千张。门神来无锡,爆竹贩徽州。"

无锡纸马的内容十分丰富,主要由神祇、神像、祖师三大类组成,既有佛、道二教和民间传说中招财赐福、祛病除灾的神仙菩萨,比如玉皇大帝、张天师、观音菩萨、地藏菩萨、二十八星宿、福禄寿星等,也有各行各业被神化了的本行业祖师爷,在无锡纸马中定型并制成印版的就有30多位。无锡纸马的人物造型用笔简练随意、造型饱满、形象生动,整体用色艳而不俗,特别是脸部开相细腻传神。比如神像眉毛的画法非常特别,被夸张成每边三条弯弯上扬的短线条;眼部造型也很有特色,通常在眼睛上下加两块由浓到淡晕染的红色块并衬以线条加以整合和绘制;嘴巴周围的胡须则用几根整齐而富有装饰感的线条来表现,下巴和两颔以三撇须为主,整体造型笑容可掬、慈眉善目。除了在印制而成的墨稿上进行彩绘,无锡纸马还另辟蹊径,用类似邮戳的"小印板"在画稿上戳印,并以毛笔勾点装饰,这些都形成了无锡纸马有别于其他纸马的鲜明特征。

和无锡的惠山泥人有粗货、细货之分,锡绣有平绣、精微绣区别一样,无锡纸马也有粗细货之分,大体可分为粗张、细张和精致大纸马三大类。粗张,一般为红色单色套印,纸质粗糙轻薄,多用墨线单色印制,人物形象简单,主题单一,制作简便快速,价格也很低廉,专供祭祀焚化之用。细张,是以单板单色印制加彩绘的中型纸马,此类纸马多采用红、黄、蓝、绿四色厚纸印制,并施以彩绘,制作精美,色彩虽大红大绿却雅而不俗,十分养眼。精致大纸马,乃纸马中的精品,相比粗张和细张,无论是在绘制还是印制方面都精细了许多。它用纸考究,画工上乘,采用多版套色印制加彩绘,所绘形象有宗教神、吉祥神、行业神等,比如书塾供奉的孔子圣贤,茶叶店供奉的陆羽,酒店供奉的杜康,木匠供奉的鲁班,肉店供奉的关公,戏班供奉的唐明皇等。可以折卷成长柱形,内盛锡箔折成的元宝或冥钱,加以焚化,也可以折成长条状长期供奉。精致大纸马中又以"五路大神"纸马最为精致,由利市仙官、五路大神、赵公元帅、增福财神、招财童子五张纸马组成,一到年节,富商或是豪门都会花重金请回家,以保家业长久、招财纳福、人丁兴旺。

无锡纸马的各种样式不下千余种,在婚丧嫁娶、迁居出行、开市酬师、求利避害等礼仪活动中各司其职,甚至在儿童满月、上学、碰到邻里纠纷时,人们都会供奉纸马。对纸马店来说,一年中夏季生意最为清淡,年节最为旺盛,特别是年关将近的时候,纸马店的生意总会异常火爆,工人们即便加班加点生产仍然供不应求,经营得利可以满足一家老小半年的生活开销。无锡纸马店卖得最好的纸马当属"路头菩萨",这与江南民间正月初五迎财神风俗有关,相传这一天是"路头神"生日。"路头神"又称"五路神",即指东、西、南、北、中五方,意为出门有五路神保佑,一年财运亨通。无锡民间习俗正月初五商铺新春开市,第一件事便是请路头,祈求开市大吉,财源滚滚。而在接路头仪式中一项极为重要的内容,就是供奉和祭祀印有"路头菩萨"的纸马。

值得一提的是,在1962年上映的中国第一部彩色动画片《大闹天宫》中,担纲造型设计的无锡籍美术大师张光宇、张正宇兄弟,就是从无锡纸马中撷取了创作的艺术灵感。比如影片中土地公公的造型就借鉴了无锡纸马中的土地神像,眼睛、眉毛、胡子、帽子的造型都如出一辙,人物形象生动诙谐,具有强烈的民俗特质和装饰感。片中的反派角色玉帝形象也吸取了无锡纸马神像的特征,构思极其巧妙,圆润的脸庞,下垂的眼皮,修长的手指,鼻梁上淡淡的粉晕,将人物养尊处优、巧言令色的伪善个性表现得惟妙惟肖,极富视觉感染力。

伴随社会需求的日益旺盛,无锡的纸马店铺数量也与日俱增,逐渐发展为纸扎行业。据民国初年《无锡概览》记载,当时无锡的纸扎业已有严长兴、新长兴、陈德大等店铺。1918年后,无锡东西南北四城门都有纸扎店铺,并成立了纸扎同业公会,供奉唐代画圣吴道子为祖师。抗日战争胜利后,无锡拥有纸扎

（纸马）店铺42家，有名的店铺如城中大市桥有陶元茂、章震丰，东大街有振丰盛，北门外坛头弄有林恒源、老天生、镒茂，南门外黄泥桥有刘元盛、章恒昌，周山浜有正茂盛、许恒茂，西门棚下街有钱裕兴、永大昌、钱裕成等知名铺号。

随着社会精细化程度的不断提高，祭祀活动所用的香烛、纸马、锡箔也细分出各类专营店。比如创办于无锡老城厢北门外坛头弄的镒茂纸马店，店小业大，是无锡纸马店中的佼佼者，所制纸马色彩华丽、精美考究，备受市民青睐。此外，镒茂的"长锭""送灶轿"和"香斗"，与纸马一样都是店里的招牌产

无锡纸马传人陶揆均

品。所谓"长锭"，就是把黄毛边纸折成元宝后，用棉线并行串连在一起。"送灶轿"则与无锡民间腊月廿四夜送灶神上天、除夕夜接灶神下界的习俗有关。每至腊月廿四前几日，镒茂就会用红红绿绿的花纸糊成一顶顶小轿，置于柜上出售。再比如到了八月十五中秋节，无锡民间有焚香拜月的风俗，镒茂又会赶制大量的香斗应市。线香被捆绑成宝塔状，小香斗二三层，大香斗多达七八层，顶端饰有彩旗，一字排开，阵仗十分可观。

有些纸扎不仅用于行丧出殡和祭祀祖先，还作为老人的"预修功德"。即当老人特别是夫妻双寿荣庆时，特地请来纸扎店工匠，用芦秆加纸糊模拟做成全套住宅、厅堂、家具、用具、器物，停放屋前场上；再请全班和尚或道士诵经礼忏，三日或五日后将纸扎举火焚化，人们认为这样做就可以在百年后去阴间验收居住享用了。开设在城中大市桥的新长兴纸扎店，为了做足"预修功德"的生意，有一本独门秘籍的"四喜簿"，簿子上记录着无锡城中官宦绅商、社会名流的详细住址和他们双亲老人的生年诞辰等信息，但凡各种庆典大礼所需纸

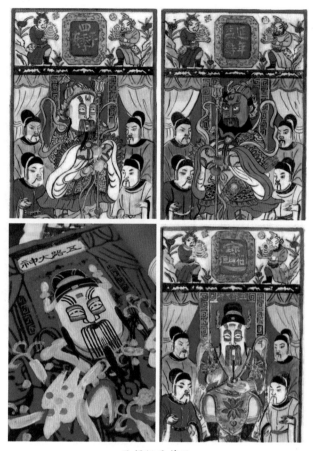

无锡纸马作品

幡彩旗、纸冠麻衣、牌楼灯彩等,都能预先联系,预做准备,争取独家承办。

北大街有家源余纸铺店,创办于1926年,主要供应红白喜事所用各种纸品,此外也有宣纸、装裱纸等供应,批零兼售,是当时无锡最大、品种最齐全的纸品商店,甚至苏州、常熟、常州客人也会到源余纸铺批货。北大街坛头弄也是无锡香烛店比较集中的地方,附近有条小弄因香烛店集聚,一度有"香弄"之称。过日生、李万生大房、李万生三房都是坛头弄老牌的香烛店,其中以李万生三房的名气最大、质量最好,经营的蜡烛分量足、色泽光亮、久燃不弯,受到顾客欢迎。崇安寺观前街靠近钟楼图书馆还有一家孙思泉香铺,各种线香、安息香、香斗、末香、檀香应有尽有，无锡人但凡去寺庙烧香、敬神，都会前往孙思泉请香。

锡箔也属于纸扎一类并与祭祖、祀神相关。一场祭祖仪式中最重要的环节就是烧锡箔，俗称"送铜钿"，即把用镀锡纸手工叠成的纸锭元宝置于器皿中焚化。江南民间习俗认为，人死了鬼魂还在，焚化的锡箔等同于现实世界的金钱，能被故去之人收到，满足其在另一个世界的吃穿用度等生活开支。锡箔的制作工艺相对复杂，旧时全靠手工制作，第一道工序叫"浇箔"，将锡块烊化成锡水后注入模型，浇铸成长三寸、宽一寸的条状叠箔；然后将叠箔锻打成一张张薄薄的锡箔纸，再铺以擂粉进一步打薄；接下来就进入褙纸环节，即将锡箔贴至大小相当的黄表纸上；再经过砑纸，将褙好的锡箔更牢固地和纸粘在一起，一张锡箔纸就算制作成功，可以用来折制元宝纸锭了。江浙地区的锡箔主产地为素有"锡半城"之称的绍兴，无锡地区的锡箔业有绍帮和锡帮之分，主要集中在商贸发达的北塘地区。绍帮锡箔店以坤和、裕兴昶、乾康源、仁泰为代表，锡帮以恒源隆、恒源昌、瑞丰盛为代表。其中裕兴昶生意最好，店里售卖的锡箔每块500张，以张数足、用锡量足，箔面银光闪闪，焚烧后的锡箔灰回收率高而著称。

到了1949年初期，无锡的纸扎业急剧衰减，纸马铺仅剩下10余家，直到20世纪50年代才慢慢恢复到近30家。1958年9月，无锡纸马业的华炳奎、袁顺祥、曾炳良等人筹资120元，在崇安寺公花园后门成立了一个合作组织——无锡灯彩社。但随着破除迷信、破旧立新、移风易俗等社会新风尚的倡导和人们生活习惯的改变，纸扎业日趋衰落，纸马也失去了依附的载体和存在价值，逐渐消失在人们的视野里。直到多年后国家重视对非物质文化遗产的发掘、抢救和保护，无锡纸马作为一种工艺品，由老艺人陶揆均恢复制作，其制作工艺被列为非物质文化遗产，才让这项古老的民间技艺得以明珠重现，焕发出令世人惊艳的夺目光彩。

游船业：
华灯美酒照人红

说到游船业，人们常常以南京秦淮河、扬州瘦西湖举例，桨声灯影，笙歌乐舞，令人神往。殊不知，无锡的游船在近代也是盛极一时，将江南的湖光山色充分展示给市民、游客，让人流连忘返。晚清秦琦等人的《惠山竹枝词》，对此多有生动的描述：

> 游山华舫泊河塘，簏篾湘帘四面张。
>
> 不待小舟能送酒，调羹妙手爱船娘。

无锡游船的起源，有人追溯到差不多2500年前的吴王阖闾，传说阖闾乘船在水上巡游宴饮，将吃剩的鱼脍倒入今人所称的闾江之中，遂化为万千细小的银鱼。但阖闾所乘很可能是战船，或是造型很大的指挥舰船，如史书中提到的"余皇"，并非单纯的游船。而真正建造并使用华丽游船的，据说是阖闾的后继者夫差，相传他命人打造了一艘上下两层的楼船，可在船上饮酒作乐。他曾乘坐此船游览芙蓉湖，在湖上扯起锦帆，举办盛宴，一船上下，华灯彩缎，鼓乐奏鸣，歌舞蹁跹。这是否可算是无锡游船的前身呢？

再一艘人们耳熟能详的帝王之舟，便是隋炀帝沿运河下江南的龙舟了。唐杜宝《大业杂记》云：其"舟高四十五尺，阔五十尺，长二百尺"，船楼四重，其中第二重"有一百六十房，皆饰以丹粉，装以金碧珠翠，雕镂奇丽，加以流苏羽葆，朱丝网络"。牵引楼船在运河行驶的，有六条青丝大绳，每绳60人，称为"殿脚"，分三番作业，总计1080人。而随行皇族嫔妃的"水殿"多至数十艘，有

惠山下河塘龙头口

翔螭舟、浮景舟、大朱航等名目;至于王公、大臣、百官、僧道所乘,飞羽、凌波之类更是数以百计,"舳舻相接二百余里"。此种盛况,不无夸张之处,至后世似乎已不再见闻。史书有记载的是,南宋小朝廷偏安一隅,歌舞升平,杭州西湖出现长五十丈、可乘坐百余游客的游船,其船雕梁画栋,行走平稳,一年四季都有游人租船游览湖上。明清时,苏州、扬州的画舫游船一度十分兴盛,称为"沙飞船",体型较杭州游船略小,每年三月初三上巳节,人们到水边洗涤尘垢,也登船宴游,观赏春日美景。

　　无锡游船的兴起是在晚清光绪年间,因为以惠山为游玩目的地,所以又叫"游山船"。后人称之为"太湖游船""太湖船菜",其实起步在运河,游览在惠山。最鼎盛时,无锡的游山船共有200多艘,多数停泊在西门外南尖至北门长安桥的河道内,此处因此被叫作"游山船浜"。也有一些游船停泊在环城运河沿河,以及通惠桥、黄埠墩等处。游船营业主要在春、夏、秋季,而以夏季为旺季,客多而船不足,需要先期预订。游客包用游船,通常是在上午集合登船。客人到齐后,游船启碇沿运河缓缓驶行,中途停靠江尖渚或黄埠墩,可以登岸游览。中午前或午餐后向惠山进发,到达惠山浜停船,客人可上山进香游玩,游览结束后回船舱歇息、消遣。傍晚前驶回城边运河,即在河边张灯夜宴。船上灯烛辉煌,席间觥筹交错,管弦齐鸣,丝竹杂陈,把一天的登船游乐推向高潮。

无锡的游船起初陈设并不很讲究,仅在船舱上加盖顶棚,围以帐幔,以避日晒雨淋。以后不断完善,雕饰彩绘,玻璃明窗,既能挡风雨,又不妨碍沿途赏景。船内板壁张挂书画,点缀盆栽插花,让人赏心悦目。船头和两侧悬挂各式各样的琉璃灯盏,每到夜间宴饮,灯火齐明,更显富丽堂皇。也正因为此,游船有了"灯船""画舫"的别称。

后来,游船与灯船又有了区分。游船专指载客至惠山游玩的水上交通工具,每位游客乘船往返的船资不过若干铜板;而灯船则是游览结合宴饮、伎乐,档次最高的包船,一日所费高达数十甚至上百银元。灯船又具体分为三类,一是荤灯船,除了以风味独特的船菜、船点吸引游客外,还养有清客相公(艺妓),让游客散席后在船上留宿。这些船娘风姿绰约,又能歌善舞,品位不俗。后期一些上规模的妓院(书寓)本身就备有灯船,专门在水上接待顾客。20世纪二三十年代的无锡运河之上,共有杨、谢、蒋、冯等6艘大型灯船。二是素灯船,即没有妓女的灯船,纯粹以湖鲜、河鲜提供享用。其船型较小,装潢也相对简洁,船主夫妇中必有一人擅长烹饪,负责掌理膳食。三是半荤半素船,规模介于大小灯船之间,船主并不掌厨,而是延聘亲眷或雇佣伙计,分任烹调、料理、招待之职。其中也

民国时期的无锡画舫

有船娘一至两人，俗称"船芯子"，负责招待事宜。遇有顾客提出要求，条件也能谈妥，便能陪宿船上。

灯船的构造，因船型大小而有不同。以宽丈余、长五丈有余的中型船而言，大致为船头、正舱各长一丈二尺，船头平坦如小广场，可放置座椅，坐观两岸景色；正舱两旁设座，中间置一方桌，平时用作方城之戏，用餐时加罩一圆台面，即可围坐10余人。入内依次为中舱、后舱，各约进深六尺，中舱设一木榻，可以盘腿对坐，洽谈事宜，也可以卧点烟枪，吞云吐雾，为当时所盛行；后舱设有床铺，专供船娘接待知心熟客。后舱往后为船艄，约有一丈五尺见方，分上下两层，下层为全副锅灶厨具，用于烹饪；上层则作备料、打理、清洗工作。船舷两侧各有通道，贯通前后，亦称备弄，供舟人行走，以及撑篙行船。船尾双橹，一大一小，配合行驶、转弯、掉头。因为船底宽阔平坦，吃水不深，适合江南河道、湖面，虽不用篷帆也能平稳而快速航行。

灯船主要是富商豪绅用于联谊聚会，结交官僚、军阀或酬酢生意场上的重要合作伙伴。前者为同道好友醵资同行游乐，后者则通常由一家户头做东。无论何种情形，都对船菜船点的烹饪制作格外考究，不仅要求食材新鲜、正宗，而且讲究菜品、点心的品种多样和品质优良，此外还要有环境的优雅和气氛的欢愉。席间助兴的演唱、演奏，除各船的船娘外，还有专门的乐班，三五人一班，乘坐飞划小舟，穿梭在各灯船之间，应船主和顾客的要求来登船表演。另有卖花小娃，也搭乘小舟，向灯船兜售茉莉花、白兰花等。一些游客兴致高时慷慨解囊，购花打赏，为的是讨得心仪船娘的开心，卖花姑娘以此利市三倍。钱钟汉著长篇历史小说《商埠春秋》，对当年的游灯船、吃花酒等作了深入细致的描述。灯船一宵，包船、酒菜、玩牌、伎乐……再加行赏，所费往往上百银元，名副其实的"销金窟"。

1932年"一·二八事变"爆发，十九路军在上海抗击入侵的日军海军陆战队。无锡立即调集灯船前往前线撤运国军伤兵，其中部分船只在炮火中受损。1937年全面抗战展开，入冬时淞沪抗敌失利，国民党大批军队经无锡撤往南京。无锡游船业为避免船只被征用，也害怕被日军占领后遭遇强暴劫掠,便将全部灯船沉入断头河浜中,无锡的灯船就此中断。抗战胜利后,游船业一度复兴,但很快就冷落,被新式游艇全面取代。游船业的色情服务也没有再恢复,灯船和船娘最终归于绝迹。

橹摇篙撑的游船逐步被以机器为动力的游艇所替代。不过这个替代有一个过程,其间曾有一段时间,是游船由汽艇拖拉行进,这样省力也提高航速。游艇起初被称为药水船、汽油船、白相船,最早的游艇为工商实业家的自备快艇。因为江南水乡河道密布,所以汽艇较之汽车更早受到有经济实力人士的钟爱。工厂企业首先配置游艇的是振新纺织厂的荣瑞馨,随后茂新面粉厂(茂新号)、源康丝厂(一星号)、业勤纱厂(永大、永固、永平号)等也相继置办,被称为“东家船”。自备快艇快速便捷,开始时主要用来载人、送信、解款,后来也用于交际、宴饮、游览。船老大见游船生意红火,便有一些人跳出来,自办经营型游艇,如茂新厂的黄林泰自营福利号,业勤厂的陈永和自造亨利号。至1937年,商业经营的游艇发展到20多艘。其中新建的新凤翔、新翔运等,都在老式游艇基础上加以改进,更加宽敞,设施更为完善,除载客观光游览外,还在淡季出租为短途航线承担替班。

最早的游艇船型较小,式样来自上海的小炮艇。驾驶座在前部,驾机合一,全艇船员仅两人,一个司机,一个水手兼服务员。上层船舱一半为舱间,一半为敞篷。舱内以箱柜为座位,之后才改为骨牌凳、蝴蝶台(可折叠桌板),再发展为藤靠椅或小沙发配茶几,相应优化装潢。此后,游艇逐步向大型化发展,抬高艏部,将轮机安装到甲板下;扩大船舱,增加载客和游乐的空间,并实行了从内河到太湖的观光游览。至1930年代,还出现了能够横渡太湖的双层卧铺大游轮,即锡湖轮船公司的新太湖号。

值得一说的是,1937年全面抗战爆发,由于游艇航速快,配套设施相对完备,适合用于战时后勤。在政府动员下,为了支援抗战,无锡有26家游艇主挺身而出,自愿成立游艇联合支前组织,奋勇参与战时救援。虽然当时政府表态,凡是支前游艇在战争中遭遇损毁,待抗战胜利后由国家作价赔偿,但游艇同业共同商议,把游艇产权转为共同所有,遇有损失共同承担。这恰与游船业的自沉灯船形成一种对照。结果是,在承担上海抗战伤兵救援及随后的国军西撤中,无锡游艇往返于连天炮火之间,除一艘忆梅号侥幸存留外,包括新太湖号大游轮在内的其余25艘游艇,或遇难毁损,或开到汉口后无法开回而不得不弃船。待到战后,游艇同业组

太湖游艇(1950年代)

织上书申请索赔,国民党政府却始终没有守信履约。而这一段血火交融的英勇故事,也随着当事人的流离失散而湮灭在历史的长河里了。

抗战胜利后,无锡游艇业很快恢复。其经营情况较战前略有不同,具体分为两种方式,一种仍为包船出租,一种为定时开班,售票载客。游览线路也分为两个走向,一是鼋头渚、中犊山游线,一是梅园、管社山(万顷堂)游线。这一时期不仅无锡船商投资新造一批游艇,还有上海的中国、萍踪、友声等旅行社,也看好太湖水上观光旅游,纷纷来到无锡购买或建造游艇,大力发展游湖业务。除了常规的太湖游览,还开辟上海—无锡太湖一日游、蠡园水上夜游等项目。其中五里湖游和太湖夜游别开生面,由萍踪号游艇首倡。萍踪号于1947年去到上海,参与经营浦江夜游,取得经验后返回无锡开辟蠡园夜游,一举成功。夜游的游艇,船身四周栏杆装饰彩色电珠,夜间在水上巡游,波光闪烁,蔚为奇观,不仅增加了游客太湖游览的新体验,也使游艇经营得到延伸。夜间包船夜游,白天售票观光,船只得到充分利用,经济效益明显提升。到1948年,无锡游艇发展到68艘之多,太湖景区游客大增,盛况空前。

不过在激烈竞争之下,游艇的包船和售票包括学校春游的团体票,收益都不高,盈利点转而落到了船菜经营上。战后,祥生号游艇率先开办船菜业务,船主杨荣林继承其父杨阿梅船菜的传统特色,以菜肴精致著称。与别的

游艇从聚丰园、迎宾楼预订熟菜到船上加热设席不同，祥生号则是采购鲜活生坯，在船上精心烹制而成，尽显原味鲜美之效。因为游艇有机器声响，不适合喜欢安静的游客，杨荣林特地打造一艘画舫，名为苹香号，由游艇用长缆拖带。这样既行驶快捷，又不受机声干扰，加上装潢考究，舱房舒适，船菜质量优异，所以格外受人欢迎。蒋介石夫妇两次到无锡游览，都是乘坐的苹香号画舫，更对杨阿梅船菜称赞有加，并欣然为画舫题词："孝友之舫"。除此之外，国府大佬如李宗仁、吴稚晖、黄绍竑、洪友兰等人也先后登舟游览，纷纷品尝太湖船菜。而这时的苹香号，已置备了五桌银台面，一桌十座，每座四件银餐具外加一副象牙筷，成就了无锡船菜招待的最高档次。

后记

关注无锡商业发展的历史，并加以综录记述，这是很久以前就有的想法。20世纪80年代中期，无锡地方志编纂在全市上下推开，我当时在市政府财贸办公室工作，也分得市志初稿编撰的一部分任务——商业经济综述，还特地借调了几位老同志从事资料收集和初稿撰写。但这只是商业体制、规模、结构、布局及其变迁的概述，并不记述商贸流通行业的演变发展，而且偏重于新中国成立后的历史阶段。90年代，我在王赓唐先生带领下，参与《无锡近代经济史》的撰稿，主要承担全民族抗战前无锡工业经济的相关篇章。这本书没有就商业经济单列章节，我曾写了交通运输和金融两方面的内容，但未被编入书中，可能是王老先生认为这些方面的资料准备和研究基础不足吧。之后我组织编著《工商华章》《话说苏商》等书，虽然涉及无锡历史上的商业行业和经营单位，但都相当零散，不成系统。

这一次梁溪区政协邀请几位地方文史研究的同仁，一起商议《梁溪历史文化丛书》的编纂，提出"梁溪商业与市井生活"这一命题，我觉得有点意思，尽管依然面临资料和研究不足的问题，但花点精力做一下，总能对这方面的研究起到往前推进一步的作用吧，于是应承了这个题目。然而这个题目也有它的难度，那就是需要兼顾商业和市井生活两个方面。两者本身有着必然联系，而从研究角度看又跨着两个领域，前者属于经济史，后者则可归为社会史。所以在筹划本书的纲目时，按生活门类——食、衣、住、行、生活服务、文化娱乐设立篇章，在篇章下面按商业、服务业的行业设立节目，希望这样的设置能把两者既条理分明又有机融合地联结在一起。

商业行业本身是以满足人们的生活需求而孕育形成的,但行业的形成需要有经营规模、经营主体、经营机制三个方面的条件。也就是说,人们生活的消费门类总是由新的消费品的引入而得到扩展,但形成商业行业却有赖于市场和社会条件的成熟。这意味着,商业、服务业行业的出现会迟于生活本身,并且随着生活方式的变迁,一些行业会发生分化,一些行业会归于消失。因而本书记述的内容,有从商业行业追溯更早的生活状态,也有从生活的现实去钩沉那些已不复存在的行业,并努力理清商业行业演变的脉络,恰当点出其变动的内在原因。需要说明的是,有一些与人们生活关系密切的行业,例如糖业、盐业、文化用品业等,或者因为缺乏足够的资料加以支撑,或者因为书的结构框架的限制,最终没有能在本书中得到反映,留下了若干缺憾。

资料的分散、欠缺,乃本书写作的最大困难。较之近现代工业企业,商业,特别是传统商业很少有档案留存下来。而历史上对商人的轻视和商人群体本身对经营的讳莫如深,也影响了相关历史资料的形成。本书撰写中利用了20世纪80年代相关商业服务行业编志工作中形成的资料,也注意到近年来一些业内老人的回忆和口述资料。前者较为可靠,但某些行业志的记录相对粗疏简略;后者不乏生动、鲜活的事例,但记忆难免偏差失真。值得一说的是,无锡市政协和城区各区政协多年来编写、印行、出版的文史资料,保存了城镇商业经营的不少史料,其中不乏记述详尽而确切的第一手资料。此外,由孙炳卿等几位老先生撰稿的《无锡历史掌故丛书》,讲述或者转述了无锡老码头、老字号兴衰起落的诸多往事,虽然有不尽确切之处,但提供了商业和城市文化的某些历史场景和细节。本书引用以上这些相关资料,才对百年间无锡商业经济和市民生活描摹出一个大致的轮廓。至于深入一步的研究,还有待于对历史资料作进一步的挖掘。

本书的写作要求能全景式地展现无锡城区商业和市民生活的历史风貌,同时又是基于历史事实的真实记写,避免主观臆想,避免戏说、虚夸和"炒冷饭"。本书题为"丛谈",写法自可稍加放开,注意笔法的明快和活泼,增强对于普通读者的可读性,避免繁琐考证,避免枯燥、沉闷的铺陈。但按照一开始的设定,还要着眼于对文化内涵的挖掘,融入相应的理性思考,达到梳理地方商业发展脉络的目标。不过,因为本书为多位研究者合作撰稿,各人的关注重点有所不同,认识判断也有差别,又加上书写风格各异,似乎距离预定目标还是有一定的差距。为此,对于本书认知的偏差、史实的出入、资料的欠缺、文字的粗疏等,恳请各位方家不吝批评指正。

参与本书撰稿的有:《饮食篇》——耿晨亢,《服饰篇》——秦潇璇,《住行篇》——尤学民、汤可可、耿晨亢,《服务篇》——汤可可,《文化娱乐篇》——朱红。由汤可可统稿总纂。张振强、顾群涛为本书提供了多幅珍贵的历史照片。本书初稿形成后,无锡城市职业技术学院院长瞿立新教授于百忙之中审读全部书稿,并提出中肯意见,为本书的修改定稿起到指导作用。市文广旅游局过旭明先生,梁溪区政协张莉主席、蒋文伟副主席及学文委和社法委的同志为本书的审稿、定稿和交付出版做了大量联络、协调工作。谨此一并致以诚挚的谢意!

这一套文化丛书的其他几本,应该都洋溢着浓郁的书卷气,而唯有本书,散发着的是一种市井生活的烟火气。然而我想,普通市民日常生活的文化投影,也是一座城市的文化景观图非常重要的一层底色。

汤可可

2023 年 7 月 30 日